L[illegible]

Véronique M. Le Normand

EDITIONS THIERRY MAGNIER

Avec *La vie de Lily*, **Véronique M. Le Normand** a voulu peindre les années d'adolescence. Son projet a commencé en 2000 avec *Les Carnets de Lily B.* et s'est achevé en 2010 avec *Les Égarements de Lily*. Dans chacun des quatre volumes, Lily répond à une question : Qui suis je ? Qui j'aime ? D'où je viens ? Où je vais ? Dix ans d'écriture pour montrer l'évolution d'une jeune fille qui cherche à être elle-même dans une famille recomposée, depuis les années lycée jusqu'à la fin de l'université.
Véronique M. Le Normand publie depuis une vingtaine d'années, elle signe aussi des albums sous le nom de Minne. Elle vit à Paris.

www.veroniquelenormand.com

ISBN 978-2-36474-118-8

Éditrices : Soazig Le Bail et Claire Beltier

Conception graphique
couverture : Marion Tigréat
intérieur : Bärbel Müllbacher

Cet ouvrage a été achevé d'imprimer
sans dispute
pour le compte des éditions Thierry Magnier
par Normandie Roto Impression s.a.s. à Lonrai (Orne)
en avril 2012
Dépôt légal : juin 2012
N° d'impression : 121797
Imprimé en France

Les carnets de Lily B.

À Sonia

1

> « Avant j'étais si proche de mes parents, maintenant je suis une étrangère. Ils ne me connaissent pas. »
>
> *Lily B., carnets*

Avant je ne pensais pas. Maintenant je pense tout le temps. Je n'arrête pas de penser. À la vie. À la mort. À l'amour. Aux pauvres. Aux riches. Au chômage. Au racisme. À la maladie. À la guerre. À Dieu. À mon avenir. À la cicatrice en forme de trèfle tatouée sur ma tempe gauche. Une brûlure de fer à repasser quand j'avais cinq ans. À cause d'elle, je ne peux ni me couper les cheveux très court ni les tirer en arrière. Je suis obligée de garder une mèche de cheveux au ras des yeux.

Un jour à la piscine, alors que je n'y pensais plus, une voix familière a dit : « Comment tu fais pour vivre avec ça ? » Je me suis retournée, la voix a répété : « Comment tu fais pour vivre avec ça ? » Et en posant un doigt sur le bout de peau flétrie, la voix a soufflé : « Moi, je ne pourrais pas. » Ce fut comme si on m'avait brûlée pour la deuxième fois. J'ai reçu la phrase en plein plexus et pour cacher ce que je ressentais, j'ai crawlé jusqu'à épuisement.

Avant, j'aimais bien cette fille, Delphine, maintenant je la déteste. Toute ma vie, je sentirai son doigt sur ma tempe. Toute ma vie j'entendrai sa voix. J'ai ressassé ça pendant un mois. Un mois devant un miroir à scruter cette marque où se concentrait tout mon mal de vivre. Gel, peigne, brosse, sèche-cheveux, j'avais beau passer du temps à essayer de la masquer avec une mèche de cheveux, l'affreuse cicatrice surgissait toujours. Comment faire pour vivre avec ça ?

Je ne pouvais pas compter sur ma mère pour m'aider. Tout ce qu'elle disait m'exaspérait ou me donnait envie de pleurer.

– Arrête, tu vas fausser la glace !

Elle se croyait drôle.

– N'oublie pas de nettoyer les brosses !

Elle ramenait tout au ménage.

– Si tu veux mon avis, je te préfère avec les cheveux tirés en arrière.

Fallait-il qu'elle ne m'aime pas pour me dire une chose pareille ?

Je venais d'entrer en classe de seconde au lycée George-Sand. Avant, je ne savais pas que George Sand était une femme, mais pourquoi pas ?

Après je n'aimais plus mon nom : Lily Blachon. Blachon comme mon père, Bernard Blachon. Blachon comme mon grand-père, Maurice Blachon. J'aurais préféré m'appeler Majorel comme ma mère. Elle est journaliste et elle a toujours signé Marie Majorel mais en même temps, évidemment, je lui en veux de ne pas se faire appeler Blachon comme nous, mon père, mon frère et moi. C'est comme une trahison. Moi, plus tard, je prendrai le nom de mon mari, quoique.

Lily Blachon ! Avant mes parents m'appelaient Malily.

– Au lit Malily ! susurrait papa vers huit heures et demie.

– Qu'elle est jolie Malily ! s'exclamait maman en m'habillant le matin.

Malily, j'adorais ça. Chaque fois, j'entendais comme trois gouttes de lait tomber dans la gamelle du chat.

Maintenant, il n'y a plus jamais de Malily. Juste un Lily, pointé comme un reproche sur les lacunes de ma vie :

– Lily ! Tu as vu ce bordel dans ta chambre !

– Lily ! Qu'est-ce que tu fiches devant la télé ? Tu n'as rien de mieux à faire que de regarder ces idioties ?

– Je te préviens, Lily, si tu n'es pas rentrée à minuit, je viens te chercher.

– Lily ! Qu'est-ce que c'est que ce bulletin ? Manque de concentration… manque de concentration ! Tu ne peux pas te concentrer un peu ?

Non, je ne peux pas me concentrer. La concentration, c'est mon problème. Je ne sais pas ce que c'est d'abord. On ne m'a jamais appris. La dernière fois que la concentration est venue sur le tapis, j'ai répondu très inspirée :

– La concentration ! Il y avait des camps pour ça pendant la guerre de quarante. Vous avez vu le résultat ?

Mon père m'a retourné une gifle qui ne m'a même pas fait mal, tellement j'étais contente de ma réplique.

Tout ce qui les intéresse, c'est que je ne fasse pas de vagues, au lycée. Onze de moyenne. C'est l'ambition qu'ils ont pour moi. J'ai eu neuf au dernier bulletin. Ils étaient furieux. Deux points de différence, ce n'est pourtant pas la mer à boire. Ma copine Vanessa, ses parents lui demandent treize, elle a onze. Ils ne disent rien.

Avant mes parents s'entendaient bien. Nous formions une jolie petite famille sans histoire. Papa était directeur artistique dans une agence de pub, maman journaliste de mode dans un grand magazine. À la naissance de mon petit frère Maxime, ils avaient acheté dans la banlieue parisienne une grosse maison qu'ils avaient retapée avec amour. Leurs nombreux amis débarquaient le dimanche avec leurs enfants. (À propos, je ne sais pas pourquoi les parents s'imaginent toujours que leurs enfants seront forcément copains avec les enfants de leurs copains.) Pendant la semaine, ils n'avaient pas beaucoup le temps de s'occuper de mon frère et moi. Ils partaient tôt, rentraient tard. Les filles au pair défilaient. Je leur apprenais le français. Dès qu'elles en savaient assez, elles partaient. Les Blachon n'étaient pas riches riches, mais ils étaient loin d'être pauvres. L'hiver, on allait aux sports d'hiver. L'été, aux sports d'été. Un jour, patatras, maman a été licenciée. Ils ont rigolé. Un mois après, ce fut le tour de papa. Ils ont déprimé.

Par chance, c'était le printemps. Maman s'est prise de passion pour le jardin qui jusque-là ressemblait à un vague terrain vague. Elle désherbait, plantait, semait, bouturait, taillait. De la maison, on l'entendait s'extasier sur un bourgeon ou bien elle nous appelait pour constater la pousse d'un arbrisseau. Le samedi, elle nous traînait dans les pépinières et les marchés aux fleurs. Des noms comme ellébores et euphorbes n'avaient pas plus de secret pour moi que pâquerette et coquelicot. Avec les cerises vint le temps de la confiture de cerises, la confiture préférée de papa. Après l'école dans la cuisine, tandis que je trimais en silence sur mes devoirs et que Maxime récitait ses leçons à voix haute, maman butinait entre sa bassine et ses pots :

– Sentez, les enfants !

– Venez voir comme ça bouillonne !

– Regardez-moi cette couleur !

– J'ai fait dix pots aujourd'hui.

Mon petit frère adorait ça. Moi, ça m'énervait. Aujourd'hui, quand j'y repense, c'était le bon temps.

Mon père, lui, s'était installé un atelier dans le grenier. Avant ma naissance, il était *artiste*.

Il a ressorti sa boîte d'aquarelles et ses pinceaux et il s'est d'abord mis à peindre le jardin de maman puis il a entrepris de faire nos portraits. Dès qu'on en avait fini avec maman, on montait poser pour papa. On restait immobiles, pendant des heures. Pourtant j'avais la nette impression qu'il aurait pu mettre des épouvantails à notre place, ça n'aurait pas été moins ressemblant.

Cet été-là, nous ne sommes pas partis en vacances ensemble comme d'habitude. Dès juillet, Maxime et moi, on nous a expédiés sans préavis chez bonne-maman et bon-papa Blachon dans les Alpes, puis en août chez papi et mamie Majorel en Bretagne. En septembre quand on est rentrés, on était beaux et bronzés, pas eux. À la gare, j'ai tout de suite vu que ça clochait. Papa portait sur un pantalon de velours mou le pull informe que sa mère lui avait tricoté l'année de son entrée aux Beaux-Arts. Maman, elle, frimait dans une robe Kenzo. Elle a toujours eu une silhouette d'enfer et une collection de fringues géniales, normal, la mode c'est son métier. Il faut bien l'admettre, elle est encore pas mal pour ses trente-neuf ans et demi. À côté, papa fait un peu mité. Je me suis frottée contre lui. J'étais contente de rentrer à la maison. Il n'y avait plus de maison. Vendue la maison. La maison de mon enfance n'était plus. J'ai ravalé mes larmes et je suis devenue maussade.

J'ai compris qu'ils avaient toujours vécu au-dessus de leurs moyens, qu'ils étaient criblés de dettes, qu'ils avaient le couteau sous la gorge et qu'ils avaient été obligés de vendre. Dès qu'ils ont ouvert la porte de notre nouvel appartement près de l'église de Montmouton, j'ai su que rien ne serait plus jamais comme avant.

Maintenant, quand je rentre du lycée, ça ne sent plus la confiture chaude mais le mégot froid. Maintenant il n'y a plus d'ambiance, seulement la télé. Papa stagne dans le canapé, toujours sur le point de s'endormir ou venant de se réveiller tandis que maman disparaît des journées entières et rentre parfois avec des promesses plein son panier.

Comme ce soir-là :

MAMAN : Le groupe Werner sort un nouveau journal. Il cherche un directeur artistique. Il paraît que c'est très bien payé.

On était à table. Elle a posé le plat de pâtes avec un regard oblique sur papa.

MAMAN : Il faut que tu appelles Victor Lagrange de la part d'Arthur… Tu m'entends ?

Papa a lentement levé la tête vers maman.

MAMAN : Tu vas l'appeler ?

Yeux dans les yeux, ils s'affrontaient comme deux gladiateurs.

PAPA : Non ! Plutôt crever de faim que d'appeler ce pourri de Lagrange.

MAMAN : Égoïste !

PAPA : Appelle ça comme tu veux.

MAMAN : Comment comptes-tu nourrir tes enfants ?

Ils nous ont tous les deux considérés avec accablement. J'ai profité du blanc que notre existence produisait dans cette conversation à couteaux tirés pour placer :

MOI : Ne t'en fais pas pour la nourriture, maman ! J'ai l'intention de devenir anorexique.

Dans un premier temps, ça leur a carrément coupé le son. Après, ça a déclenché une tempête de nerfs.

J'ai sorti Maxime du ring, je l'ai mis sous la couette et j'ai repris le livre que j'avais commencé à lui lire la veille : une histoire de lapin trisomique. Je ne sais pas pourquoi, on s'acharne à faire comprendre aux petits enfants que les animaux ont les mêmes problèmes que les humains. On ferait mieux de faire le contraire, leur montrer qu'on est tous des bêtes. Maxime m'a arrêtée. Ce soir-là, il ne voulait pas de l'histoire du lapin, il voulait réentendre *Le Petit Poucet*, ce petit malin qui sauve ses balourds de frères. À la fin, il a dit :

– Tu crois que quand les parents n'auront plus du tout de sous, ils essaieront de nous perdre aussi ?

– Non.

– S'ils essaient quand même ?

J'allais répondre : « Ne t'inquiète pas, avec moi tu ne crains rien », quand j'ai eu un trait de génie. J'ai dit :

– Tant que je suis avec toi, je n'ai peur de rien.

Il a souri. J'ai éteint la lumière et je me suis retirée dans ma chambre pour penser.

Comment voulez-vous que je me concentre sur les maths, le français, l'histoire-géo, la physique, le latin, l'anglais ou l'allemand avec tout ça ?

C'est clair, je ne connais pas mes parents.

2

> « L'objet de mes souffrances paraît toujours dérisoire aux adultes de mon entourage. »
>
> *Lily B., carnets*

Pendant quelque temps, on n'a plus vu nos parents ensemble. Dès que l'un rentrait, l'autre sortait. Parfois, quand j'étais seule, je consultais les petites annonces du journal dans l'espoir de leur trouver un boulot. Mes parents ne me connaissent pas. Je ne connais pas mes parents. Mes parents ne se connaissent pas entre eux. C'est curieux comme impression. Le seul que chacun d'entre nous a l'air de bien connaître, c'est Maxime. C'est lui qui tient le calendrier des rituels familiaux qu'on a de plus en plus tendance à oublier. Pour lui, j'ai accepté de fêter mon anniversaire en famille alors que je rêvais d'une soirée entre copains qui aurait duré toute la nuit. Il est vrai aussi que je n'ai plus de copains. Ceux de l'année dernière ne m'intéressent plus et je n'en ai pas encore rencontré d'autres.

Ce soir-là, Luce, ma marraine, est venue dîner. Maman a fait son célèbre gâteau au chocolat et j'ai soufflé mes quinze bougies. Maxime a cassé sa tirelire pour m'offrir un CD. Papa a encadré un portrait de moi dont il est très content. Pas moi. On voit trop bien ma cicatrice. Maman a fait dans l'utile comme d'habitude. Une paire de chaussures. Celles que je voulais à la rentrée, plus maintenant. Heureusement, le paquet de Luce contenait une très jolie jupe. J'ai toujours beaucoup aimé Luce. Elle est très mince avec de grands yeux noirs et de longs cheveux raides châtains. Elle est restauratrice de tableaux dans le Marais. Elle a trente-cinq ans et elle vit seule avec son chat Tiber. Plus tard, j'aimerais lui ressembler.

Papa est sorti acheter des cigarettes avec Maxime, moi j'essayais ma nouvelle jupe quand je les ai entendues parler toutes les deux, Luce et maman.

LUCE : Tu en fais une tête !

C'est pire que tout ce qu'on peut imaginer. Quand maman est triste, on dirait qu'elle fait la gueule à la terre entière.

LUCE : Qu'est-ce qui se passe ?

MAMAN : Je suis complètement détruite.

LUCE : Arrête !

MAMAN : Je t'assure.

LUCE : Ne te mets pas dans un état pareil ! Tu vas retrouver un boulot ! Est-ce que tu te souviens du temps où tu disais que tu rêvais d'avoir plein de temps libre ?

MAMAN : Moi ?

LUCE : Oui, toi !

MAMAN : Je n'ai jamais dit ça !

LUCE : Bien sûr que tu l'as dit ! À Harriett ! Quand elle était en pleine dépression, après son licenciement.

MAMAN : Une chose est sûre, je n'ai jamais rêvé qu'on soit sans boulot en même temps, Bernard et moi. Entre nous, c'est le chaos. On n'a rien de commun. J'étouffe. J'ai envie de vivre seule. Comme toi.

LUCE : Ne dis pas de bêtises !

MAMAN : J'ai raté ma vie.

LUCE : Tais-toi donc ! C'est juste une mauvaise passe.

Maman s'est tue un moment, le temps de se représenter ses deux adorables enfants et son mari si charmant. Et dans une sorte de sanglot, elle a craché :

– On va se séparer !

C'est à ce moment-là que j'ai réalisé combien j'étais monstrueuse dans la jupe de Luce. Mon genou droit est obèse par rapport au genou gauche. J'ai éclaté en sanglots. Elles ont entendu. Elles sont venues. Je leur ai expliqué. Elles ont éclaté de rire. J'ai sangloté de plus belle. On ne me prend jamais au sérieux. L'objet de mes souffrances est toujours dérisoire à côté du leur. Maman a lancé :

– C'est normal, ma chérie ! On a tous un côté différent de l'autre, moi aussi.

Luce a remonté sa jupe longue pour me prouver que c'était pareil pour elle. Maman a pris un double décimètre de couture pour mesurer tous les genoux. Elles se marraient comme deux gamines. Ça m'a exaspérée. Résultat, j'ai raison, mon genou droit est franchement obèse par rapport au gauche. Alors que celui de Luce a deux millimètres de moins que le gauche. Quant à ceux de maman, ils sont parfaits. Je l'ai détestée. Vivement qu'elle se sépare de papa, j'irai vivre avec lui.

Deux jours plus tard, c'était samedi. Papa et maman nous ont annoncé au déjeuner qu'ils allaient se séparer l'après-midi même. Maxime m'a pris la main sous la table. Nous étions plus unis que jamais.

EUX : Ça ne va rien changer pour vous. Nous resterons vos parents. Vous resterez nos enfants. On vous aime.

Je ne sais pas ce qu'on doit répondre à ça, nous on n'a rien répondu. Enfin dans un premier temps. Puis comme le silence était insupportable, j'ai fini par demander :

MOI : On a le droit de choisir avec lequel de vous deux on veut vivre ?

Maxime m'a emboîté le pas.

MAXIME : Où est l'autre maison ?

Ils se sont regardés l'air bizarre, comme si on leur posait des questions qui n'avaient rien à voir avec le sujet.

MAXIME : On reste tous les quatre ici. C'est juste une question d'organisation.

Maxime a desserré ma main. Moi, je suis restée bouche bée. Je comprenais de moins en moins. C'était pourtant simple. Maman gardait la chambre conjugale. Normal, c'était la plus grande. Papa prenait ma chambre. Et moi, j'emménageais chez Maxime. Je n'étais pas décidée à me laisser faire.

MOI : Mais, maman, j'ai quinze ans !

MAMAN : Excuse-nous, ma chérie, on a tourné et retourné la question dans tous les sens. Il n'y a pas d'autre solution.

Machérie avait les boules.

MOI : Tu peux parler, tu gardes la plus grande chambre pour toi toute seule.

Ma mère a pleuré. Mon père m'a foudroyée du regard.

PAPA : Quand tu auras la moyenne en classe, tu pourras parler.

MOI : Pourquoi j'aurais la moyenne ? Pour mener une vie de con comme vous ? Très peu pour moi. Ne comptez pas sur moi pour vous aider à déménager. Je trouve ça révoltant.

J'ai enfilé mon blouson et je suis partie traîner.

3

> « On ne photographie jamais les gens en train de se disputer.
> Le bonheur, c'est comme un cliché, c'est instantané. »
>
> *Lily B., carnets*

Du jour au lendemain, les parents se sont comportés comme deux colocataires qui auraient fait connaissance par petite annonce : « Salut ! Salut ! N'oublie pas que c'est ta semaine ! » Une semaine sur deux, elle ou lui s'occupe de la maison, c'est-à-dire de nous. La cantine est meilleure quand c'est elle, mais c'est tellement mauvais quand c'est lui qu'on se marre davantage. Le problème, c'est quand on a quelque chose à demander. Avant, celui qui répondait, répondait au nom des deux. Maintenant il faut l'avis de chacun. L'autre matin, Maxime a demandé à papa s'il pouvait aller à Disneyland avec Camille le samedi suivant. Évidemment maman avait pris un rendez-vous chez le dentiste pour Maxime sans en parler à papa. Ce qui fait que le samedi en question, ça a été une catastrophe. Maxime chialait pendant que Bernard et Marie s'engueulaient. C'était pitoyable.

Bernard et Marie se sont bien habitués à leur séparation. Pas moi. Je n'ai plus de chambre. Je ne suis bien nulle part. Pour m'aider à supporter la cohabitation, Bernard a fabriqué un paravent qui sépare l'univers de mon frère du mien. D'un côté, conquête de l'espace et vie des animaux : Jojolapin, Mickey, la famille Adams, un dauphin, des ours, quelques oiseaux, une carte du ciel ; de l'autre, vie des stars et conquête du premier baiser : un couple enlacé, lui noir, elle blanche, nus en haut, jeans en bas, Sharon Stone, Antonio Banderas, Brad Pitt, les amoureux de l'Hôtel de Ville, la célèbre photo de Doisneau.

J'adore Maxime, je l'ai toujours adoré. Pourtant je suis devenue odieuse avec lui. Le soir en rentrant de l'école, il a l'habitude d'écouter de la musique. Moi aussi. Évidemment pas la même. Au début, on s'est tout simplement livré une guerre de décibels à faire péter les carreaux : techno contre rap, rap contre dance, dance contre rock, rock contre rap, techno contre dance, rock contre techno… C'était l'enfer. Dès qu'on rentrait, les parents sortaient. Papa allait lire le journal au Café des Sports, maman allait lire le journal au Grand Café. Les voisins ont craqué. On nous a acheté des Walkman.

Maxime m'exaspérait. Il n'avait pas du tout l'air de souffrir de la situation. Le soir, comme personne ne lui lisait plus d'histoires pour l'endormir, il se les lisait lui-même à voix haute. Il s'est pris de passion pour un petit personnage de série, un certain Basile qui a des dons de magicien. De l'autre côté du paravent, allongée sur mon lit, je ne lisais pas, je ne travaillais pas, je bouillonnais de colère parce qu'il m'empêchait de penser.

Un soir, il a pleuré.

Avant je n'aurais pas supporté, je me serais précipitée pour le consoler. Je n'ai pas bronché. Bien fait ! Je ne suis pas la seule à souffrir. Soudain, entre deux sanglots, j'ai entendu sa voix de souris appeler :

– Malily ?

Ce « Malily » mouillé a glissé sur mon enfance mal refermée.

J'ai fait comme si je dormais.

Un peu plus tard, il a remis ça :

– Lily ?

J'ai laissé venir les larmes.

Sans que je m'en rende compte, Maxime s'est levé. J'ai ouvert les yeux, il me regardait.

LUI : Tu dors ?

MOI : Non.

LUI : Pourquoi tu ne réponds pas ?

MOI : Appelle-moi Lee, tu veux ?

LUI : Lit ? Comme on dirait : est-ce que je peux dormir dans ton lit ?

MOI : Non. Lee, L deux e. Oui, tu peux dormir dans mon lit.

LUI : Merci, Lee.

Il s'est blotti contre moi.

LUI : Lee ?

MOI : Oui.

LUI : Est-ce que tu m'aimes ?

MOI : Pourquoi tu me demandes ça ?

LUI : Parce que tu as l'air tout le temps furieuse après moi comme maman après papa. Et papa m'a dit que maman ne l'aimait plus.

Que je puisse ressembler à ma mère au moment où je fais tout pour être différente d'elle tellement je la déteste m'a fait comme un électrochoc. J'ai câliné Maxime autant que j'ai pu.

MOI : Mon petit Maximum, bien sûr que je t'aime ! Je t'aimerai toujours. Tu es mon petit chat préféré, mon poisson adoré, mon frère. Je t'aimerai toute ma vie.

Il s'est détendu. Au moment de s'assoupir, il a murmuré : « Je t'aime, Lee. »

Je me suis levée sans le réveiller et je me suis installée dans le salon pour penser. Dans mon ex-chambre, Bernard ronronne devant sa télé. Dans la sienne, Marie glousse au téléphone. J'ai pris les albums de photos qui racontent notre vie. C'est drôle, on ne photographie jamais les gens en train de se disputer : entre la rencontre et la séparation de mes parents, j'ai contemplé dix-sept ans de pur bonheur.

Marie et Bernard, beaux et bronzés, pédalent en riant sur un tandem devant la mer (Bretagne, été 1980).

Bernard les cheveux longs un sombrero sur le nez gratte une guitare dans le cockpit d'un voilier.

Marie et Bernard serrés l'un contre l'autre dévalent la montagne en luge (Vercors, hiver 1980).

Dans le chalet des parents de Bernard, Marie posant nue devant le feu, Bernard est derrière le chevalet.

Qui a pu prendre cette photo ? Mystère... Jamais je pourrais poser nue, moi. La preuve que tout nous sépare, moi et ma mère.

Marie enceinte jusqu'au cou, sublime dans sa robe de mariée (septembre 1982).

Normal le polichinelle dans son tiroir, c'est moi. N'empêche, je trouve ça indécent, se marier enceinte.

Marie toujours en robe de mariée et Bernard en costume de marié s'embrassent goulûment devant tout le monde.

Comment peut-on s'embrasser en public ?

Marie tend les bras vers Lily qui fait ses premiers pas sur une plage.

Lily à cheval avec Marie (été 1985).

Lily dans le bain avec Marie enceinte de Maxime.

Là, je ne sais pas ce qui m'a pris, j'ai éclaté en sanglots. Je croyais que je n'avais plus de larmes. C'est pas vrai. Je n'ai que des larmes. Par chance, j'ai entendu la porte de Marie s'ouvrir, alors j'ai vite caché l'album sous le canapé.

ELLE : Lily chérie, qu'est-ce que tu as ?

Je veux qu'elle me prenne dans ses bras et en même temps je ne veux pas. Elle a essayé de poser sa main sur mon front, je me suis détournée contre le mur.

ELLE : Tu as mal quelque part ?

MOI : J'ai mal au ventre.

ELLE : Ce n'est pas grave. C'est sûrement tes règles. Je vais te donner un peu d'arnica.

Cette façon qu'elle a de rentrer dans mon intimité la plus intime, de dire que rien n'est grave et de me fourrer de l'arnica sous la langue pour un oui pour un non, me révolte au plus haut point. Alors pour lui clouer le bec, j'ai dit :

– Tu as raison, ce n'est pas grave.

Et sans lui adresser un regard, je vais me coucher dans le lit de Maxime. Un vieux bout de chocolat traîne sur la table de nuit, je l'ai croqué et j'ai aussitôt une pensée géniale que je me promets de noter dans mon carnet de pensées :

Le bonheur, c'est comme un cliché photographique, c'est instantané.

Après j'ai branché la machine à rêves et je suis devenue une autre.

Lee.

Lee Blackman.

Plus tard, c'est comme ça que je m'appellerai.

D'ailleurs à partir de maintenant quand je rencontrerai des gens, je leur dirai que je m'appelle Lee.

Lee Blackman, ça change tout.

Fini Lily Blachon.

Demain sera un autre jour qui verra la naissance d'une autre fille. Je me suis endormie, heureuse pour la première fois depuis longtemps.

4

« Une conversation avec un adulte, d'autant plus s'il est prof, tourne irrémédiablement à l'examen oral : développez votre argumentation ! »

Lily B., carnets

J'ai bondi hors du lit, aussi excitée que Maxime le matin de Noël. En général, je guette mollement les minutes, retardant le plus possible le moment de me traîner sous la douche, d'avaler un bol de céréales, et de riper vers le lycée. Ce matin-là, j'ai hissé les voiles au moins une demi-heure avant l'heure. Bernard était de service. J'ai eu envie de lui faire un cadeau et j'ai préparé le petit déjeuner. Je pressais les pamplemousses avec entrain lorsqu'il a trébuché dans la cuisine, la figure boursouflée par l'insomnie.

Ma vie vient de prendre un nouveau tournant et je tiens absolument à ce qu'il soit au courant. Il y a urgence. Alors je balance :

– Papa ! À partir d'aujourd'hui, j'aimerais que tu m'appelles Lee.

– Li comme Li ch'eng ?

– C'est qui ?

– Un peintre chinois, un grand paysagiste qui…

– Non, pas du tout ! Moi c'est Lee, L deux e, à l'américaine. Plus tard, je serai archéologue. Je ferai des conférences au musée des Sciences naturelles de New York, tu sais, celui qu'on a visité, il y a deux ans. J'écrirai des articles très savants dans des revues très spécialisées. Je signerai Lee Blackman.

– Lee comment ?

– Lee Blackman.
– Tu as un fiancé qui s'appelle Blackman ?
– Non, pas du tout, Blackman, c'est un pseudo.
– Blachon, ça ne te plaît pas ?
– Ce n'est pas ce que je veux dire ! Tu ne comprends rien.
– C'est fou ce que tu me fais penser à ta mère. Elle n'a jamais voulu se faire appeler Blachon, elle pense que Majorel, c'est plus sexy.

Ah non ! Pas ça ! Pas elle ! Qu'est-ce que ç'a à voir avec ma mère ? Elle a toujours fait dans le superficiel, je veux faire dans le sérieux. Pour une fois que j'ai le moral, je ne vais pas me laisser démolir. J'ai attrapé mon sac à dos et j'ai claqué la porte.

Lundi raté, semaine fichue. Je suis bien décidée à ne rien rater, ce lundi-là. La preuve que je suis une autre, j'ose sortir avec ma nouvelle minijupe. La jupe offerte par Luce. Sur un échafaudage un type m'a sifflée, j'ai rougi dans le ciel bleu vif. En passant devant le Monoprix, je me suis regardée dans la vitrine… Si ce n'était cette affreuse cicatrice sur ma tempe, c'est vrai que je ne suis pas mal. Je suis en train de me recoiffer quand j'aperçois Audrey et Maryline derrière moi. Avant, c'étaient mes meilleures copines, maintenant elles me portent sur les nerfs. Sous prétexte qu'elles sont bien foutues et qu'elles ont des prénoms de stars, elles se prennent pour des vedettes. Il n'y a rien que je déteste plus au monde que cette effroyable douceur avec laquelle elles me parlent depuis que je les ai dans le nez :

– Salut, Lily !
– Tu vas bien, Lily ?

Je ne suis pas sourde. J'ai envie de leur crier que je ne m'appelle plus Lily mais Lee. J'ai répondu :

– Salut.
– Elle est jolie ta jupe.

Les voilà qui me détaillent sous toutes les coutures. Du temps où ma mère était la reine de la mode chez Megapresse, on était très copines. Après j'ai compris que c'était intéressé. Tant que maman pouvait les faire entrer dans les défilés ou leur donner des cartons d'invitation pour les soldes privés, elles m'adoraient mais quand j'ai eu besoin d'un peu d'amitié, je n'ai plus trouvé personne. Un jour, je les ai surprises en train de parler de moi.

– Elle est fantastique, sa mère, disait l'une.

– Comment peut-on être si moche quand on a une mère si belle ? disait l'autre.

Dans mon carnet de pensées, j'ai copié cette phrase : *Je pardonne à ceux qui m'ont offensée mais j'ai la liste.* J'avale tout ce que j'ai sur le cœur et je leur tends un méga sourire. Encouragées, elles ont remis ça :

– Franchement elle est bien ta jupe !

– C'est de qui ?

Je joue les détachées nanties.

– C'est un prototype que Michael Deventrop a offert pour moi à maman. Vous le connaissez sûrement ? C'est le nouveau styliste qui monte, à Londres !

Elles font comme si. Je brûle de leur balancer que Michael Deventrop n'existe pas, mais pour une fois je suis plus maligne. J'esquisse une moue énigmatique. Je ne sais pas si elles ont flairé l'entourloupe, en tout cas, il y en a une qui dit :

– C'est dommage, c'est vraiment dommage ! Tu sais que tu as un genou plus épais que l'autre ?

Elle n'a pas dit plus gros, elle a dit plus épais. Je suis tentée de lui sauter à la gorge et de la mordre. La sonnerie retentit, je mets le cap sur la salle de cours.

Toute la journée, j'ai attendu avec impatience le cours d'histoire-géo, la matière qui me concerne le plus depuis que je veux devenir archéologue. Jusque-là, je n'ai strictement rien fait, mais ça va changer. Il suffit de s'intéresser et d'apprendre. Or, je m'intéresse énormément. Le prof n'est pas très net, on dit qu'il boit. En plus c'est notre prof principal. Mais quand on a eu comme moi la révélation qu'il ne faut pas travailler en fonction des parents ou des profs, ça n'a pas beaucoup d'importance. Enfin, il est bizarre quand même. Il choisit exactement le jour où je suis particulièrement décidée à me concentrer sur sa matière pour me convoquer à la fin du cours et me dire :

– Dites-moi, Lily, qu'est-ce qui se passe ? Je vous observe depuis un bout de temps, j'ai l'impression que vous êtes dans un état de déconcentration totale. Vous avez un problème personnel ?

Quel abruti ! Me dire ça ce jour-là ! Il est malade ! J'en aurais pleuré ! Il a sans doute remarqué quelque chose, alors il m'a invitée à prendre un café. À quoi joue-t-il ? À l'assistante sociale ? Je ne suis pas fière en rentrant avec lui au Café des Sports, en face du lycée.

Ce vieux prof barbu, sans doute alcoolique, est la dernière personne au monde à qui il me serait venu à l'esprit de faire des confidences. Je ne peux vraiment pas lui parler de Lee Blackman. J'ai mis trois sucres dans mon café et tout en touillant, je me compose une figure contrite, façon Cosette, le temps de lâcher :

– Mes parents se sont séparés.

Le projectile semble avoir atteint son but. L'adversaire me regarde avec toute la compassion du monde.

– Il y a longtemps ?

– La semaine dernière.

– Je comprends tout maintenant. C'est difficile à vivre à votre âge. Mais c'est parfois mieux comme ça, vous savez ! Plus tard, vous comprendrez et vous pardonnerez.

– Vous êtes divorcé ?

– Oui.

– Vous avez des enfants ?

– Ils sont grands maintenant.

– Quel âge ?

– Trente et trente-trois.

Il sourit. Il a compris que j'en profite pour lui soutirer des informations sur sa vie privée.

Il enchaîne :

– J'imagine que votre papa est resté habiter dans la région.

– Il a gardé l'appartement.

– Et votre maman ?

– Aussi.

Il en perd carrément son latin. J'ai pitié. Je ne veux pas qu'il s'imagine que je me moque de lui. Je lui explique :

– Ils sont au chômage tous les deux et ils n'ont plus les moyens de prendre chacun un appartement. Alors ils ont pris ma chambre.

– Vous avez des frères et sœurs ?

– Un petit frère de huit ans. On partage la même chambre. Ce n'est pas très commode.

– Non, bien sûr.

Il a l'air sincère. Je sens que mon cas l'étonne. Ça me donne de l'importance. Il revient à mes études.

– Vous avez une idée de ce que vous voulez faire plus tard ?

La question ne peut pas mieux tomber, j'ai une idée.

– Archéologue.

On dirait que ça lui fait plaisir.

– Vous y pensez depuis longtemps ?

Là, je ne peux quand même pas répondre que l'idée m'est venue dans la nuit.

– Non, pas très.

– Qu'est-ce qui vous attire dans l'archéologie ?

Une conversation avec un adulte, d'autant plus s'il est prof, tourne irrémédiablement à l'examen oral : développez votre argumentation ! J'ai pris un air pénétré.

– Les jeunes n'ont pas d'avenir. Tout le monde le dit. Et c'est angoissant. Alors fouiller le passé, ça rassure.

Il émet des signaux de sympathie. Je me sens dopée. Je poursuis :

– Ce n'est pas abstrait comme science. Ça repose sur la découverte de traces, vous comprenez ?

Il m'observe avec intérêt.

– Je comprends parfaitement. Je fais une conférence bientôt, sur un site romain du sud de la France. Ça vous amuserait de venir ? Je vous présenterai des jeunes de votre âge qui ont fait un chantier de fouilles avec moi cet été.

Je n'en crois pas mes oreilles.

– Vous êtes archéologue ?

Il rit doucement en faisant signe au garçon qu'il veut payer.

– J'en ai parlé mardi dernier pendant le cours, vous devriez écouter.

J'ai cru que je mourais. Il m'a ressuscitée.

– Pas de panique ! Je vais vous aider. Vous aimeriez être bonne élève, n'est-ce pas ?

Et comment donc ! Je l'aurais embrassé.

– Je vous promets de me concentrer.

– Pari tenu.

Jamais je n'aurais imaginé claquer la main d'un prof. Surtout lui. Il a payé les cafés et il a disparu comme s'il ne se rendait pas compte que ce moment passé avec lui est la chose la plus importante qui me soit arrivée depuis que Delphine m'a demandé en pointant ma cicatrice : « Comment tu fais pour vivre avec ça ? »

5

> « Il ne faut jamais exagérer l'importance qu'on a pour les autres. »
>
> *Lily B., carnets*

Partout où j'allais, les livres fleurissaient. Je butinais de l'un à l'autre, récoltant une phrase en gras par-ci, par-là. Sur le tapis, le prétérit anglais jouait au mikado avec les équations du deuxième degré. Sur la couette, l'homme de Cro-Magnon flirtait avec la princesse de Clèves. Quelque part dans le salon, Cicéron déclinait son latin dans les steppes de l'Asie centrale. Intérieurement, je suis en proie à une excitation que je n'ai jamais connue, la fièvre d'apprendre. Extérieurement, je ressemble à une statue de sel. Parfois je tourne une page. Mon cerveau agacé par le vide projette mon corps contre le frigo.

Je grignote sans arrêt. Mes deux genoux sont obèses maintenant. Mes notes ont baissé. Mes ambitions ont coulé. Je ne serai plus archéologue mais assistante archéologue. Je porterai le cartable d'un archéologue, tant pis, il n'y a pas de sot métier. En cours, mes yeux clignotent. Comme s'il percevait mes appels de détresse, M. Turpin m'a demandé de lui montrer les notes que je prends en classe. Le cours suivant, il a distribué des polycopiés : « Pour l'instant, contentez-vous d'apprendre ça par cœur ! » Le soir j'apprends de toute mon âme. Le matin je ne sais plus rien.

Une nuit, j'ai rêvé que je traversais un canyon sur un fil, un livre sur la tête. Tout au fond, en bas, M. Turpin criait : « Avancez ! Ne me regardez surtout pas ! » Je ne pouvais pas m'empêcher de le regarder et je tombais. J'avais chaud, j'avais froid. En fait, j'avais de la fièvre. Je ne suis pas allée au lycée, le lendemain. Au bout de trois jours, la température a baissé. Le docteur a dit que je pourrais reprendre les cours. Je jouissais d'un jour de grâce mais ce fut tout de suite le soir. Soudain Maxime a fait irruption dans la chambre : « Tu m'expliques les divisions. Je n'y arrive pas ! » Le temps de me redresser contre les oreillers, j'ai lancé, effarée :

– Moi, à ton âge, je n'avais personne pour m'expliquer. Qu'est-ce que ce sera quand tu seras en seconde ? Allez, montre !

Maxime ne comprenait rien. J'ai perdu patience.

– Ce n'est pas normal d'être borné à ce point-là. Qu'est-ce que tu vas devenir ?

Il s'est pelotonné contre sa panthère noire en peluche. Il a crié en pleurant :

– Je serai gardien de zoo.

Tout à coup j'ai commencé à m'angoisser à l'idée que M. Turpin pourrait penser que je me suis dégonflée, rapport au contrôle d'histoire-géo que j'ai raté parce que j'étais malade. J'ai cherché son numéro personnel, j'ai respiré un grand coup et j'ai pianoté. Il a immédiatement décroché. Il avait une voix inquiète.

MOI : Bonjour, monsieur, c'est Lily !

LUI : …

MOI : Lily Blachon !

LUI : …

MOI : De 2de 4.

LUI : Qui vous a donné mon numéro ?

MOI : Personne, monsieur, je l'ai trouvé dans l'annuaire.

LUI : Qu'est-ce qui vous arrive ?

MOI : Je suis malade.

LUI : Ce n'est pas trop grave ?

MOI : J'ai eu 40° de fièvre. Je voulais vous dire. Je n'ai pas pu faire le contrôle.

LUI : On verra ça la semaine prochaine. Je ne l'ai pas encore corrigé.

MOI : Je ne voudrais pas que vous pensiez que…

LUI : J'attends un coup de fil urgent. On parlera de tout ça quand vous rentrerez. Rétablissez-vous bien !

Il a raccroché. Dans mon carnet de pensées, j'ai noté : *Il ne faut jamais exagérer l'importance qu'on a pour les autres.* Je me suis glissée dans le lit de ma mère, j'ai allumé la télé et j'ai zappé jusqu'à l'overdose.

Évidemment, quand j'ai besoin d'elle, elle n'est pas là, ma mère. Comme par hasard, elle a trouvé un boulot le jour où je suis tombée malade. Elle n'a pas travaillé depuis des mois, on dirait qu'elle l'a fait exprès. Une enquête sur le renouveau du chapeau dans la mode pour *Préférence*, le nouveau magazine dirigé par son amie Anita. Je me demande ce qu'elle deviendrait sans ses copines, ma mère. Bref, elle ne peut pas rentrer le soir, il faut que ce soit bouclé en deux jours. Elle appelle ça un reportage. Stressée comme une natte, elle est. J'aurais pu mourir, ça n'aurait rien changé. Dans mon carnet, j'étais en train de marquer : *Répéter, répéter, c'est toujours informer*, quand son téléphone a sonné. J'ai décroché. Une belle voix mâle et grave a caressé le pavillon de mon oreille droite : « Marie ? c'est moi. – Non, c'est Lee. – Excusez-moi ! » Il a raccroché. Pas moi, je suis restée scotchée au combiné.

J'étais assez contente d'avoir eu le réflexe de dire « c'est Lee ». D'un autre côté, si j'avais dit oui, j'en aurais su davantage. Il n'a pas dit : c'est Pierre, Paul ou Jacques. Il a dit *cémoi.* Avant il n'y avait que papa qui disait c'est moi. Elle a un amant. Maman a un amant. « Moi », c'est forcément un amant.

À son âge !

C'est dégueulasse.

Si je confiais immédiatement à papa que Marie a un amant, il m'enverrait balader. Il faut que j'enquête ! Que j'apporte des preuves ! Lee Blackman, détective privé… Détective plutôt qu'archéologue, pourquoi pas ? C'est plus passionnant de se passionner pour le présent. J'abandonne l'archéologie. Papa a ouvert la porte, un jus d'orange dans une main, une revue sous le bras.

– Comment ça va, ma poulette ?

– Mieux !

– Tiens, je t'ai apporté une revue d'archéologie. Page 60, il y a un grand article de ton prof, Turpin. Il a l'air bien ce type-là. En tout cas, ça ne le gêne pas de signer Robert Turpin un article d'une très haute tenue scientifique.

Je ne comprends pas pourquoi il me dit ça. Je n'ai pas répondu.

– Que je m'intéresse à ce qui t'intéresse, ça ne te fait pas plaisir ?

Excédé, il a tourné les talons.

– Papa !

– Oui ?

– Tu n'aurais pas un polar à me filer ?

6

«Un service rendu reste rarement impuni.»
Lily B., carnets

«Mafille, mafille, c'est la tienne aussi ! – Que tu dis !» Les répliques passaient en boucle sur Radio Maso, une émission coproduite par Lily Blachon et Lee Blackman, deux enfiévrées du Ciboulot. «Que tu dis !»

Deux jours avant, Bernard et Marie s'étaient croisés dans le couloir pendant que je siégeais, aux cabinets, avec Lady Di.

BERNARD : Tu as cinq minutes ? J'ai à te parler.

MARIE : Cinq minutes, oui.

BERNARD : Comment trouves-tu ta fille en ce moment ?

MARIE : Je ne la trouve pas.

BERNARD : Ça ne t'inquiète pas ?

MARIE : Que veux-tu que je fasse ?

BERNARD : Je pense que ce serait bien qu'on dîne ensemble tous les quatre une fois de temps en temps.

MARIE : Je ne peux pas avant la semaine prochaine.

BERNARD : Décale un rendez-vous. C'est ta fille, nom d'un chien !

MARIE : Mafille, mafille, c'est la tienne aussi, merde !

BERNARD : Que tu dis !

MARIE : Tu es encore plus con que je ne le pensais.

Les portes ont claqué. J'ai poussé la chasse d'eau.

Si mon père n'est pas mon père qui est mon père ? Tant qu'on y est je ne suis peut-être pas la fille de ma mère non plus. Certes j'ai vu cette photo d'elle enceinte qui correspond aux dates de ma naissance. Mais ça ne prouve rien. Tout à fait le genre de Marie de vouloir ressembler à la Vénus de Botticelli le jour de son mariage. J'ai été adoptée et ils ne m'en ont rien dit. Ou bien échangée à la maternité ? Ce sont des choses qui arrivent. J'ai déjà lu ça dans les journaux. Non. Je suis un bébé-éprouvette. Mon père n'est pas certain qu'on a utilisé son sperme. Il est encore plus facile d'échanger des éprouvettes dans un laboratoire que des bébés dans une maternité. Pauvre papa !

Un miroir ! Il me faut un miroir tout de suite ! Je me suis levée encore chancelante. J'ai bien encadré ma tête dedans et j'ai attendu. Comme après l'injection du sérum de vérité, le résultat, je devrais dire le verdict, est tombé en capitales sur le téléscripteur de ma conscience : c'est dingue à quel point je ne leur ressemble pas. Ni à lui. Ni à elle. Une « dissemblance » qui saute aux yeux. Un choc aussi sidérant que la ressemblance de ma copine Joséphine avec sa mère adoptive. Quand Joséphine était petite et qu'elle racontait qu'elle était adoptée, les gens pensaient qu'elle mentait, tellement elle ressemble à sa mère. Moi, c'est le contraire : je suis une imposture.

Une sueur froide m'a obligée à me recoucher. Quel lourd secret est à l'origine de ma naissance ? Pendant que je pensais, mon système optique enregistrait des titres de livres sur la table de nuit : *La vie des morts est épuisante, Une image de Lou, Le Secret du secret.*

Le secret du secret ? Ma mère lisait un livre dont le titre est un commencement de preuve. Elle aussi se demande d'où viennent ces gènes inconnus dont j'ai hérité. Elle aussi réalise qu'on n'a rien de commun toutes les deux. Elle aussi tente de percer le secret de ma naissance. Je fus secouée par un rire nerveux.

– C'est si drôle que ça ? a fait papa en lorgnant sur la télé allumée.

Le pauvre ! Il croit que c'est la télé qui me fait rire. L'innocent ! Quand je pense qu'il ne sait pas que je sais qu'il n'est pas mon père.

– Où as-tu trouvé ce bouquin ?

Le Secret du secret bâillait sur les draps. Bernard s'est emparé du livre avec une joie qui me mit immédiatement en alerte.

– J'en connais un qui va être content.

Lee Blackman détective aboya :

– Qui ?

– Philippe Marceau !

– Pourquoi ?

– Parce que c'est un livre très difficile à trouver et il est désespéré de l'avoir perdu. Il fait une thèse sur le secret.

– Pourquoi le secret ?

– Tu m'agaces, je n'en sais rien.

– Tu devrais le savoir si c'est ton ami.

Il m'a jeté un regard de noyé.

– Il y a un secret dans sa famille.

– Et dans notre famille, il y a des secrets ?

– Qu'est-ce que tu appelles un secret ?

– Un enfant adopté, à qui on n'aurait pas dit qu'il est adopté par exemple.

Il a souri.

– Ça me rappelle quand j'avais ton âge. Mon père ne savait plus comment faire pour me prouver qu'il était mon père. Ça finissait par le rendre malade. Un jour, il s'est souvenu que j'avais une tache de naissance en haut de la raie des fesses, comme lui. Alors il s'est déculotté devant la glace et moi aussi. La honte !

– Au moins, à ton époque, il n'y avait pas le risque d'apprendre comme ça, un jour, que tu es un enfant-éprouvette.

– Sûr !

– Tu imagines les affres dans lesquelles se trouve ma génération ?

– Pas vraiment.

– Une erreur d'éprouvette, c'est vite fait !

– Tu as des amis qui se posent ce genre de questions ?

– Une copine. Elle pense que son père n'est pas son père. Qu'ils auraient fait une erreur d'éprouvette au labo et que son père génétique serait peut-être un sale mec, une brute méchante et raciste.

– Pauvre gosse ! Tu devrais conseiller à ta copine de consulter un psychothérapeute.

– Je ne vois pas ce qu'il pourrait y faire, le psy. Il n'en sait rien, lui, à qui appartient le sperme qui l'a conçue.

– J'ai toujours été réticent devant ce genre de procédé. J'étais sûr que ça aurait des conséquences psychologiques sur les enfants, un jour ou l'autre.

– Comment vous avez fait, alors ?
– Fait quoi ?
– Moi.
– Toi ?
– Oui, moi. Comment vous m'avez faite, moi ?
– Où ? Tu veux dire… Dans un refuge de montagne. On faisait une randonnée à ski avec des copains et ta mère avait oublié sa pilule.

Je n'ai pas eu le temps de lui demander qui étaient les copains. Son téléphone a sonné, il a filé. J'étais à moitié rassurée. Si mon père était un copain de mon père, il ne pouvait pas être tout à fait mauvais.

7

«La réalité ressemble parfois au film qu'on n'a pas envie de voir.»

Lily B., carnets

Ce samedi-là, Marie, Bernard et Maxime se sont envolés chacun de leur côté, m'abandonnant les miettes du petit déjeuner. Quel bonheur que d'être seule dans la maison ! J'allais enfin pouvoir exercer en toute impunité mon sport préféré : le farniente. Immédiatement j'ai squatté la chambre de ma mère. J'adore m'enfoncer en travers dans un grand lit, avaler de petites gorgées de thé brûlant, feuilleter des magazines et zapper sur toutes les chaînes en écoutant Fun radio.

Sur le coup de onze heures, je me suis fait couler un bain, un long bain moussant et parfumé, un de ces bains qui n'en finissent pas. Dès que le bain refroidissait, j'évacuais un peu d'eau que je remplaçais immédiatement par la même quantité d'eau brûlante. Quand je suis sortie, mon corps était si mou et cramoisi que j'ai dû m'asseoir sur le rebord de la baignoire. J'ai pressé contre ma peau un tube de lait hydratant, la moitié a giclé dans l'eau du bain, avec le reste, je me suis tartinée comme j'ai pu. Je sentais bon. Dans le panier où ma mère range tous ses produits, j'ai repéré une crème amincissante avec laquelle j'ai consciencieusement massé mon genou droit puis le gauche. J'ai vite endossé le peignoir de Bernard puis j'ai trottiné jusqu'au miroir de l'entrée. À y regarder d'un peu près, les genoux ne sont pas si difformes que ça, le vrai problème, ce sont les mollets : gros et poilus. Une solution s'impose : le rasoir.

Lisses et chauves, les mollets paraissent plus minces, sauf qu'ils sont entaillés de tous les côtés, qu'ils ruissellent de sang et qu'il faut coller des pansements un peu partout. J'ai l'air chouette. Hors de question de mettre une jupe. Hors de question de mettre la seule chose que j'ai à mettre, la jupe de mon anniversaire.

J'ai mis à sac la penderie de maman, ça m'a consolée. Sa veste japonaise avec les coutures à l'envers et son col roulé en cachemire vont parfaitement avec mon pantalon taille basse. Des cigarettes traînent sur le bureau de Bernard, j'en ai fumé une devant la glace : je ressemble à Gillian Anderson. Enfin pas tout à fait. J'ai cherché une manière de jouer avec mes cheveux en masquant la cicatrice, j'ai étudié une certaine façon de tenir ma tête dans ma main du côté gauche, je me suis exercée à prendre des mines, vives, coquines, pensives… Avec un rien de fond de teint, du fard sur les yeux, un zeste de rimmel, ce sera encore mieux ! J'ai allumé une deuxième cigarette. Non, ça ne va pas. J'en ai trop mis. J'ai tout enlevé.

J'étais prête pour sortir. Mais où aller ? C'est alors que je me suis souvenue de l'invitation de M. Turpin : une conférence sur des fouilles romaines. Il m'a dit qu'il me présenterait des jeunes de mon âge qui ont fait un chantier de fouilles avec lui. Pourquoi pas ? J'ai cherché le papier où j'avais noté l'adresse exacte, je l'ai trouvé dans les affaires de Maxime, mêlé à un gribouillis de lettre. Une lettre d'amour comme je n'en ai jamais reçu. Une lettre que je connais encore par cœur :

Camille, ma chérie. Je t'aime, je t'adore. Tu es la plus belle, la plus gentille. Quand on sera grands, tu pourras me demander en mariage, je t'épouserai. Je ne veux pas que tu aies du chagrin. Je ne veux pas que tu aies mal. Si tu meurs, je me tuerai pour pas que tu t'ennuies. Je t'aime à la folie. Si tu veux, tu pourras m'embrasser à la récréation.

Jamais je n'aurais cru Maxime capable d'écrire ça. C'est si beau, si émouvant, j'en ai pleuré. Je ne connais pas mon petit frère. Déjà que je ne connais pas mes parents, en plus je ne connais pas mon petit frère. Je suis seule au monde. J'ai encore pleuré. Quel chagrin ! Il faut que je sorte de ce cauchemar. Je me suis lavé les yeux, le rimmel a coulé, j'ai taché le pull de ma mère. Décidément je suis nulle. Je suis moche. Je suis nulle et en plus je suis souillon. J'ai claqué la porte sans un regard pour le bordel que je laissais dans l'appartement.

Je n'ai pas vu le trajet passer, le train est arrivé à Châtelet. J'ai pris le métro jusqu'à Saint-Michel. J'aime bien ce quartier. J'aimerais bien habiter là plus tard, un petit studio sous les toits avec vue sur la Seine. Je m'imagine étudiante à la Sorbonne, même si je ne sais pas encore en quoi. Le midi j'irai lire des livres compliqués sur un banc au Luco. Toujours le même banc. Je serai tellement concentrée que je ne m'apercevrai pas qu'on me drague. J'aurai une manière très personnelle de m'habiller, rien à voir avec celle de ma mère. Le soir, j'irai dans les cafés, j'aurai des discussions très animées avec des gens très intelligents qui trouveront mes points de vue très originaux. Plus tard je porterai des chapeaux et je fumerai des petits cigares.

J'ai écrasé les pieds d'une passante. Elle avait envie de mordre, moi aussi, mais on s'est reconnues. « Lily ! » « Valérie ! » J'ai collé deux bises sur les joues de Valérie, une amie de la famille.

– Qu'est-ce que tu fais là ?

C'est incroyable comme question. Je suis quand même libre d'être où je veux, non ?

– Je vais à une conférence sur l'archéologie à la Sorbonne.

– Tu t'intéresses à l'archéologie ?

– Depuis longtemps.

– Ils sont mignons, les archéologues ?

J'ai haussé les épaules, elle a rectifié le tir.

– C'est formidable qu'on se rencontre. Je voulais t'appeler. Je viens de croiser ta maman. Elle pense que tu serais d'accord pour garder Paola de temps en temps le soir. Le week-end, bien entendu. Tu resterais dormir à la maison.

Ça tombait à pic, j'avais besoin de fric.

– Est-ce que tu es libre ce soir ?

– Complètement.

– Tu me rends un sacré service. Je pars vers huit heures mais viens quand tu veux, on aura le temps de parler comme ça. Tu as le code ?

Je n'avais pas de papier, elle non plus, j'ai écrit les chiffres dans ma main. Je me trouvais presque belle, tellement j'étais contente. D'une part ce petit boulot prouvait que je ne suis pas si nulle que ça, d'autre part, comme j'avais la perspective de gagner un peu de sous, je pouvais claquer tout ce que j'avais sur moi. Quelle bonne journée ! Au coin de Saint-Michel et de la rue Racine, je me suis arrêtée devant l'étalage de chez Gibert à regarder les livres en solde.

Pour l'instant, je ne lis pas. Je commence et puis très vite, ça devient flou, comme à travers une loupe à l'envers. Mon regard se perd dans le labyrinthe des phrases. Je pense à autre chose ou je m'endors. Plus tard, je lirai. Je serai une bête de lecture. Mon studio sera tapissé de livres.

« Maaaarie ! » Un type traversait le boulevard en criant le nom de maman. Un grand type avec une grosse tête poivre et sel sur de larges épaules. Je ne vois que son dos. Il court vers un sourire, un sourire si étincelant que ça me fait mal aux yeux. Les cheveux et le sourire fusionnent dans un très long baiser. Je ferme les yeux. Quand je les ai rouverts, la porte d'une brasserie s'était refermée sur leurs rires. J'ai lâché le livre que j'avais à la main. Elle, c'est Marie. Je frissonne, je claque des dents. Elle, c'est ma mère. Je suis prise de vertige. Je me suis assise sur le trottoir. Lui, pas de doute, c'est Cémoi. J'ai l'air d'une pauvresse. Les passants me regardent bizarrement. Je vois le moment où quelqu'un va appeler le Samu. Je me suis relevée et j'ai rasé les murs jusqu'au restaurant. Plantée devant la carte, j'ai maté à l'intérieur. Qu'est-ce que je dois faire ? Entrer ? Faire une scène ? L'attraper par le bras et la ramener de force à la maison ? Mes parents sont séparés. Je dois me fourrer ça dans le crâne. Séparés. Ma mère est libre. Depuis quinze jours seulement. Et déjà elle a quelqu'un d'autre. La garce ! Quelle horreur !

L'horreur de la conférence, pardon, l'heure de la conférence de M. Turpin est passée depuis dix minutes. Je n'aurais rien écouté de toute façon. J'ai besoin de me confier à quelqu'un, à un adulte. La seule grande personne capable de m'écouter, c'est ma marraine, Luce. Quand je viens à Paris, j'ai l'habitude de débarquer dans son atelier à l'improviste. Elle ne me fait jamais de reproches, je n'ai jamais l'impression de la déranger, même quand elle est en plein travail, elle me laisse la regarder peindre. C'est la seule personne au monde à qui je peux dire à peu près tout ce qui me passe par la tête, ou ne rien dire du tout : savourer silencieusement sa présence, respirer l'odeur de peinture mêlée à l'essence de térébenthine, contempler le bric-à-brac des toiles, des pinceaux et des palettes, les petits pots de couleurs, les toiles en chantier sur les chevalets, les plantes vertes, caresser son chat Tiber en feuilletant un livre d'art.

J'étais tellement impatiente de me jeter dans ses bras que mes doigts ont dérapé sur le cadran de la porte cochère et j'ai dû m'y reprendre à deux fois pour composer le bon code. J'ai foncé vers l'atelier au fond de la cour et j'ai ouvert sans frapper. Tiber a miaulé, Luce a sursauté en poussant un petit cri, elle remplissait une bouilloire, elle l'a lâchée.

– Qu'est-ce que tu fais là ?

– Il faut que je te parle.

Elle n'était pas comme d'habitude.

– Je te dérange ?

– Non, non, entre !

J'étais déjà entrée. Un feu crépitait dans la cheminée, je me suis assise devant dans un vieux fauteuil club rafistolé avec du scotch, j'avais froid. Luce continuait à s'affairer derrière le bar. La bouilloire siffla.

– Tu veux un thé ?

– Avec du lait.

Elle a apporté un plateau avec des tasses en porcelaine anglaise. Sur la mienne, j'ai lu « June » gravé en lettres d'or. J'aurais tellement aimé être en juin. Le thé m'a réchauffée, j'ai enlevé ma doudoune. Luce a examiné ma panoplie made in maman.

– C'est à Marie ?

– Oui !

– Ça te va pas mal ! Il y a une tache sur le cachemire, tu as vu ?

– Je m'en occuperai en rentrant.

Elle a souri.

– Tu as intérêt !

J'ai regardé une mouche voler. Elle aussi. Après j'ai avalé ma salive et je me suis lancée.

– À propos de Marie, qu'est-ce que tu penses d'elle ?

– Marie ? Ta mère ?

– Ma mère, oui !

– Qu'est-ce que je pense d'elle ?

Pourquoi fonctionne-t-elle en seize tours tout d'un coup ? (Ça veut dire quoi seize tours, d'ailleurs ?) J'ai répété :

– Comment trouves-tu ma mère ?

– Belle, intelligente, drôle, formidable ! C'est mon amie.

Qu'est-ce qu'ils ont tous à trouver ma mère belle ? Elle ne ressemble ni à Sharon Stone, ni à Andie Mc Dowell, ni à Sigourney Weaver, ni à Kim Bassinger qui sont au moins aussi vieilles qu'elle mais vraiment belles, elles. Luce a continué :

– Quand on s'est connues, elle avait ton âge et moi dix ans. C'était mon idole. Je l'ai toujours beaucoup admirée. Pourquoi me demandes-tu ça ?

– Elle a un amant.

Luce s'est levée. Puis elle a serré contre elle sa grosse veste de laine tricotée main. Elle est tellement mince. Avec ses longs cheveux raides qui tombent jusqu'au bas des reins, on dirait une liane. Je voulais être sûre qu'elle avait bien compris, j'ai dit une deuxième fois :

– Maman a un amant.

– Qui t'a raconté ça ?

– Je viens de les voir dans la rue.

– Qu'est-ce qui te prouve que c'est un amant ?

– Ils s'embrassaient.

– Ils t'ont vue, eux ?

– Non.

Elle a penché la tête. Ses doigts ont glissé dans ses cheveux comme un peigne, ils se sont arrêtés et ils ont gratté un peu.

– Ils sont séparés, tu sais.

Je devais avoir l'air hébété, elle a répété :

– … Tes parents !… Ils sont séparés !

Ça n'empêche, je savais encore compter et le calcul était vite fait.

– Depuis quinze jours seulement !

– L'amour n'attend pas. Il faut que tu te fasses à l'idée qu'ils vont aimer quelqu'un d'autre.

– Qu'ils vont aimer ? Qu'elle va aimer ! Mon père n'est pas comme ça, lui.

Luce se grattait toujours la nuque. Tiber a fixé l'escalier. J'ai fixé Tiber. Tiber a pointé les oreilles, à l'affût d'une souris qui grattait à l'étage. Tiber s'est étiré avant de s'allonger à plat ventre sur le canapé. Ce n'était pas un grattement de souris. C'était un pas. Un pas lourd. Un pas masculin. J'ai regardé Luce, j'étais mal à l'aise de la surprendre avec un amoureux, alors je lui ai dit : « Excuse-moi, tu aurais dû me dire. » Elle a répondu : « Tu ne m'en as pas laissé le temps. » Dans un raclement de gorge, la voix qui accompagnait le pas a lancé :

– Alors, ce thé, c'est pour aujourd'hui ou pour demain ?

La voix tomba du plafond dans mon oreille tout d'un trait. C'était une voix familière. Des jambes poilues ont dévalé l'escalier. Des jambes d'homme. Un homme nu enveloppé dans une couverture est apparu :

Papa !

Mon père !

Bernard !

Nos regards se sont cognés l'un dans l'autre. Il a eu mal. Pas tant que moi. J'ai lâché ma tasse qui a volé en éclats. J'ai attrapé ma doudoune et je suis partie à toute vitesse. Les semelles épaisses ont frappé le pavé, dans mon dos, il a crié :

– Lily, reviens ! Je vais t'expliquer.

Je ne suis pas revenue. J'ai entendu Luce lui dire :

– Appelle-la Lee !

Il a répété évidemment.

– Lee, ma chérie ! Je t'en prie !

Je ne suis toujours pas revenue.

Je ne reviendrai jamais.

Rien ne m'a arrêtée, ni les pavés mal ajustés de la cour, ni la porte si lourde qu'il faut la tenir à deux mains, ni la foule du samedi qui piétinait sous la pluie. J'ai couru jusqu'à l'Hôtel de Ville et j'ai disparu dans une bouche de métro. Je me suis effondrée sur un banc direction Porte Dauphine. Les trains passaient, je restais. La petite sonnerie qui signale la fermeture des portes rythmait en chapitre le livre de mes chagrins. Que faire en attendant huit heures ? La ville était grise, polluée, agressive, bruyante, extrêmement bruyante. Trop de monde : Luce et papa, maman et Cémoi, Maxime et Camille, moi, moi et moi. Le film qui passait dans ma tête était un malaise en VF (Version Familiale). J'ai eu envie de crier, de hurler, de boxer. J'ai marché en direction de Concorde. Dans le jardin des Tuileries, des coureurs couraient. J'ai couru.

8

> «Coup de foudre : nous n'avons pas échangé trois mots que je suis possédée par un irrésistible désir de me blottir dans sa chaleur.»
>
> *Lily B., carnets*

J'ai couru, couru, couru. Du Louvre jusqu'à l'Obélisque, le jardin tout entier défilait en accéléré dans mes yeux embués : les allées de marronniers, les amoureux qui se bécotent sur les bancs gelés, les carrés de sable humide, les kiosques fermés et les toboggans verglacés. J'ai fait le tour du grand bassin et je suis revenue à mon point de départ. Chaussures de plomb, pantalon trop serré, doudoune de fer, mes vêtements me font comme une armure. Malgré tout, j'ai entamé un deuxième tour. Je suis trempée comme une serpillière, haletante, le sang clapote dans ma tempe gauche, je suis bouillante comme une infusion de queues de cerises, j'ai soif. Je me suis laissée tomber sur un banc. Dans ma poche, il y avait un vieux bonbon à la menthe. Je l'ai sucé en regardant les autres coureurs.

Un peu apaisée, je me suis dirigée vers le Jeu de Paume. Cette course m'a fait du bien, vraiment ! Je me sens mieux, soudain. Mon cerveau est dégagé comme un ciel ! Sur la place de la Concorde, une foule grouillait contre l'hôtel Crillon, j'ai volé vers elle. Derrière des herses, les badauds guettaient les téléobjectifs et les caméras qui braquaient le palace. Un peu à l'écart, rue Boissy-d'Anglas, j'ai engagé la conversation avec mes voisins. On attend une actrice. Une actrice américaine. Une actrice que j'ai littéralement adorée pendant au moins une année comme l'incarnation de l'intelligence et de la beauté réunies. Sharon Stone soi-même va bientôt apparaître. Le soleil a percé les nuages juste pour se coucher devant elle et tandis qu'un rayon cuivré enluminait les hiéroglyphes de l'Obélisque, j'ai senti que j'avais rendez-vous avec mon destin.

Quand je l'ai vu, c'était trop tard. Je ne l'ai pas du tout entendu arriver. Ses rollers glissaient si vite sur l'asphalte que j'en ai été figée. Un pas à droite ou un pas à gauche ? J'étais incapable de me décider. J'ai fermé les yeux. Mon corps attendait le choc. Mais des bras m'ont attrapée. Des bras m'ont soulevée du sol pour m'écarter du danger. Des bras m'ont plaquée contre un torse. On a tourné comme une toupie. On a tourné jusqu'à ce que les engins qu'il avait aux pieds perdent de la vitesse et s'arrêtent. On a tourné dans un corps à corps auquel je n'étais absolument pas préparée. Son cœur battait avec un son sourd. Son souffle brûlait ma joue. Alors que tout s'est arrêté, on s'est silencieusement abandonnés l'un contre l'autre, avant de prendre la décision de s'écarter. Il était plus grand que moi. J'ai levé la tête, un nuage masquait l'horizon de ses yeux verts. Il a demandé :

– Ça va ?

Ça allait.

– On a eu chaud !

On avait eu chaud.

Il a souri. Il avait un sourire craquant. J'ai craqué.

– Tu as eu peur ?

– Oui !

– Moi aussi !

On ne se lâchait pas des yeux. Je tremblais. Heureusement, il a pris la suite en main.

– J'ai besoin d'un petit remontant. Ça te dit de venir boire quelque chose avec moi ?

Ça me disait.

Je tremblais encore. Lui aussi.

– J'ai vraiment cru qu'on allait s'écraser contre cette saloperie de herse, pas toi ?

– Si !

Je ne le quittais pas d'une semelle. Il s'est baissé pour ôter ses rollers et mettre des baskets. Son corps n'était que muscles et beauté.

Quand il s'est relevé, il a pris ma main dans la sienne ferme et puissante et nous nous sommes dirigés vers le premier café. Il me dépassait d'une bonne tête. Il a tiré une table pour m'offrir la banquette, il s'est assis en face, et nous avons immédiatement remis nos yeux dans nos yeux. Ce qui m'arrivait était aussi fascinant qu'imprévisible et je savais que c'était pareil pour lui.

Je n'ai jamais cru au coup de foudre. Jusque-là, je pensais que c'était un truc de romancier à l'eau de rose. On avait eu une discussion là-dessus en troisième avec la prof de français et j'avais soutenu mordicus qu'on ne pouvait pas comme ça, d'une seconde à l'autre, entrer en fusion avec un étranger. Comme la prof maintenait le contraire, je l'avais classée dans les fleurs bleues et vaguement méprisée. J'avais toujours pensé que pour être amoureux, il fallait se connaître et que pour se connaître, il fallait savoir ce que l'autre pensait et pour connaître les pensées de l'autre, il fallait au moins deux ans de conversation. Or, là, nous n'avions pas échangé trois mots que j'étais possédée par un irrésistible désir de me blottir dans sa chaleur.

Sa main naviguait dans l'espace en direction de mes cheveux. Je n'osais pas respirer. Il a joué avec une mèche, découvert la cicatrice que j'avais à la tempe gauche et tendu un doigt pour la caresser. J'ai tremblé, rougi, souri, soupiré et resouri.

– Quel adorable sourire ! il a fait.

Il a repris ma main dans sa main et a dégagé mon index qu'il a conduit délicatement le long de l'estafilade qui reliait son arcade sourcilière gauche à l'oreille.

– Accident de trottinette ! il a dit.

Cicatrice pour cicatrice, j'ai répondu en montrant la mienne :

– Accident de fer à repasser !

On a ri. À force de garder mes yeux dans ses yeux, j'avais un chat dans la gorge. Lui, sa pomme d'Adam roulait. Comme il ne lâchait pas ma main, j'ai senti nos sangs mêlés couler à torrents dans mes veines. Je ne pouvais pas bouger d'un millimètre : une pluie de météorites meurtrissait mon ventre.

– Tu sens la myrtille ! J'ai toujours pensé que j'aimerais une fille qui sent la myrtille.

– Tu as déjà senti des myrtilles ?

– Non, mais j'ai senti des tas de filles qui ne sentaient pas la myrtille.

Tout ça était délicieusement débile. Lui, il sentait le marron glacé mais je ne le lui ai pas dit.

Le garçon nous a demandé en soupirant :

– Bon alors, qu'est-ce que ça boit, les amoureux ?

– Du lait à la myrtille.

Il n'a lâché ni ma main ni mes yeux.

– Et vous ?

– Pareil ! j'ai fait.

On a continué à se regarder au-dessus de deux verres teintés de pourpre et avec une paille dans le bec. On sirotait en essayant de faire le plus de bruit possible. C'était bon !

J'ai repris ma main. Immédiatement je l'ai regretté. Oserait-il encore ?

– Léon ! il a dit.

– Léon ?

– Je m'appelle Léon. Léon Lundi.

C'était le nom du chien de ma tante Madeleine, la sœur de grand-mère Blachon. Heureusement, il était mort l'année passée. J'étais consternée.

– Léon ? C'est mignon ! j'ai dit.

– Et toi ?

À un garçon qui a pour nom Léon Lundi, il n'y a pas de honte à avouer qu'on s'appelle Lily Blachon. Pourtant je ne sais pas ce qui m'a pris, j'ai dit :

– Lee, je m'appelle Lee Blackman.

– C'est joli Lee ! Tu es américaine ?

Comment j'allais me sortir de là ? Je m'empêtrais dans le mensonge. Soudain je me suis levée :

– Excuse-moi, il faut que je téléphone.

Je ne pouvais pas dire à un garçon que je connaissais à peine que j'avais envie d'aller aux toilettes. Je ne suis jamais revenue.

9

«Dieu est humour.»
Lily B., carnets

J'ai fait le trajet Concorde-Bastille à la vitesse de la pensée puis je suis restée plantée devant le 73, avenue Ledru-Rollin, l'immeuble de Valérie, où j'ai attendu au moins vingt minutes que quelqu'un veuille bien entrer ou sortir. En quittant Léon, je m'étais lavé les mains avec une telle obstination que les chiffres écrits dedans quelques heures plus tôt s'étaient effacés. Le code de la porte avait disparu quelque part dans un égout. Valérie devait trépigner d'impatience. Elle avait dit: huit heures. Il était huit heures un quart. Bien fait pour elle! Il fallait que quelqu'un paye pour cette journée où j'avais trouvé une raison de vivre que j'avais aussitôt perdue. Je pouvais bien mourir là, maintenant, ça n'avait aucune importance. J'ai fermé les yeux. Je mourais.

Je mourais de faim. Je n'avais rien avalé de la journée.

– Ça ne va pas, mademoiselle?

Un vieux monsieur portant un duffel-coat vert et un chapeau sortit du 73. J'ai ressuscité et j'ai bredouillé que j'avais oublié le code. Il l'a composé pour moi et a tenu la porte d'une main tandis qu'il soulevait son chapeau de l'autre. Le coup du chapeau datait de mon arrière-grand-père, pourtant c'était mon premier rapport normal avec quelqu'un depuis le matin. Quelqu'un que je trouvais incroyablement gentil.

Au cinquième étage porte gauche, Valérie a poussé un soupir de soulagement, elle s'est exclamée:

– J'étais inquiète.

Un quart d'heure de retard, ce n'est pourtant pas la mer à boire. J'allais ouvrir la bouche et mettre ma langue en marche pour lui raconter l'histoire du code, quand elle a dit :

– Une bombe a explosé.

UNE BOMBE A EXPLOSÉ, ça a fait comme un crash dans mon cerveau.

– On vient de le dire aux infos.

J'ai étouffé un cri d'effroi. Il fallait vite que je sache où. J'ai demandé :

– Où ça s'est passé ?

– À Port-Royal.

– Je n'étais pas à Port-Royal.

Valérie m'a jeté un regard en coin. Ça tombait toujours à plat quand je tentais de rassurer les gens. Tant pis pour elle !

La petite Paola que j'étais venue garder était déjà au lit. Je pouvais regarder la télé ou me coucher avec un bon livre sur le canapé. Si j'avais faim, il y avait du jambon, du fromage, et de la tarte aux myrtilles à la cuisine. Je n'en ai pas cru mes oreilles, j'ai répété :

– De la tarte aux myrtilles ?

– Tu aimes ?

– J'adore.

Valérie a griffonné sur un tableau le numéro de téléphone où je pouvais la joindre et elle a filé sur son trente et un.

J'ai aussitôt allumé la télé. Son ronronnement lumineux a la vertu de me consoler de tout ou presque. Juste avant mon feuilleton préféré, « Aux frontières du réel », la pub tirait en longueur, alors je me suis laissé tenter par un bout de tarte, un tout petit bout découpé là où elle était déjà entamée. Et les mots ont afflué : « Tu sens la myrtille. J'ai toujours pensé que j'aimerais une fille qui sent la myrtille. – Tu as déjà senti la myrtille ? – Non, mais j'ai senti des tas de filles qui ne sentaient pas la myrtille. – Tu sens la myrtille. J'ai toujours pensé que j'aimerais une fille qui sent la myrtille. »

Les larmes sont venues.

C'était lui. C'était moi. Léon et Lily. Lily et Léon. C'était moi, c'était lui. Lily et Léon Lundi. Ce n'est pas terrible mais je m'en fiche tout d'un coup. Complètement. J'aime. Je l'aime comme je n'ai jamais aimé. J'ai envie de crier. Je murmure : « Léon, je t'aime. » J'ai envie de sentir sa peau tout contre ma peau. J'ai envie de tourner avec lui comme cet après-midi. J'ai envie qu'il me prenne dans ses bras. J'ai besoin de prononcer son nom : « Léon ! Léon ! Léon ! Mon amour ! C'est moi, Lee... non... Lily ! » Et soudain un froid glacial me transperce et me fige d'horreur. Lee ! « Tu es américaine ? » Je voudrais que cette scène n'ait jamais existé. Qu'on remette les compteurs du temps à zéro. Non, pas à zéro. Seulement juste au moment où il m'a demandé mon nom et là, je donnerais le bon, je le jure. Il m'aurait accompagnée chez Valérie, il m'aurait longuement serrée dans ses bras, on se serait embrassés, un vrai baiser, et là, maintenant, je serais en train de lui téléphoner.

L'émotion, ça creuse. J'ai fini la tarte. Dieu existe ! Mes parents n'y croient pas, mais mes grands-parents, si. Je suis souvent allée à l'église avec eux. Ils m'ont appris à prier. Je me suis mise à genoux devant la télé, j'ai joint les mains et, les yeux fermés, j'ai murmuré :

« Mon Dieu, faites que je retrouve Léon.

Faites qu'il me pardonne de lui avoir menti.

Faites qu'il m'aime encore.

Si vous le faites, je vous jure que j'irai à la messe tous les dimanches,

Que je m'occuperai des pauvres,

Que je ne dirai plus de mal de personne. »

J'ai ouvert les yeux. Une petite bonne femme de quatre ans, les mains sur les hanches, me regardait avec intérêt.

– À qui tu parles ? Au monsieur dans la télé ?

Je devais faire une drôle de tête, elle a ajouté :

– Pourquoi tu es triste ? Tu as perdu ton Léon ?

Cher petit ange qui comprenait déjà si bien la vie. Je l'ai prise dans mes bras et j'ai respiré son odeur, douce et chaude comme une promesse. Elle s'est sentie autorisée à poursuivre :

– C'est quoi, un Léon ?

– Ce n'est rien.

– Si, dis-moi ! C'est quoi ?

C'est quoi ? C'est qui ? Décidément les bébés, c'est un peu con. Je n'avais plus envie de l'entendre, j'ai usé de mon pouvoir.

– C'est une machine à mettre les petites filles pas sages au lit.

Et je l'ai emportée dans sa chambre. En déplaçant une pile de livres à la recherche d'une histoire à lui lire, je suis tombée sur l'annuaire. Je suis allée direct à la lettre L et j'ai improvisé :

– Il était une fois un pays où tous les gens avaient des noms qui commençaient par la lettre L.

– Paola, ça commence par un L ?

– Non, un P.

– Et Léa ?

– Oui.

– Je connais une Léa à l'école. Elle habite dans ton pays ?

– C'est possible.

J'ai repris.

– Il était une fois un pays où tous les gens avaient des noms qui commençaient par la lettre L.

– Tu l'as déjà dit.

– Il y avait La Lambert rue Lacordaire, Laby Lucie rue Lally-Tollendal, Lacet Lara rue Lacaze, Lambert Léonard rue des Lombards, Larue Loïc rue Lepic, Lemercier Lidye rue de Lagny, Lipmann Léa rue Labat, Leriche Léo rue Lalo, Lasson Léon rue Léon-Frot…

Paola explosa de rire. On ne lui avait jamais lu une histoire aussi rigolote. J'ai continué. Des Léon, il y en avait des caisses, mais pas de Lundi. Aucun Lundi. Je commençais à m'ennuyer ferme quand je suis tombée sur un Lustucru Luc rue de Lubeck et une Ladidon Lila rue Lebua et que j'ai décidé qu'ils devaient se rencontrer et jouer à chat-bisou. Là, je me suis arrêtée, guettant une réaction. Rien. La petite Paola gisait sur les couvertures bras écartés, noyée de sommeil. Quelle chance ! Moi, j'étais perdue. J'avais écumé tous les patronymes : il n'y avait aucun abonné qui répondait au même nom que mon aimé.

J'ai emmitouflé la fillette sous la couette et je l'ai regardée dormir. Elle avait un bidon tout rond, des paupières nacrées, des pieds tout neufs, elle ne pensait pas. Je l'ai enviée. Moi, je n'aurai plus jamais quatre ans. J'avais quinze ans. Quinze ans de tourment. J'ai éteint la lumière.

10

> « Si ma mère m'embête encore à cet âge-là, j'irai vivre en Patagonie. »
>
> *Lily B., carnets*

Dans le train qui me ramenait dans ma banlieue, deux copines qui s'étaient retrouvées par hasard papotaient sous mon nez. Elles avaient dans les trente ans et elles ne se rendaient même pas compte qu'elles étaient libres. Si ma mère m'embête encore à cet âge-là, je prendrai mes cliques et mes claques et j'irai vivre en Patagonie. Il faut se battre, nom d'un chien. Moi, par exemple, là, je viens de passer la matinée à hanter le quartier Madeleine-Concorde. Un quartier que je porterai toujours en moi comme l'écrin d'un moment privilégié. Avant cette rencontre avec Léon, j'avais une atroce cicatrice à la tempe gauche qui me défigurait, maintenant cette même cicatrice est un signe particulier qui évoque mon lien secret avec l'amour.

Au petit matin, en partant de chez Valérie, j'aurais pu rentrer directement chez moi et pleurer tout le restant de ma vie sur mon amour perdu. Bon, d'accord, je ne l'ai pas retrouvé mais au moins j'ai essayé. Il faisait un froid de gueux et c'était sinistre comme un dimanche en famille quand on n'a pas de famille et qu'on croit que la famille c'est le bonheur. À la vitrine de chez Laduré, j'ai compté tous les macarons en les classant par couleurs, cent vingt au chocolat, cent dix-huit au café, cent trente à la fraise ; chez Kenzo, j'ai additionné tous les prix, douze mille euros le tas de jupons nippons ; chez Fauchon, je me suis glissée dans la queue pour me réchauffer et chaque fois que ça se présentait, j'offrais mon tour à l'inconnu qui était derrière. J'ai beaucoup à dire sur le savoir-vivre des gens friqués. Enfin, j'ai cru reconnaître la silhouette de Léon qui remontait à rollers la rue Tronchet. Mon cœur ne battait plus que sur un ventricule. Je me suis regardée dans le miroir, j'étais moche, défaite. Je me suis cachée. Ce n'était pas lui.

J'ai cherché un endroit pour me remettre. Alors, je suis rentrée en pleine messe dans l'église de la Madeleine et je me suis assise dans le fond. Pas loin, j'ai remarqué une fille de mon âge, à côté de ses parents. Elle faisait les bons gestes, elle disait les bons mots, elle chantait, elle avait l'air recueilli de celui qui ne doute pas. Au moins, elle n'était pas seule dans la vie. Elle appartenait à une religion, elle avait un dieu à qui se confier, je l'ai enviée. J'ai profité d'un moment où tout le monde avait les yeux posés sur ses genoux pour bien regarder dieu en face et je lui ai clairement dit dans ma tête : ou je retrouve Léon, ou je deviens bonne sœur. Là-dessus, j'ai fait une sorte de signe de croix et je suis partie prendre mon train.

À y repenser, je ne vois pas pourquoi je retrouverais Léon. Avec la crise de personnel que connaît l'Église, Dieu va préférer me donner la vocation. Aussitôt, je me suis représenté mes parents, assistant à ma prise de voile. Ma mère, surtout : « Ce n'est pas si mal, cet habit ! Et puis, si elle est heureuse comme ça ! Au moins, elle n'aura pas de problème d'emploi. »

Finalement, ça leur ferait trop plaisir, j'ai décidé de me surveiller au cas où j'attraperais la foi sans m'en apercevoir. Moi au couvent, ils seraient tranquilles pour vivre leur vie : elle avec Cémoi, et papa avec Luce. Pas question ! Ils n'auraient plus qu'à mettre Maxime en pension. Pauvre Maxime !

Dans mes pensées, j'ai eu un blanc qui a permis à mes voisines d'occuper la fréquence.

– Tu es au courant pour la bombe qui a explosé hier ?

– J'y étais.

– Tu y étais ! Dans le métro, tu veux dire ?

– Non, dehors, j'avais un métro d'avance. J'emmenais Simon, mon aîné, chez l'oto-rhino. On attendait Stéphane, mon mari.

– Il y était, lui ?

(On s'attendait au pire.)

– Non, il venait de son côté en voiture.

– Ah bon ! Tu m'as fait peur.

(À moi aussi, elle avait fait peur.)

– D'habitude, je suis toujours en retard… Je n'ai jamais pu être à l'heure quelque part… C'est la seule fois de ma vie où j'ai été en avance.

– Je comprends que ça te fasse un choc mais… réjouis-toi !

Une vague de larmes a noyé le bleu de ses yeux. Elle s'est pris la tête dans les mains. L'autre ne savait plus ni quoi faire ni quoi dire.

– Je ne peux pas ! J'ai découvert que Stéphane avait une liaison.

J'ai fermé les écoutilles. Décidément, c'est partout pareil. Mais qu'est-ce qu'ils ont tous ? Et si Léon me trompait ! Je ne vois pas pourquoi il ne me tromperait pas puisque je n'existe pas. Et mes parents ? Après ce qui s'est passé, je ne pourrai plus jamais les regarder en face. Comment je vais faire pour vivre avec eux ? J'ai l'impression d'être partie depuis des siècles. Et s'ils avaient eu un accident ? S'ils étaient à l'hôpital ? S'ils étaient morts ? J'ai flirté avec cette idée pendant un quart de seconde. Un quart de seconde de soulagement aussitôt submergé par une éternité d'épouvante.

Ma maman ! Mon papa ! Non !

Le « non » a déconcentré mes voisines qui se sont retournées, je me suis levée. Une telle panique que j'ai failli descendre à la mauvaise station. Alors que le train rampait au bord de la Marne, j'avais déraillé à Très Grande Vitesse. La mort de mes parents m'avait plongée dans un désert de détresse et je survivais parmi des débris de souvenirs :

Papa en train de chanter *La Maman des poissons.*

Mon premier cauchemar. Quand, pour me consoler, ils s'étaient tous les deux blottis dans mon petit lit et qu'on avait tellement ri que le sommier s'était effondré.

Le jour de la Chandeleur quand papa me poursuivait avec la poêle pour faire sauter les crêpes sur ma tête.

Mon premier bal costumé. Comme je ne voulais pas enlever ma robe de fée, ils avaient guetté la première tache et ils avaient fait semblant de me mettre à laver dans la machine.

La douce voix de maman quand, pour m'endormir, elle inventait des histoires, comme celle de la petite culotte amoureuse du fer à repasser.

Les concours de postillons quand ils m'apprenaient à me laver les dents.

Le jour où j'ai dérivé dans mon canot pneumatique et que papa m'a rattrapée à la nage.

Le jour de mes anniversaires quand maman imaginait des chasses au trésor.

Le jour où ils m'ont offert un chat. Je voulais l'emmener avec moi à l'école, alors ils m'ont expliqué qu'il ne pouvait pas venir parce qu'il allait à l'école des chats.

Le jour où Biscotte est mort et qu'on a fait l'enterrement dans le jardin…

Je me suis revue devant le cercueil en carton. Je me souviens que j'avais absolument tenu à ce qu'on enterre Biscotte avec sa balle préférée et ce gilet rouge en lambeaux qui lui servait de doudou. J'avais fait une plaque en carton dur sur laquelle j'avais collé sa photo et écrit son nom : BISCOTTE BLACHON. Les premiers temps, je mettais tous les jours des fleurs sur sa tombe. C'était mon premier geste en rentrant de l'école. Parfois, je m'asseyais à côté et je lui racontais ma journée en mangeant mon goûter. J'ai pleuré. Et je pleurais encore en traversant le hall désert de la gare de Montmouton. Dehors une silhouette familière attendait, un ami m'attendait pour m'annoncer le pire, je me suis jetée dans ses bras.

– Qu'est-ce qui vous arrive, ma petite Lily ?

Il n'avait jamais rencontré mes parents. Ce n'était pas un ami. C'était M. Turpin, mon prof d'histoire-géo.

– Vous en avez un gros chagrin.

J'ai reniflé. Je ne savais plus rien.

– Excusez-moi, mon… mon chat est mort.

Il a eu un demi-sourire solidaire qui m'a accompagnée alors que je courais vers la maison.

Au bout de mon bras, la clé a fouillé fébrilement la serrure. Comme mue par une force inconnue, la poignée a tourné et brusquement la porte s'est ouverte.

Maman ! Maman-chérie-que-j'aime-par-dessus-tout était là-derrière, vivante !

Je voulais lui sauter au cou quand sa main a jailli. Une main puissante et raide, dure comme une pelle à tarte. Et j'ai reçu la gifle. Monumentale.

– Où étais-tu ?

Elle hurlait.

Comme dans la bauge un sanglier se rue sur un pauvre petit bulbe de crocus, du fond du couloir, mon père a foncé sur moi. Et j'ai encaissé la gifle, en double.

– Réponds, nom de Dieu !

Il hurlait.

Maxime n'était pas là. Je me suis enfermée à clé dans la chambre et j'ai pleuré encore tout ce que je pouvais. Puisque mes parents n'étaient pas morts, je n'avais plus qu'à mourir.

11

> « Communiquer, communiquer, c'est toujours s'isoler un peu plus. »
>
> *Lily B., carnets*

La déprime est contagieuse. Maxime ne jouait plus, Maxime ne souriait plus, Maxime ne mangeait plus.

– Est-ce que je peux sortir de table ?

C'était un dîner de trêve. Chacun y mettait du sien autour d'un jambon-purée.

– Pas avant d'avoir fini ton assiette.

Maxime boudait devant son jambon atomisé dans un château de purée.

– Mange au moins ton jambon.

Il ne pouvait pas, ça se voyait et j'avais mal pour lui.

– Prends un yaourt, alors !

– Une mandarine ?

– Un petit biscuit ?

Il ne voulait pas plus de yaourt que de mandarine, que de biscuit, il voulait fuir. Il avait un pied par terre et une fesse en l'air. Il priait pour qu'on lui donne congé. C'était mal barré.

– Il s'est passé quelque chose à l'école ?

– Quelqu'un t'a fait des misères ?

– Tu as du chagrin ?

On était tous sur lui. Il avait un chagrin, c'était clair. Un chagrin d'amour, évidemment, comme nous tous. À tous les coups, cette dinde de Camille ne voulait plus de lui. Maman l'a pris sur ses genoux.

– Qu'est-ce qu'il a mon petit bonhomme ?

– Je n'ai rien fait !

On l'accusait de quelque chose qu'il n'avait pas fait. Maman a couvé son poussin, pour qu'il crache le morceau.

– Bien sûr que tu n'as rien fait, mon trésor. Qui dit que tu as fait quelque chose ?

Il a avalé sa salive comme on prend son élan et il a lancé :

– J'ai huit ans et je n'ai rien fait de ma vie.

Au-dessus de la nappe à carreaux, Bernard et Marie faisaient des têtes de joueurs professionnels confrontés à un problème d'échecs. Si je n'avais pas été témoin de la nullité de Maxime en calcul, j'aurais pensé que mon petit frère était un surdoué. Je brûlais d'envie de lui demander ce qu'il entendait par « rien fait », mais ma question aurait distrait les uns et les autres de leur mal-être et je n'y tenais pas. Je les ai laissés.

L'épisode de la double gifle a congelé mon cœur dans une banquise d'indifférence qui perturbait beaucoup mes parents. Ma mère ne m'avait fait aucune réflexion sur les fringues que je lui avais piquées et le lendemain, comme je lavais son cachemire, elle m'a même dit :

– Tu peux le garder, si tu veux.

Je ne voulais pas. Ça me rappelait trop de choses. Alors, tout en continuant à frotter la tache, j'ai murmuré :

– Je ne préfère pas, ça fait vieille.

Elle est partie encaisser le coup de griffe dans sa chambre et elle est revenue alors que je pendais son pull au-dessus de la baignoire.

– Ça doit sécher à plat sinon ça se déforme.

Je l'ai regardée faire. Elle a ajouté :

– Il faut qu'on parle toutes les deux.

J'ai esquissé un mouvement de retraite.

– Reste !

Elle étalait soigneusement le pull sur des serviettes. Elle a levé sur moi des yeux contrits.

– Tu m'en veux pour la gifle.

J'ai haussé les épaules.

– Quand tu auras des enfants, tu comprendras.

Ce n'est pas demain la veille.

– J'ai eu tellement peur qu'il te soit arrivé quelque chose.

Moi aussi j'ai eu peur, mais ce n'est pas la peine d'en parler, ça n'a rien à voir, évidemment. En plus, je sais qu'elle non plus, elle n'est pas rentrée de la nuit. Elle n'est rentrée qu'une heure avant moi. Maxime m'a tout raconté. Elle a eu peur pendant une heure.

– Dis quelque chose !

– Je travaillais.

– Mais, ma chérie, je sais que tu étais chez Valérie, elle m'a expliqué. Parle-moi ! Je ne te reconnais plus depuis quelque temps. Tu me regardes comme si j'étais ton pire ennemi. Je ne veux que ton bonheur, je suis ta mère.

J'étais sur le point de fondre. J'ai dévié la conversation :

– J'ai des soucis.

– Mon petit cœur ! Tu peux tout me dire, tu sais !

J'ai choisi parmi mes soucis et j'ai lancé :

– Papa me trompe avec Luce !

Ce n'était pas un lapsus. Je pensais qu'elle s'en fichait parce qu'elle avait Cémoi et qu'elle allait m'expliquer que ça ne me regardait pas, que c'était la vie des adultes.

Elle est devenue blême.

– Comment le sais-tu ?

Marie ne savait pas. Bernard ne lui avait rien dit. Pas étonnant que tout aille de travers, il n'y avait aucune communication dans cette famille. J'ai repris le dessus.

– Je sais que vous êtes séparés et que vous êtes libres et que c'est normal que vous aimiez quelqu'un d'autre et que l'amour n'attend pas mais… Luce… c'est ma marraine, mon amie. Ce n'est pas comme si c'était une étrangère…

Elle s'est assise sur le rebord de la baignoire. Elle a répété :

– Comment le sais-tu ?

Je me suis sentie mieux. J'ai raconté ma visite à Luce. Puis j'ai ajouté :

– Je m'adapterai, bien sûr. Il me faut juste un peu de temps.

Elle était blanche comme la faïence de la baignoire après le passage de l'éponge. Elle réalisait enfin ce que ça avait pu me faire d'apprendre qu'elle avait un amant. En la quittant avec un maigre sourire, j'ai soufflé :

– Tu as raison, ça fait du bien de parler.

Quelques heures plus tard, papa m'attendait à la sortie du lycée. La première fois depuis des lustres. Dans d'autres circonstances, j'aurais été ravie, là, j'étais inquiète.

– Il est arrivé quelque chose à la maison ?

– Je ne sais pas. Non… En passant devant ton lycée, j'ai pensé que ce serait bien qu'on ait une vraie conversation tous les deux.

Je lui ai jeté un regard méfiant. Il m'a souri.

– Tu es une petite femme, maintenant !

Une femme battue, il ne fallait pas qu'il l'oublie.

– Je t'emmène au Grand Café, d'accord ? Tu préfères peut-être le salon de thé ?

Tant de précautions n'auguraient rien de bon ! Va pour le Grand Café. Ça me faisait drôle d'être assise en face de mon père, en tête à tête, dans un endroit extérieur à la maison.

– Ça me fait drôle, tu sais ! J'ai du mal à accepter que tu ne sois plus une petite fille.

Et moi donc.

– Je regrette pour la gifle. Il faut nous comprendre. On a tellement eu peur ta mère et moi. Tu es devenue si mystérieuse.

Ce sont eux qui font des cachotteries mais c'est moi qui suis mystérieuse. Pourquoi pas ? Je l'ai regardé. Il avait l'air tellement démuni tout d'un coup que j'ai décidé de l'aider. Il voulait certainement m'annoncer son intention de vivre avec Luce, alors j'ai dit :

– J'aime beaucoup Luce, tu sais.

– Je sais.

– Il faudra que je m'habitue, c'est tout.

Devant ma grandeur d'âme, ses yeux se sont gorgés d'amour.

– Il faut que tu comprennes que je n'irai pas tout de suite chez vous, je resterai avec maman et Cémoi. C'est plus facile quand c'est un étranger.

Il a failli renverser sa bière.

– Cémoi ? Qui c'est Cémoi ?

– Luce ne t'a pas dit ? C'est l'amant de maman.

Il a ravalé sa salive.

– Il s'appelle Cémoi ?

– Non. Je l'appelle comme ça parce qu'un jour au téléphone, je l'ai entendu dire « c'est moi ».

– Ta mère va déménager ?

– Forcément, si tu vis avec Luce. C'est normal…

– Je ne vais pas vivre avec Luce. Qui t'a dit ça ?

– Je croyais que vous vous aimiez.

Il a écrasé une cigarette dans le cendrier. Il a pris son visage dans ses mains.

– Luce et moi, c'est un accident.

J'étais perplexe, il a répété :

– Un accident ! Tu comprends ? Je ne suis pas amoureux de Luce et Luce n'est pas amoureuse de moi. On n'a pas l'intention de vivre ensemble. Je vais mal depuis quelque temps. Je ne sais plus qui je suis…

Moi non plus, je ne savais plus qui j'étais.

– Tu comprendras plus tard !

Le nombre de choses que j'aurai à comprendre plus tard !

– Luce a été formidable avec moi. Elle m'a beaucoup aidé. Mais c'est avec Maxime, toi et votre mère que je veux vivre. C'est elle que j'aime.

– Pourquoi vous vous êtes séparés, alors ?

– C'est elle qui voulait.

– Il fallait refuser.

– Je me sentais tellement minable.

J'avais un peu honte qu'il me dise ça à moi. Je ne suis pas sa copine. Il a soupiré :

– Peut-être qu'elle m'aime encore !

L'image de Marie rayonnante dans les bras de Cémoi a traversé mon esprit, je l'ai aussitôt chassée.

– Tu sais, papa, quand on veut quelque chose, il faut se battre. Si tu aimes maman, il faut le lui dire !

Il m'a dévisagée comme si je venais de naître.

– Ça me fait beaucoup de bien de parler avec toi. Tu sais que tu es drôlement futée pour une adolescente.

Ah non, pas ça ! Je déteste l'idée d'être assimilée aux adolescents, ces hordes de « pas finis » qui ne s'intéressent qu'à eux et qui ne se définissent que par la musique qu'ils écoutent. Je ne suis pas du tout comme eux, d'ailleurs, je n'appartiens à aucun groupe. Bien malin celui qui devinerait la musique que j'aime d'après ma façon de m'habiller.

– Tu sais, papa, ce n'est pas parce que j'ai quinze ans qu'il faut me mettre dans le tas des ados. Je me sens beaucoup plus proche de toi que des garçons de ma classe. Je t'observe beaucoup, tu sais, et je peux comprendre toutes sortes de sentiments même si je ne les ai pas éprouvés. J'ai des amis de ton âge, et même plus vieux.

– Des hommes ?

– Un homme.

– Qui c'est ? Qu'est-ce que tu fais avec lui ?

– Ça y est tout de suite ! Comme s'il n'y avait que le sexe dans la vie.

– Je m'inquiète, je suis ton père, c'est normal !

– C'est un ami, et on parle, à égalité, comme toi et moi en ce moment, c'est tout !

– C'est un prof ?

– Évidemment que c'est un prof ! Ce n'est pas le boucher quand même.

– J'aimerais bien le rencontrer.

– Arrête de fantasmer, tu veux !

Depuis que je leur ai parlé, mes parents m'observent avec intérêt. J'ose exprimer mes opinions, ils ne me contredisent plus. Le soir, on joue à la petite famille unie comme au théâtre mais dès que le rideau tombe, chacun retourne dans sa chambre tricoter les sentiments avec les ressentiments, un point en avant, un point en arrière. Quand ils se croisent dans le couloir, ils s'excusent et ils ne m'ont toujours pas rendu ma chambre.

Ce soir-là, fané par le chagrin, Maxime s'est vite endormi. Moi, j'ai ressorti mon carnet de pensées. Je n'y ai rien écrit depuis longtemps et, crayon pointé sur une page blanche, je traquais l'inspiration quand ma mère a frappé trois coups décidés à la porte de mon père.

ELLE : Il faut qu'on parle !

Murmure. Silence. Murmure. Long silence. Je me suis levée et j'ai collé mon oreille à la porte.

LUI : Je le savais !

ELLE : Je suis contente que tu le prennes comme ça.

LUI : Si tu es heureuse, c'est le principal. Il te rend heureuse ?

ELLE : Il a besoin de moi et j'ai besoin de lui.

LUI : …

ELLE : Il faut qu'on prenne une décision, tu ne crois pas ?

LUI : Ta décision est prise !

ELLE : J'aurais aimé qu'on en parle.

LUI : Tu as tout dit. Il a besoin de toi et tu as besoin de lui.

ELLE : …

LUI : …

ELLE : Pour les enfants…

LUI : Ils vivront avec toi, naturellement. C'est un domaine où la loi te donne tous les droits.

ELLE : Ils sont perturbés.

LUI : Je suppose qu'il saura leur redonner un équilibre.

ELLE : Il saura.

LUI : Tu déménages quand ?

ELLE : Je pense que ce serait mieux qu'on déménage en même temps toi et moi, pendant les vacances scolaires.

LUI : Je suis très bien ici. Je n'ai pas l'intention de déménager.

ELLE : Je ne pense pas que ce soit bien pour les enfants.

LUI : Je ne vois pas pourquoi.

ELLE : Lily surtout. C'est une jeune fille maintenant. Je pense qu'elle aurait beaucoup de peine de voir une autre femme dans les affaires de sa mère.

LUI : Il n'y aura pas d'autre femme.

ELLE : Et Luce ? C'est quoi ?

LUI : Luce ?

ELLE : …

LUI : Luce n'a pas besoin de moi et je n'ai pas besoin d'elle.

Je me suis retirée sur la pointe des pieds. Peu de temps après, la porte a claqué, ma mère est rentrée chez elle.

12

«Je passe mon temps à geindre sur des pacotilles, alors que le vrai malheur est là, tout près.»

Lily B., carnets

Dans mon carnet de pensées, au milieu d'une page blanche, j'ai écrit : *La vie est ailleurs*, un titre de livre pêché dans un bus entre les mains d'un garçon qui ressemblait à Léon. Ma rencontre avec Léon m'a réconciliée avec cette immense partie du monde que je ne connais pas et à la conquête duquel je vais désormais partir. J'ai décidé de commencer par le lycée. Je vais me faire des amis, à commencer par M. Turpin. Après tout ce qui s'est passé entre lui et moi, ça me paraît de l'ordre du possible.

À la récré, je suis allée frapper à la salle des professeurs. Ils m'ont volé dans les plumes comme si je venais de les surprendre au lit.

– Qu'est-ce que vous faites là ?

– Je voudrais voir monsieur Turpin.

– Qui êtes-vous ?

Dans le tas, il y en avait pourtant qui auraient dû me reconnaître.

– Lily Blachon, une de ses élèves.

– C'est la salle des professeurs, ici !

– Je voulais lui dire un mot.

– Il n'est pas là.

Ils se sont tous regardés. J'allais battre en retraite sans demander mon reste quand le conseiller d'orientation a dit :

– Votre professeur ne reviendra pas avant janvier. Son fils a eu un accident de moto. Il est mort.

Sous le préau, je me suis collée aux autres de ma classe pour avoir plus chaud. Ils ne parlaient que de ça. L'accident avait eu lieu deux jours plus tôt, tout le lycée était au courant, sauf moi. Je passe mon temps à geindre sur des pacotilles, alors que le vrai malheur est là, tout près. J'ai honte aussi d'avoir souhaité mourir alors que je ne veux rien d'autre que vivre. Une nuit que je ne dormais pas, j'ai écrit à M. Turpin :

Cher Monsieur Turpin,

Même si je sais que je suis impuissante à vous apporter un quelconque réconfort dans votre chagrin, sachez que je pense bien à vous. Un peu comme une prière. Le jour où vous m'avez serrée dans vos bras pour me consoler, je vous ai aimé très fort. Je suis sûre que votre fils n'aurait pas voulu d'autre père que vous.

Je ne savais pas comment terminer, j'ai juste signé Lily Blachon, puis j'ai rajouté entre parenthèses (2de 4). Comme je ne voulais pas non plus qu'il se sente obligé de me parler à la rentrée de Noël, j'ai ajouté en post-scriptum :

P.-S : Si cette lettre vous gêne, vous pouvez faire semblant de ne jamais l'avoir reçue. J'aimerais bien être votre amie. Mais si ce n'est pas possible, je reste votre élève et vous mon professeur.

Ça m'a pris plusieurs heures pour mettre au point ces quelques phrases que j'ai recopiées d'une écriture appliquée et timide, sur le papier à lettres couleur ivoire de maman. C'est la première fois de ma vie que je côtoie la mort. Comment consoler quelqu'un de l'inconsolable ? Surtout un adulte qu'on connaît mal, avec qui on n'est pas intime. Je ne voulais être ni familière ni banale.

J'ai acheté un timbre au tabac et j'ai relu une dernière fois ma lettre avant de fermer l'enveloppe. C'était une bonne lettre. Je l'ai glissée dans la boîte. J'aurais voulu qu'elle soit déjà arrivée à son destinataire. Je connaissais le texte par cœur, je me le suis répété. Soudain, j'ai été saisie d'effroi : *J'aimerais bien être votre amie.*

Qu'est-ce qui m'avait pris d'écrire une chose pareille ?

Je vous ai aimé très fort.

Qu'est-ce qu'il allait s'imaginer ?

J'ai essayé de glisser mes doigts dans la fente pour la récupérer, impossible. Je me suis mise à espérer que M. Turpin ne revienne jamais. À l'idée de ce qu'il allait penser en me lisant, j'étais tellement torturée que je suis arrivée en retard au lycée.

Le béton jouait à me renvoyer aux oreilles l'écho de ma respiration. J'ai dérapé dans l'escalier du bâtiment A. Je n'en finissais pas de l'escalader. Au sommet, un géant barrait le passage : le proviseur. Il m'attendait en pointant sa montre :

– Vous avez vu l'heure, mademoiselle Blachon ?

Pour une fois qu'on me reconnaissait, j'aurais préféré rester anonyme. Je ne me suis pas dérobée. Il y a des choses plus importantes dans la vie que d'arriver à l'heure au cours d'anglais. Je l'ai fixé franchement dans les yeux et j'ai dit :

– Je voulais vous parler, justement. Est-ce que vous avez des nouvelles de monsieur Turpin ?

Ses lourdes paupières ont mollement vacillé sur ses vieilles joues d'ogre.

– Il est en province pour l'enterrement de son fils.

J'ai affiché un air accablé, mais au fond de moi j'étais soulagée, il ne lirait pas ma lettre tout de suite.

– C'est terrible ce qui vient de lui arriver !

J'ai examiné mes pieds.

– Ça lui sera sûrement un réconfort d'apprendre que vous avez pris de ses nouvelles. Il est très attaché à ses élèves, vous savez.

Une larme s'est écrasée sur mes chaussures de montagne.

L'image de M. Turpin lisant ma lettre faisait irruption dans mes pensées par flashes, comme la pub coupe le film du dimanche soir, tous les quarts d'heure et deux tons au-dessus. Ni le souvenir de Léon ni l'avenir de mes parents n'arrivaient à me distraire de cette nouvelle angoisse. Si au moins je pouvais en parler à quelqu'un, ça me soulagerait ! J'ai tenté de me confesser à Maxime, certaine qu'il me donnerait l'absolution sans comprendre.

– Tu peux garder un secret ?

– J'ai déjà plein d'autres secrets !

– Raconte !

– Je ne peux pas. C'est des secrets !

– Et si je te torturais. Par exemple, je te chatouillerais jusqu'à la mort. Tu parlerais ?

– Peut-être.

– Ah bon ! Je ne peux pas te dire mon secret, alors.

– Comme tu veux.

J'étais vexée qu'il n'insiste pas.

– Tu t'en fiches ?

– Oui.

– C'est sympa !

– Ce n'est pas marrant de garder des secrets, on ne peut rien faire avec, même pas les oublier. L'autre jour, Camille a voulu vérifier si je gardais toujours son secret. Je n'ai pas réussi à m'en souvenir. Depuis, elle est fâchée contre moi.

Maxime a repris la construction d'un bâtiment en Lego. Chaque chose qu'il faisait, il la faisait de tout son cœur. Il jouait de tout son cœur, il étudiait de tout son cœur, il mettait le couvert de tout son cœur, il aimait sans doute de tout son cœur. Mon cœur à moi était en panne. J'ai renoncé à troubler cette douce tranquillité avec mes problèmes de fuite, de court-circuit et de plombs qui sautent.

Le lendemain, j'ai profité d'un trou dans mon emploi du temps pour aller traîner du côté de chez M. Turpin. Il habite un immeuble délabré dans le quartier le plus pourri de Montmouton. C'est bien pire que chez nous. Pour un prof-archéologue, je ne trouve pas ça très convenable. Je l'avais imaginé dans un des immeubles XVIIe du centre-ville. L'avantage, c'est qu'il n'y a pas encore de code. Dans une grande cour pavée de guingois, j'ai examiné les boîtes aux lettres. Tout en bas d'une série de vingt, j'ai trouvé celle que je cherchais : Turpin-Wanderley. Les deux noms serrés l'un contre l'autre m'ont laissée songeuse. M. Turpin m'avait confié qu'il était divorcé, allez savoir pourquoi, j'étais sûre qu'il vivait seul. Alors que j'examinais la boîte de plus en plus près, une voix mauvaise a griffé mon oreille :

– Vous cherchez quelqu'un ?

Je me suis retournée pour faire face à l'ennemi. Un paquet de courrier à la main, la concierge m'a transpercée d'un coup d'œil plombé. Pour la désamorcer, je lui ai d'abord souri puis j'ai demandé :

– C'est bien ici qu'habite monsieur Turpin ?

Elle m'a passée en revue de la tête aux pieds. J'ai cru bon de préciser :

– Le professeur.

– Qu'est-ce que vous lui voulez ?

– Je suis une amie.

Alors elle m'a rendu mon sourire.

– Je surveille, vous savez. C'est épouvantable ce qui se passe ici. S'il n'y avait pas eu le professeur, je serais partie depuis longtemps.

Elle était d'humeur commère. Je lui ai adressé une mimique d'encouragement.

– Vous savez comment est le professeur, il ne voit rien. Toujours perdu dans ses livres. Des livres, des livres, il y en a plein partout, même dans la cuisine. Je le sais, c'est moi qui fais le ménage, il vous l'a dit, peut-être ? Je lui dis souvent : Monsieur le professeur, ce n'est pas un endroit pour vous ici. Vous savez ce qu'il répond ?... Il rit.

Moi aussi, j'avais envie de rire. La concierge était si petite qu'elle m'arrivait sous la poitrine. Plus elle parlait, plus elle me collait. Encore un peu et elle allait finir dans mes bras. Une jeune femme avec un carton à dessin dans une main et un joli petit garçon pendu à l'autre se dirigeait vers nous.

– Bonjour, madame Ortega ! Vous avez des nouvelles de monsieur Turpin ?

Mme Ortega s'est tournée vers moi comme si nous étions des intimes.

– On en parlait justement ! Cette jeune dame est une amie de monsieur Turpin.

« Cette jeune dame », à ces mots j'ai eu cinq ans de plus et je me suis sentie projetée dans la vraie vie. Face à moi, la passante a lâché son fils pour me tendre la main.

– Gaëlle Danvers. Enchantée.

J'ai hésité entre Lily Blachon et Lee Blackman, j'ai préféré ne pas laisser de traces, j'ai fait :

– Bonjour.

– Vous avez pu parler avec Robert ?

J'étais une usurpatrice, je ne pouvais ni donner mon nom ni me trahir devant la concierge, j'ai balbutié ce que je savais :

– Il est en province.

– Vous savez s'il a pu joindre Alec ?

Je ne savais pas.

– Si vous l'avez au téléphone, vous pouvez lui dire de m'appeler. Gaëlle Danvers, vous vous souviendrez ?

Bien sûr que je m'en souviendrais. Je me souviendrais de tout ce qui venait de se passer dans cette cour. Minute par minute. J'ai acquiescé. Elle avait envie de m'embrasser, elle m'a serré la main et elle est sortie de l'immeuble. Mme Ortega s'est rapprochée de moi :

– C'est une illustratrice de livres pour enfants. Elle va souvent chez le professeur. Vous ne la connaissez pas ? C'est surtout une amie de monsieur Alec.

J'aurais bien aimé savoir qui était cet Alec. Mme Ortega a soupiré.

– Quel malheur ! Avoir un enfant qui se suicide !

– C'est un accident.

– Un suicide. J'ai tout vu.

– C'est une voiture qui a brûlé un stop.

– C'est ce qu'on dit. Moi, je sais ce que je sais. J'étais là en bas de l'escalier, il était tout chamboulé. Je l'ai vu sur sa figure quand il est monté sur sa moto qu'il ne reviendrait pas. Un beau garçon. Trente ans. Diplômé. Pour une fois qu'il venait voir le professeur ! Depuis qu'il était étudiant, il ne venait jamais plus. De temps en temps, ils se voyaient dans un restaurant par-ci, par-là. Jamais ici. Depuis des années. Le professeur était chagrin mais que voulez-vous ! Un jour, il m'a dit : « Vous savez, madame Ortega, un enfant de divorcés, ça ne choisit pas entre les parents, ça choisit une maison. »

– Pourquoi il est venu alors ?

– Vous savez comment sont les jeunes ? Il était dans le coin pour autre chose, il s'est souvenu que son père habitait là, il s'est dit, je vais faire d'une pierre deux coups. Il n'a pas téléphoné, rien, il est monté. Et bien sûr, le professeur n'était pas là, c'est monsieur Alec qui l'a reçu.

– Je ne vois pas où est le problème.

– Moi, je vois… monsieur Alec n'est pas là depuis longtemps mais il prend beaucoup de place dans la vie du professeur, dans l'appartement aussi, d'ailleurs.

Je commençais à comprendre. L'Alec avait dû s'installer dans l'ancienne chambre du fils, un truc comme ça.

– Et le fils a été jaloux ?

– Plus que ça.

C’était toujours «pire» ou «plus» avec elle.

– Imaginez que vous découvrez par hasard que votre père vit avec quelqu’un d’autre.

J’imaginais très bien.

– Avec un autre homme.

J’imaginais moins bien.

– Comme mari et femme.

Je n’imaginais pas du tout.

13

« Il n'y a pas que le physique dans la vie, il y a la vie. »

Lily B., carnets

Je cuvais mes pensées au Café des Sports quand le garçon m'a interrompue :

– Qu'est-ce qu'on vous sert ?

J'ai regardé autour de moi, rien ne me tentait, alors, avec un pincement au cœur, j'ai soufflé :

– Un lait à la myrtille, s'il vous plaît.

– Un lait à la myrtille aussi, a bredouillé une voix désaccordée, à côté.

Mon sang n'a fait qu'un tour. Sacrilège ! Qui est le droïde qui se permet de commander cette boisson magique réservée à Léon et moi ? Je ne sais rien de lui sinon qu'il s'appelle Florian et qu'il est dans ma classe. Avec sa tête de concours général posée sur un corps mal grandi, il ne peut espérer embrasser que sur Internet. Mais ça fait tellement longtemps que mon esprit gravite sur orbite, que j'ai décidé d'émettre un signal.

– Salut. Ça va ?

Il a refermé le livre qui était devant lui. Je n'en demandais pas tant. Et il a éprouvé le besoin de préciser :

– Je révisais ma bio pour le contrôle.

– On a tout le temps !

Aussitôt un sourire a déformé sa face de mutant. Il a consulté sa montre sous-marine.

– Plus que vingt minutes.

Je suis tombée des nues. J'ai même cru que j'allais avaler le verre avec le lait. J'ai dégluti :

– Ce n'est pas la semaine prochaine ?

Florian n'en revenait pas. Comme devant un somnambule qu'on craint de réveiller, il chuchota :

– À quoi penses-tu ?

Et mon cerveau fut carrément sur le point d'imploser lorsqu'il me jeta à la figure cette phrase étrange :

– Tu es toujours ailleurs.

Où est-ce qu'il était allé chercher ça ? On ne se connaissait pas. « Tu es toujours ailleurs. » C'était bizarre. J'étais connue par un inconnu. À mon insu. Il savait des choses de moi que j'ignorais. Je me suis renfrognée dans la banquette. J'ai relevé le col de ma veste. Si j'avais eu des cigarettes, j'aurais fumé. Après ce que je venais d'apprendre, il était hors de question que j'aille au lycée. Je l'ai dit haut et fort.

– Je n'y vais pas.

Il m'a souri. Il avait débusqué mes faiblesses qui semblaient pour lui comme un sujet d'émerveillement. Il ne s'en servait pas pour me juger, juste pour me conseiller. Il a simplement dit :

– Ne fais pas ça.

Je me suis laissé remorquer par Florian jusqu'au lycée. J'étais en panne d'énergie. Assis à côté de moi, il grattait avec un enthousiasme qui me donnait la nausée. Dès qu'il avait fini de répondre à une question, il poussait habilement sa copie vers moi. Il a eu seize, j'ai eu sept. J'étais contente. Sans lui, j'aurais rendu copie blanche. Il m'avait sauvée de zéro. À la récré, je me suis approchée pour le remercier. Il étudiait les annotations de Mme Faure d'un air contrarié.

– Qu'est-ce qui se passe ? Tu n'es pas content ?

– Non.

– C'est très bien, seize.

– Je me suis donné comme objectif d'avoir vingt.

– Elle note vache aussi.

– Non, c'est ma faute. Ce qui m'énerve, c'est que j'ai fait exactement le même genre d'erreur que la dernière fois.

Je me suis sentie tellement médiocre que j'ai préféré changer de sujet.

– Qu'est-ce que tu veux faire plus tard ?

– Entomologiste !

– C'est quoi ?

– C'est un chercheur qui étudie les insectes. Je suis passionné par les papillons.

Je comprenais mieux pourquoi il était si gentil avec moi : j'étais aussi lymphatique qu'une chenille. J'ai souri. Il a pris ça pour un encouragement.

– Tu sais que c'est en étudiant les papillons qu'on définit l'équilibre ou le déséquilibre de l'écosystème de la planète ? Plus tard, j'irai dans les Andes, en Équateur. Il y a des milliards d'espèces de papillons, là-bas.

Je l'ai écouté (je lui devais bien ça) me raconter par le menu tous les dangers qui menaçaient l'avenir de la Terre. La passion le rendait presque beau. De nous deux, l'extraterrestre, c'était moi.

J'ai commencé à regarder Florian différemment. Pendant le cours de maths, il a surpris mon regard et il a rougi. Audrey aussi a surpris mon regard. Elle a poussé Maryline du coude. Je m'en fiche. En fait, j'envie Florian. Il a une vraie passion. Il travaille pour lui. Contrairement à ce que pensent certains, ce n'est ni un lèche-cul ni un polar. Il a un but et je suis sûre qu'il va l'atteindre.

Bien sûr, il ne sera jamais beau. Mais il n'y a pas que le physique dans la vie. Et pour un garçon, c'est moins grave. Il aura une tête intéressante en vieillissant. Je peux assez bien me le représenter dans dix ans : une figure burinée par le soleil, une barbe de trois jours, des lunettes rondes, un casque colonial et un filet à papillons. Le genre savant myope qui ne prend jamais la juste mesure des objets qui l'entourent ou qui oublie ses notes sur le capot de la voiture. Le genre attendrissant comme un souvenir d'enfance. Le genre pas mon genre mais que je serai contente d'avoir connu. Le genre à m'inspirer un scénario de retrouvailles.

Intérieur/Jour/1

Un boeing à destination de Bogotá. Une jeune femme mince glisse vers la cabine des stewards, et se faufile dans le coin réservé aux fumeurs. Une cascade de cheveux auburn coule sur sa saharienne beige. La petite cicatrice qu'elle a à la tempe gauche confirme son allure de baroudeuse. Elle est reporter pour une agence de presse internationale et elle se rend en Colombie pour faire une enquête très dangereuse sur les filières de la drogue. Elle porte une cigarette à ses lèvres et fouille dans ses milliards de poches à la recherche d'un briquet, en vain.

Elle se tourne vers l'homme en bras de chemise qui fait des ronds de fumée à côté d'elle.

– Vous avez du feu ?

De la poche arrière de son jean il sort un briquet tempête. Et en approchant la flamme de la cigarette, il étudie le visage de la jeune femme d'un œil scientifique.

– Vous me rappelez quelqu'un…

Elle sourit. Elle est habituée à se faire draguer. Alors, il murmure comme pour lui-même :

– Une fille… au lycée… que j'ai beaucoup aimée.

Histoire de dire quelque chose, elle demande :

– Quel lycée ?

Il semble égaré dans une savane de souvenirs.

– Vous ne pouvez pas connaître. Un lycée de la banlieue parisienne. Un coin perdu.

– Dites toujours !

– Le lycée George-Sand à Montmouton.

La jeune femme reste sans voix.

– Vous voyez bien. Ça ne vous dit rien.

– Au contraire. Ça me dit beaucoup de choses.

Elle le regarde plus attentivement. Soudain l'image de l'adolescent ingrat émerge à la surface de ce visage d'homme. Elle se risque :

– Florian ?

– Lily…

La vague de tendresse qui les submerge les jette dans les bras l'un de l'autre.

Florian ne m'a pas demandé quelle musique j'écoutais. Florian ne m'a pas demandé ce que faisaient mes parents, s'ils étaient riches, pauvres, mariés ou divorcés. Florian ne m'a pas demandé où j'achète mes baskets ni combien coûte mon duffel-coat. Quand Florian m'attend pour me faire la conversation, ça donne : « Tu as lu l'article du *Monde* sur le réchauffement de la planète ? Qu'est-ce que tu penses du texte de Montesquieu qu'on a fait en cours ?

Tu as lu *La Métamorphose* de Kafka?… *Le Parfum* de Süsskind?… *Le Loup des steppes* de Hermann Hesse? *Les Affinités électives* de Goethe?… *Crime et châtiment* de Dostoïevski?… Tu as vu ce film de Lubitsch qui s'appelle *To be or not to be*?» Florian me fascine: il est capable d'éprouver des émotions devant un problème de maths ou une version latine. Florian m'énerve: je brûle de lui demander s'il sait combien de marques de céréales différentes il y a au supermarché du coin? S'il croit que Lady Di a été assassinée? S'il pense que l'enfant de Michael Jackson est un clone? S'il aime les grosses lèvres chez les filles? Florian me scandalise: le mercredi il va au conservatoire jouer de la clarinette. Le jeudi soir, il a un cours de boxe française. Le week-end, il part faire des randonnées en forêt avec un groupe de barbares dans son genre qui s'appelle «Nature et Paléontologie». Florian me révolte: il s'amuse d'un rien et tout l'amuse. À croire qu'il ne s'est jamais regardé dans une glace. Florian me rassure. Quand je le quitte, je me sens moins vide, comme rechargée par toutes ses connaissances que je m'approprie sans vergogne pour tester les autres. À table, j'attaque mes parents tous azimuts jusqu'au K.-O. et sur le ring de mes questions, je les regarde tomber avec mépris.

Ce soir-là, alors que mon père venait de se ramasser sur un sujet scientifique, j'ai tenté une question subsidiaire:

– Au fait, papa, Florian trouve qu'il y a un lien entre Miró et Bosch. Qu'est-ce que tu en penses?

– Bosch?

– Oui, Bosch! Le peintre flamand! Celui qui a fait… tu sais bien…

– *Le Jardin des délices*!

– Un autre aussi, genre Seven.

– *Les Sept Péchés capitaux*.

– Oui, c'est ça!

Il croyait que la conversation allait s'arrêter là, j'ai récidivé:

– Alors, qu'est-ce que tu en penses?

– De quoi?

– De Bosch et de Miró?

– Ce sont de grands peintres!

– Et la comparaison?

– Rien.

– Comment rien ? C'est nul ! Je croyais que tu avais fait histoire de l'art en plus des Beaux-Arts.

Ses doigts pianotaient sur la table, il a seulement dit :

– J'aimerais mieux en discuter avec quelqu'un qui sait de quoi on parle. Présente-nous Florian ?

Une année à Noël, mon grand-père Majorel m'a offert un gros livre sur les papillons que je n'ai jamais ouvert. L'idée m'est venue d'en faire cadeau à Florian. Quand je lui en ai parlé, il a sauté de joie comme un jeune chien qu'on emmène à la plage.

– Montre !

– Je ne l'ai pas là, j'étais trop chargée. Mais si tu veux, après les cours on passe chez moi.

J'ai vu le moment où il allait me sauter au cou, je me suis écartée. Il n'a absolument pas l'air de se rendre compte que tout le lycée a les yeux braqués sur nous.

Mes parents buvaient un petit café dans la cuisine. Je ne les avais pas vus aussi détendus depuis des mois. Florian, lui, était intimidé.

– Tu veux un petit café ? a demandé mon père, direct.

Florian était prêt à boire n'importe quoi, je suis intervenue :

– Il ne boit que du lait.

Ils l'ont invité à s'asseoir. Et pendant qu'il cherchait désespérément la bonne position sur un tabouret, j'ai rempli deux verres.

– Lily nous parle si souvent de vous qu'on a l'impression de vous connaître, a dit maman.

Florian leur a fait un sourire qui était comme une demande d'adoption : ses yeux louchaient de l'un à l'autre tandis que ses fossettes fleurissaient sur des joues bourrées de boutons.

Ils lui ont posé des tas de questions. Il répondait sur le même ton sérieux et passionné qu'il avait toujours et avec tout le monde. J'étais assez fière de lui. Maxime est arrivé au moment où Florian abordait le récit de ses « week-ends nature », mon petit frère était tellement fasciné qu'il en a oublié de réclamer son goûter :

– Tu sais reconnaître les traces de renard ?

– Je tiens un cahier où je note toutes mes observations, si tu veux, je te le montrerai. J'ai dessiné les traces du renard à côté de celles du chien pour bien faire la différence.

Maxime était aux anges. Ma famille entourait Florian comme le fils ou le frère qu'ils auraient aimé avoir. J'aurais pu marcher sur les mains, mettre la tête dans le four ou plonger dans l'évier, personne n'aurait réagi. Je n'existais plus.

– Et si on invitait Florian à dîner ? a fait maman en me cherchant des yeux.

– Oh oui ! s'est exclamé Maxime.

C'est ça, et demain ils auront même oublié qu'ils l'ont connu grâce à moi, ce sera « leur » Florian. Il n'en est pas question. Enfin pas tout de suite. Florian viendra dîner ici quand je voudrai. Alors, j'ai fait :

– Pas ce soir !

Florian a fouillé mon regard en quête d'une explication. J'ai dit :

– On a contrôle de maths demain !

Sur les lèvres de maman, j'ai lu : « Il faudra que tu manges, pourtant ! » Heureusement elle n'a pas mis le son, j'ai ajouté :

– Il faut qu'on travaille.

Ils ont tous concentré sur moi leur attention comme sur une briseuse de grève.

Après le dîner, mes parents se sont attardés au salon. J'avais envie de savoir où ils en étaient de leur séparation, j'ai tendu une oreille dans le couloir comme on pose un micro.

MAMAN : Alors ! Comment tu le trouves ?

PAPA : Qui ça ?

MAMAN : Notre gendre ?

PAPA : Sérieux, gentil, passionné, sympathique… bien… très bien, même. Et toi ?

MAMAN : Il est très attachant. Je n'aurais jamais imaginé qu'elle nous ramènerait un garçon comme ça.

PAPA : Elle est si jeune. Je n'aurais jamais imaginé qu'elle nous ramènerait un garçon si tôt.

MAMAN : Tu ne la vois pas grandir ! Elle a quinze ans, tu sais. Moi, à son âge…

PAPA : Je sais, tu sortais avec Éric.

MAMAN : Pas du tout, Éric c'est bien plus tard. J'étais fascinée par un garçon *extraordinaire*.

PAPA : Quel genre ?

MAMAN : Le genre qui ne se lave pas ou bien qui a des problèmes hormonaux. Il dégageait une telle odeur qu'il faisait le vide autour de lui. Les gens lui parlaient à trois mètres.

Ils ont éclaté de rire.
Maxime a attendu que j'éteigne la lumière pour me demander :
– Tu es amoureuse ?
– De qui ?
– De Florian, tiens !
– Non, c'est un copain.
– Dommage.
– Pourquoi ?
– Parce que c'est drôlement bien d'être amoureux.
– Tu es amoureux, toi ?
– Oui.
– De qui ?
– De Camille.
– Et alors, qu'est-ce que ça fait d'être amoureux ?
– C'est bien ! On se prend par la main ! On est deux, quoi.

14

«Mentir, c'est voyager entre le passé et le futur sans passer par le présent.»

Lily B., carnets

Grâce à Florian, j'ai eu quatorze à mon contrôle de maths. La première fois du trimestre que j'ai une vraie bonne note. C'est tout un art de copier, même sur quelqu'un qui accroche sa copie au balcon. D'avoir réussi ce coup-là m'a fait un bien fou, je suis rentrée à la maison remontée comme un jouet mécanique.

J'ai lâché mon sac dans le couloir en criant:

– J'ai eu quatorze en maths!

J'ai jeté mon duffel-coat sur le canapé en répétant:

– J'ai eu quatorze en maths!

Je suis passée par la cuisine prendre une pomme et j'ai ouvert la porte de la chambre en chantonnant:

– J'ai eu quatorze en maths.

Installée à *ma* table, Maxime dessinait. Il a à peine levé la tête:

– Sur combien?

– Sur vingt!

– Ça fait combien sur dix?

J'ai hurlé:

– Qu'est-ce que tu fais à *ma* place?

– Un dessin pour Florian.

– Dégage!

Le temps qu'il déménage, j'ai passé une tête dans la chambre de ma mère, elle écrivait sur son ordinateur portable, j'ai susurré comme une caresse :

– Maman ! J'ai eu quatorze en maths.

Tout en continuant à taper sur le clavier, elle a dit :

– C'est bien ! Tu peux jeter un œil dans le four pour voir où en est le gratin ?

J'ai claqué la porte. Je suis entrée chez mon père sans rien dire. Il était debout au-dessus de sa table à dessin, il jugeait de l'effet d'une photo posée à côté d'une autre. Il m'a demandé :

– Qu'est-ce que tu en penses ?

J'ai fait une grimace. Il m'a regardée :

– Ça va ?

– Très bien, j'ai eu quatorze en maths.

– Génial ! Et Florian ?

Qu'est-ce que ça pouvait lui foutre, la note de Florian ? J'ai murmuré, pincée :

– Je n'en sais rien.

Écœurée, j'étais. Mes parents m'engueulent quand je n'ai pas la moyenne mais ils ne sautent pas au plafond quand je leur apporte une très bonne note. Je me suis allongée sur mon lit… Une tendre odeur de gratin qui commence à mollir s'évadait de la cuisine… Ça fait longtemps que maman ne nous a pas fait son gratin dauphinois. Derrière le paravent, Maxime compte les papillons qu'il a dessinés : une fresque de minuscules coléoptères multicolores occupés à jouer au tennis, au ballon, aux boules, à faire de la bicyclette, de la voiture, du ski, du bateau, du roller… La noix de muscade râpée flirtait avec l'ail écrasé sur un lit de pommes de terre chaudes… De l'autre côté du couloir, maman lit à papa le texte qu'elle vient d'écrire. En pleine séparation, ils ont vendu une idée de livre à un éditeur, une histoire du sel : photos et mise en pages Bernard Blachon, textes, Marie Majorel… Le fromage fondu se mariait à la crème brûlante… Papa et maman discutent avec enthousiasme comme deux professionnels complices qui mettent leur talent au profit d'une œuvre commune, faisant fi de leurs états d'âme personnels… Au sommet de la cuisson, toutes les odeurs fusionnaient : le gratin sentait le gratin… Je me suis assoupie. J'ai dormi un peu.

Soudain, un hurlement m'a projetée au bas du lit. Et comme sous l'effet d'une bombe, ma rêverie a éclaté en morceaux. Ça pue le cramé. Les portes claquent. Par les fenêtres ouvertes, la maison vomit dans la nuit une fumée noire de patates carbonisées. Dans la salle de bains, papa met à sac l'armoire à pharmacie à la recherche d'une crème contre les brûlures. Dans la cuisine tchernobylisée, Maxime fait de son mieux pour éteindre le plat sous le robinet, tandis que maman stoïque tient sa main endolorie, en attendant les premiers secours.

On commençait à y voir plus clair. L'air frais gagnait sur l'odeur de brûlé. Maman avait presque oublié sa main, beurrée d'une épaisse couche de Biafine. On se regardait comme des rescapés pensifs qui n'osent pas encore se réjouir d'avoir échappé au pire. C'est alors que papa a lancé :

– Ce n'est pas tout ça mais qu'est-ce qu'on va manger ?

Et maman a explosé.

– On est quatre dans cette maison, et personne jamais ne se sent concerné par ce que je fais pour que ça marche ! Il y a un gratin dans le four qui dégage une odeur de trop cuit, pas un ne regarde… Ah non !… Ce n'est pas « mon » gratin, c'est le sien, c'est elle qui l'a fait… Aucune solidarité. C'est pourtant pour vous… Pour qui me prenez-vous ? Vous croyez que ça m'amuse de remplir le frigo ? De laver votre linge sale ? De repasser ? De nettoyer ? De faire le ménage ?…

On sentait que ça pouvait durer… Sa voix montait de plus en plus fort… Au moment où je commençais à m'habituer, elle s'est affalée sur une chaise et elle a éclaté en sanglots. Comme une gamine.

Maxime s'est jeté à son cou. Papa, d'abord tétanisé, s'est approché et les a pris tous les deux dans ses bras.

Elle faisait semblant de parler à tout le monde mais c'est moi qu'elle visait, c'était clair. Après tout, si ça lui pesait tellement de s'occuper d'une famille, elle n'aurait pas dû se marier. En ce qui me concerne, je n'ai pas demandé à naître.

Je crois bien que cette nuit-là mes parents ont dormi ensemble. Moi, je n'ai pas fermé l'œil.

J'avais besoin d'air, de beaucoup d'air. Comment faire ? Demain, j'annoncerai à mes parents que Florian m'a invitée à faire une randonnée avec lui le week-end prochain. Ils l'aimaient tellement qu'ils seraient très contents. Demain, j'annoncerai à Florian que ce week-end-là, j'irai chez ma grand-mère. Il m'aimait tellement qu'il serait un peu déçu. Mais où irai-je ? Où aller quand on a quinze ans et qu'on veut être seule ? J'ai cherché. Longtemps. Et j'ai trouvé.

Comme prévu, mes parents furent plus que ravis quand je leur ai annoncé que je partais avec Florian en randonnée nature. Ce que je n'avais pas prévu, en revanche, ce fut la réaction de Maxime :

– Je pourrai venir avec vous ?

Dans les yeux de maman, j'ai tout de suite vu qu'elle n'y avait pas pensé mais l'idée que je joue la baby-sitter ne la laissait pas indifférente. Papa non plus. J'ai eu un moment de panique, aussitôt maîtrisé :

– Ça ne va pas la tête ? C'est très dur ! Tu es beaucoup trop petit ! D'ailleurs, c'est interdit aux moins de quinze ans.

– J'en ai marre d'être trop petit, s'est lamenté Maxime.

– On invitera Camille à venir dormir, a dit maman pour le consoler.

– Je préférerais aller avec Florian, a ronchonné Maxime.

– Tu n'aimes plus Camille ?

– Si, mais elle n'y connaît rien aux traces d'animaux.

Le samedi matin en question, toute la famille était sur le pont pour assister à mon départ. J'avais l'impression de partir pour l'ascension de l'Everest.

Alors que je remplissais un bol de céréales, maman a juste dit :

– Tu ne vas pas avoir le temps de faire tes devoirs ! Comment fait-il, Florian ?

– Il apprend en marchant.

– Il est vraiment bien ce garçon ! a lancé papa.

– Essaie d'en prendre de la graine, a ajouté maman.

« Essaie d'en prendre de la graine. » Je l'ai haïe de me dire ça. Tous les petits scrupules que j'avais à leur mentir se sont dissous dans la dernière goutte de lait que j'ai avalée.

Florian attendait à la porte du lycée. Florian m'attendait. J'avais l'habitude chaque samedi de le voir débarquer avec son sac à dos. Je n'avais jamais remarqué que c'était exactement le même que le mien. Il m'a accueillie avec un grand sourire étonné.

– Tu pars pour le week-end ?
– Je te l'ai dit ! Je vais chez ma grand-mère.
– Non, tu ne me l'as pas dit.
– Tu ne m'écoutes pas !
– Je t'assure que tu ne me l'as pas dit.
Ma parole, il me faisait une scène. Je n'avais pas de comptes à lui rendre !
– Bon, maintenant, tu le sais !
J'ai été tellement sèche qu'il s'est tu. Pas longtemps. Au bout de quelques pas, il a remis ça :
– C'est drôle !
– Quoi ?
– On a le même sac.
Je ne trouvais pas ça « drôle » du tout.
– Regarde comme ils sont mignons avec leurs sacs à dos jumeaux ! a crié Maryline à l'oreille d'Audrey.
– Qui se ressemble s'assemble ! a répondu l'autre.
Comme s'il devinait mes pensées meurtrières, Florian a fait volte-face et ses yeux dans mes yeux, il a dit :
– Ne fais pas attention !
Florian avait le pouvoir d'arrêter mes divagations.
– Tu ne les trouves pas mignonnes ?
– Sans intérêt.
Florian me trouvait intéressante. Florian me préférait. Sa force intérieure a diffusé sur moi une chaleur d'ultraviolet. Mes yeux l'ont embrassé.
– Où habite ta grand-mère ?
– Laquelle ?
– Celle chez qui tu pars en week-end ?
Je me suis sentie chiffonnée comme une mauvaise lettre qu'on renonce à envoyer, puis qu'on repasse de la paume de la main et qu'on expédie quand même.
– Grenoble !
– Ça fait loin pour partir le samedi et revenir le dimanche. Tu prends le train de 13 h 32 ?
C'était mon scénario et il se mêlait d'écrire le texte. Décidément, il était bon en tout, même en horaires de train.
– Tu connais ?

– J'ai un oncle et une tante qui ont une maison à Vassieux-en-Vercors.

– Vassieux ? Là où il y a un musée de la préhistoire ?

Juste à côté.

– La maison de mes grands-parents est à La Chapelle.

Dans son visage malmené par une éruption d'acné, ses dents étincelaient comme la neige au soleil.

– Tu y vas souvent ?

– Un mois l'été et les vacances de février.

– Comme moi.

Mes pensées glissaient tout schuss ! Là-bas tout le monde se connaissait. Son oncle rencontrerait ma grand-mère par hasard et il serait tellement content d'avoir quelque chose de neuf à dire qu'il sauterait immédiatement sur le sujet : « Vous savez que mon neveu et votre petite-fille sont dans la même classe ? Il paraît qu'elle est venue vous voir dimanche dernier ? »

– C'est bête, on aurait pu y aller ensemble.

C'était moi qui avais dit ça.

– Ne regrette rien, je n'aurais pas pu.

Lundi je lui dirai que j'ai raté mon train et que je n'y suis pas allée, chez ma grand-mère. Maintenant, il faut que je me renseigne vite fait sur les randonnées nature afin d'avoir quelque chose à raconter à mes parents en rentrant.

– Ça se passe comment, tes randonnées ? Vous êtes combien ?

– J'ai apporté mon journal de route. Tu veux le voir ?

On s'est assis sous le préau. De son sac bourré, il a extirpé un gros cahier noir noué avec une ficelle et un caillou et il me l'a tendu avec beaucoup de précautions. J'ai feuilleté une à une des planches garnies de photos de dessins d'animaux, d'arbres ou de plantes, de fleurs ou de feuilles séchées, le tout entrelacé de notes écrites au stylo, très serrées. J'en ai lu des morceaux. Autour d'une plume de chouette marbrée blanc-marron-gris, le texte racontait : *Grâce à Emma, j'ai rencontré cette nuit une petite chouette. Nous l'avons longtemps observée sous la lune, jusqu'à ce qu'elle se décide à nous jouer son chant bouleversant comme une plainte.*

– C'est trop beau !

Et si je partais la faire, cette randonnée nature ? Pour une fois, j'ai envie de poser mes valises, d'être simplement là, d'être simplement sincère.

– Vous allez où, cet après-midi ?

– Cette fois, c'est un peu spécial. Avec le groupe, on fait une fête avant Noël…

La sonnerie a rayé le reste de sa phrase. Nous sommes rentrés en cours.

À midi, nous sommes sortis ensemble. J'ai traîné la patte, accablée par la réalité du plan machiavélique que j'ai mis sur pied et que je suis contrainte d'exécuter. J'aurais donné… mon quatorze en maths… pour rentrer chez moi me coucher.

– Tu veux que je te porte ton sac ?

– Non, non, ça va.

– Dépêche-toi, tu vas rater ton train !

– Ça me changera, d'habitude je ne rate que les contrôles.

– Tu es en pleine forme, à ce que je vois.

Devant la grille, une voiture attendait Florian. En plus du conducteur, j'ai compté trois passagers dont une fille qui faisait des signes. Je l'avais déjà repérée dans Montmouton. Une beauté pas ordinaire. Une vraie personnalité. Le genre à s'appeler Emma. Le genre à plaire à Florian.

– Tu veux qu'on te dépose à la gare ?

– Merci, mon cousin passe me prendre. Il est toujours en retard.

Tous mes cousins habitent Nantes ou Nice et je ne vais nulle part. Florian m'a fait une bise rapide et sans équivoque, alors que moi pour la première fois j'ai eu envie de ses bras.

– Amuse-toi bien !

Tandis que le hayon de la voiture avalait son sac, il m'a fait un dernier signe d'adieu.

15

> « La vérité ce n'est pas ce qu'on raconte,
> c'est ce que les autres veulent croire. »
> *Lily B., carnets*

On aurait dit une ruche sous une bombe insecticide. Ça sortait de tous les côtés en même temps. Ça n'avait qu'une idée, être dehors. Adossée à la grille, je feignais d'avoir l'air agacé d'une minette que son gars laisse poireauter plus d'un quart d'heure. J'ai soupiré en jetant des regards désespérés dans l'avenue, je fredonnais dans ma tête : « Un jour Léon viendra… » Je voyais parfaitement la scène. Je ne l'aurais pas entendu arriver, il aurait glissé sur ses rollers, il aurait été derrière mon dos, il m'aurait bandé les yeux de ses deux mains et il aurait murmuré à mon oreille : « Tu sens la myrtille, j'ai toujours pensé que j'aimerais une fille qui sent la myrtille. » J'ai tremblé. Il faisait froid. Je m'en voulais d'être là à faire le pied de grue à la sortie de l'usine, alors que j'aurais déjà pu être chez moi. Qu'est-ce qui m'a pris ? J'avais le trac mais je ne pouvais plus reculer. J'ai pensé à Florian.

C'est fou ce qu'on est proches avec Florian. Ça s'est fait comme ça, le temps de le dire. Ça n'a rien à voir avec Léon, c'est autre chose. Léon c'est la passion. Une passion fulgurante. Florian je l'aime beaucoup, un peu plus même, mais parfois aussi il m'agace. Je n'aimerais pas qu'il tombe totalement amoureux de moi, mais je n'aimerais pas non plus qu'il en aime une autre. Quand il se rapproche de trop, je le rabroue et quand il s'éloigne, je me colle. Le jour où j'aurai retrouvé Léon, je ne veux pas que Florian souffre.

Mais en attendant, je suis bien avec lui. On se complète. C'est un esprit scientifique. Moi, je l'épate par mon imagination. Il dit toujours que j'ai l'air ailleurs et qu'il aimerait bien savoir où mais quand je lui raconte ça lui paraît impossible. Il croit que je pars pour Grenoble, alors que pas plus tard qu'il y a deux jours je lui ai raconté mon projet par le menu. Dès que j'en ai eu l'idée, je n'ai plus pensé qu'à ça et évidemment est arrivée l'inévitable question de Florian : « À quoi penses-tu ? » On buvait un lait fraise au Café des Sports. (Je l'empêche de commander du lait à la myrtille. Je lui dis que ça fait les dents noires. Il ne faut pas tout mélanger.) Je l'ai regardé en face et j'ai lâché comme si c'était ce qu'il y a de plus normal au monde :

– Je pense à mon roman.

– Quel roman ?

– Celui que je suis en train d'écrire.

Dans ses yeux, j'ai lu un truc du genre : je savais bien que tu n'étais pas comme les autres. Il a demandé :

– Ça raconte quoi ?

J'ai joué franc-jeu, j'ai tout déballé. J'ai raconté MOI. Mes angoisses, mes interrogations, mes parents qui me trompent, mon petit frère qui me trompe, ma lettre à M. Turpin, ma rencontre avec Léon. J'ai juste changé les noms. Il ne m'a pas reconnue. Il a dit :

– Elle est vraiment pas nette ton héroïne. Où est-ce que tu vas chercher tout ça ? Ça n'existe pas, les filles comme ça.

Ça m'a énervée, je suis montée sur mes ergots.

– Elle est très nette, au contraire. Personne ne la comprend. C'est tout. C'est ça son problème. Personne. Même pas toi. Forcément tout est simple pour toi, les études, la famille, les loisirs…

Plus je m'enflammais, plus il souriait, plus il souriait, plus il m'énervait, plus je m'enflammais.

– … Oh et puis zut ! De toute façon ça ne t'intéresse pas…

– Excuse-moi ! Je suis maladroit. Mais si, ça m'intéresse. Comment elle s'appelle ? Elle est jolie ?

Elle est jolie ? Les garçons, il n'y a que ça qui les intéresse. J'ai fait :

– Non, elle est moche. Enfin, moyenne. Comme moi !

Il m'a regardée avec une expression de beurre fondu et il a dit :

– Donc, elle est jolie !

Florian me trouvait jolie. J'ai baissé les yeux pour qu'il ne voie pas à quel point j'étais touchée par ce qu'il venait de dire. C'est fou, comme ça me redonnait confiance, j'ai continué :

– Ce qu'elle a surtout, c'est qu'elle est géniale. Elle a une idée totalement originale. Elle se fait enfermer tout un week-end… dans le lycée.

À la façon dont Florian m'a fixée, j'ai senti que son opinion allait m'agacer. Il a dit :

– En effet, c'est très original…

Je me suis détendue.

– … mais totalement impossible…

J'ai eu envie de foncer sur lui et de le mordre. Totalement impossible. Possible, impossible.

De quel droit pouvait-il dire ça ? Qu'est-ce qu'il en savait de ce qui était possible et impossible ? Il n'avait aucune imagination. Un esprit rationnel ! Scully, à côté (dans *Aux frontières du réel*), a l'air d'une fée. J'ai aboyé :

– Et pourquoi c'est impossible, s'il te plaît ?

– Mais aucun lycéen qui se respecte ne peut avoir une idée pareille. En plus ça n'a aucun intérêt de se faire enfermer dans le lycée. Enfin ce que j'en dis, c'est pour ton récit. Trouve autre chose ! Parce que ce genre d'idée-là, tout le monde s'en fout. On ne peut pas y croire un instant de toute façon.

Cette conversation m'a d'abord laissé un goût amer dans la bouche. Je me suis sentie tellement désarmée. Un coup de langue et le beau château de cartes que j'avais bâti dans ma tête venait de s'effondrer. Pour une fois que je me livrais à quelqu'un ! Ça m'a rendue fragile comme un verre en cristal au bord d'une table en marbre. J'ai eu envie de pleurer. J'ai pleuré. Un rêve cassé, il n'y a rien de plus difficile à recoller. Je me suis refermée comme une huître. Et c'est là tout au fond de ma coquille que j'ai retrouvé de la force. La force de décider par moi-même de ce qui serait possible ou impossible. La force du défi. Je ferais ce que j'avais décidé de faire. Pas pour le plaisir de le raconter, pas pour épater la galerie, seulement pour moi. Pour me prouver que j'étais libre.

L'énergie irradie de nouveau mon corps. Je me redresse. Je souris au monde. Rien ne pourra m'arrêter désormais. Je respire à fond. C'est un peu comme si j'étais invisible. J'écoute, je regarde, j'examine les gens et les choses en face, tout à mon aise. Il est temps que je mette le cap sur le bâtiment C. J'ai cru voir repasser la voiture de Florian et de ses copains. On peut toujours compter sur les proches pour vous empêcher de faire les choses exceptionnelles qui vous seraient vraiment bénéfiques dans la vie. « Impossible ! » C'est toi qui es impossible. Pauvre type !

Je ne pense pas que Léon aurait réagi comme ça, lui. Je l'entends d'ici. Il aurait dit : « Ton personnage devrait se faire enfermer avec quelqu'un. – Ah bon, avec qui ? – Avec un type dans mon genre, par exemple. – Qu'est-ce qu'ils feraient tous les deux enfermés pendant un week-end ? – Devine ! » Léon ! Comme il me manque !

J'ai boutonné ma parka jusqu'au cou et endossé mon sac. Une brume glacée commence à effacer la carcasse du lycée. Je croise encore quelques rescapés tandis que je remonte dans le raz de marée de leurs conversations : « Qu'est-ce que tu fais demain ? – Dimanche ? Je me scotche à la télé et j'attends que ça passe. – Tu n'aimes pas le dimanche ? – C'est la veille du lundi, ça me déprime. – Qu'est-ce que tu fais demain ? – Je vais à l'anniv d'une copine. Je vais essayer de l'embrasser. – Qu'est-ce que tu fais dimanche ? – Je meurs. – De quoi ? – D'amour. – Pour qui ? – Je ne sais pas encore. »

Je fixe un pan de mur noirci de graffitis comme on tient un cap dans la nuit. Surtout ne pas se retourner. Poser un pied devant l'autre doucement, méthodiquement, opiniâtrement pour résister au vent qui s'est mis à souffler dans ma tête et qui m'ordonne de faire demi-tour. Inspirer, expirer, respirer, encore. Plus que quelques pas. Encore un effort. Dans mon dos, le concierge ferme la grille à clé. Pendant quelque temps, il fera le guet près du portillon d'où s'échapperont les retardataires, puis ce sera fini. Je pousse la lourde porte vitrée. Ça y est, je suis dedans quand tout le monde est dehors. Comme des papiers bonbons par la vitre d'une voiture, mes pensées se sont toutes envolées.

16

«Quand la vie est sans issue changer de point de vue.»

Lily B., carnets

JE L'AI FAIT. JE L'AI FAIT. Je me sens extraordinairement vivante. Je me sens extraordinairement libre. Le monde m'appartient. Enfin ! Le lycée m'appartient. J'ouvre des dizaines de portes sur des dizaines de classes toutes identiques.

Je pourrais écrire des obscénités au tableau, sculpter mon nom sur une table, saccager le mobilier, cracher par terre. Je ne fais rien de tout ça. Je me contente d'errer dans des couloirs grisâtres qui sentent une odeur de sueur et de craie mélangées, parfois rehaussée d'une pointe de parfum bon marché ou de chewing-gum à la fraise. Finalement je reviens toujours dans la salle que j'ai l'habitude d'occuper. Quand je pense à la quantité de destins qui ont occupé ces tables. C'est dingue ! Tous pareils et tous différents. Différents de moi, en tout cas. Moi, je suis du genre spécial comme fille. Tous ces destins dans cette classe vide… Comme des fantômes encore vivants. J'aimerais bien avoir un don. Un truc qui me permettrait de voyager dans la tête des autres, incognito. Non, ce serait terrible, ce genre de voyage. Tout connaître des autres… plus aucun mystère… L'ennui absolu.

Soudain c'est l'angoisse totale. Je suis naufragée volontaire sur une île déserte. Et il va falloir tenir jusqu'à demain. L'arrière du lycée donne sur la gare. Je regarde les trains arriver, puis repartir. Le temps passe beaucoup plus lentement que dehors. Ça me donne envie de fuir, fuir, fuir. Non. Pas avant d'avoir exploré les territoires interdits comme la salle des profs. C'est une petite pièce avec des tables collées les unes aux autres, des plantes vertes devant la fenêtre, un coin cuisine avec une bouilloire électrique et une machine à café sur un frigo, un coin salon avec un canapé pété où je peux m'échouer, un fatras de journaux et de magazines, et le comble du comble, une télé et son magnétoscope.

J'ai mis l'eau à chauffer, j'ai sorti mes provisions et j'ai commencé à avaler, tout avec n'importe quoi jusqu'à l'overdose : j'ai mangé les chips trempées dans le thé, l'œuf dur avec les gâteaux, la banane avec le roquefort, les chamallows avec le jambon. J'ai fumé des cigarettes à la menthe la bouche pleine de cacahuètes, j'ai rincé le tout avec le Coca. J'ai eu mal au cœur, j'ai eu mal à la tête, j'ai eu mal partout. Les pensées se bousculaient : l'affreuse lettre que j'avais écrite à Turpin, le mensonge que je venais de faire à mes parents, ma rencontre ratée avec Léon.

Je me suis laissée aller sur le canapé, j'ai voulu dormir, j'ai essayé de faire le vide en fixant le tableau des emplois du temps des profs, leur casier, un chewing-gum collé sous une table. Finalement je me suis comme évanouie et j'ai fait le plus ignoble cauchemar de toute ma vie de lycéenne. Au début, c'était étrange comme sensation, étrange mais pas désagréable, j'étais là dans la salle des profs et tous me regardaient comme si c'était moi la prof.

Je me souviens que dans le rêve j'étais vaguement agacée par le désordre qui régnait, comme les profs en début de cours : les vêtements qu'on enlève, les chaises qu'on tire, les casiers qu'on ouvre, le frottement des dossiers contre les tables, les chuchotements, les murmures, les sourires qui perlent, les rires qui fusent, les fous rires qui fuient. Ils étaient tous là : M. Turpin histoire-géo, Mme Camino allemand, Mme Lesage maths, M. Verneuil physique, Mme Vaneck français, Mlle Ivry arts plastiques, Mme Faure bio, M. Sabon latin, Mme Laveissière anglais, M. Troçon éducation physique…

J'ai exigé le silence d'un ton sec que je ne me soupçonnais pas dans la vie. Et je leur ai mis leur paquet. J'avais la hargne.

– Bon, j'ai reçu votre dernier bulletin, c'est n'importe quoi ! Depuis la rentrée, je fais des efforts incommensurables pour essayer de comprendre ce que vous attendez de moi. Et vous ? Que faites-vous ?

Personne ne bronchait. Puis Turpin a dit :

– Je vous ai invitée à boire un café, il y a un mois !

J'étais sidérée.

– Vous vous fichez de moi, Turpin ? Ce n'est pas en bavardant cinq minutes avec un élève qu'on sait qui il est.

– Je vous ai aussi invitée à une de mes conférences.

– Impertinent avec ça ? Comment justifiez-vous le fait que vous m'avez quasiment raccroché au nez, le jour où je vous ai téléphoné chez vous ?

– J'avais des soucis.

– Parce que moi, je n'en avais pas, de soucis ? J'étais couchée, malade, presque mourante. Je venais de découvrir que mon petit frère est débile et que mes parents vont se séparer.

Lesage est intervenue.

– Vous êtes fatiguée, Lily ! C'est la fin du trimestre, c'est normal. Nous aussi ! J'ai passé la nuit à corriger des copies mais si vous voulez qu'on parle toutes les deux, seule à seule, de votre petit frère. Je connais un centre très bien pour les enfants débiles.

– Qu'est-ce qui vous permet de dire que Maxime est débile ? Vous le connaissez ? Non ! Alors ?… Je vous entends mâchouiller vos bonbons pendant les devoirs sur table. Vous avez un problème ? C'est dégoûtant de ne pas pouvoir se retenir devant des adolescents affamés par la croissance.

– Je fais de l'hypoglycémie.

– Changez d'orientation !

Lesage était sur le point de fondre en larmes. Les autres étaient verts.

– Sale petite peste !

– Grosse vache vous-même, madame Faure ! Sans nous, vous n'êtes rien, vous n'existez pas ! Finie ! Vous êtes finie !

– Nous n'avons pas été formés pour être soumis à une telle pression de la part des élèves.

– Madame Laveissière ! Si vous n'êtes pas capable d'être prof, choisissez une profession manuelle ! Mieux vaut être un bon plombier qu'un mauvais prof d'anglais. Vous êtes tous renvoyés !

Un frisson de panique parcourut l'assistance.

– Pas en milieu d'année ! Ce n'est pas possible ! On ne pourra pas trouver d'autre lycée.

– Il fallait y penser avant.

– Donnez-nous une chance ! On fera mieux au deuxième trimestre.

– Trop tard.

– Comment ferez-vous sans nous ? Le bac, c'est dans deux ans !

J'aurais pu arrêter le supplice et me contenter de négocier mes deux prochains bulletins. J'ai pensé à tous les camarades qui comme moi en avaient marre de leurs sales gueules. J'ai répété :

– Vous êtes virés !

L'information les atteignait les uns après les autres. Soudain Turpin a crié :

– Pas moi ! Vous m'avez envoyé une lettre !… Vous disiez que vous *m'aimiez*. Vous avez dit que vous vouliez être *mon amie*.

– Disparaissez, Turpin ! Vous n'avez jamais existé. Je n'ai jamais écrit cette lettre.

– Je peux vous la montrer. Je l'ai sur moi.

– Vous buvez !

– Non, je ne bois pas.

– Si, vous buvez ! Tout le monde le dit. Vous êtes un alcoolique !

– Je vous assure, je ne bois pas.

– Il n'y a pas de fumée sans feu !

– Je vais la lire, votre lettre.

J'avais la gorge sèche. Je tremblais. J'ai fermé les yeux pour ne pas le voir déplier l'enveloppe, sortir la lettre, la montrer à tous les autres, puis la lire.

Cher Monsieur Turpin. Même si je sais que je suis impuissante à vous apporter un quelconque réconfort dans votre chagrin…

C'était insupportable.

– Arrêtez !

Le rapport de force s'inversait. La meute des profs encourageait Turpin.

– Continuez, Turpin !

– Oui, continuez, on est tous avec vous !

– Aaaaarrrrrêêêêtez !!!!

– *Sachez que je pense bien à vous. Un peu comme une prière. Le jour où vous m'avez serrée dans vos bras pour me consoler, je vous ai aimé très fort.*

J'avais envie de pleurer. Eux souriaient. Quelqu'un a lancé :

– C'est une menteuse, je le savais.

– Taisez-vous !

– Menteuse !

J'ai hurlé :

– Nooooon !

Ils se sont déchaînés.

– Menteuse ! Menteuse ! Menteuse ! Menteuse ! Menteuse ! Menteuse ! Menteuse !…

J'ai cru qu'ils allaient me lyncher.

Je me bats, je me débats, je lutte et je me bagarre tellement contre cette mêlée de fantômes que je tombe du canapé. Le choc me réveille, me saisit à la gorge, me broie les côtes et me serre le ventre. J'ai mal partout. Quand je réalise que je ne suis pas chez moi, ni chez mes grands-parents ni dans aucun endroit familier. Quand je réalise que je suis au lycée, je rassemble vite mes affaires pour me tirer. Mais pour aller où ? Si je suis là, c'est déjà parce que je n'ai nulle part où me réfugier. Alors je m'offre une cigarette et j'exhale la fumée en essayant de comprendre comment j'en suis arrivée là.

17

« Mieux vaut être belle et rebelle que moche et re-moche. »

Lily B., carnets

« Ça n'a aucun intérêt de se faire enfermer dans le lycée. » Si j'avais Florian devant moi en ce moment, je l'enverrais bouler, je lui répondrais qu'il n'a aucun sens du gratuit, que la vraie liberté c'est de faire des actes désintéressés justement, de vivre des expériences uniques. Au plus profond de la déprime, le souvenir de ses paroles me fouette le sang. Je me sens mieux. Je me sens bien, même. Surtout, pour la première fois depuis très longtemps, je suis fière de moi. Je suis allée au bout de mon idée. Je vis vraiment un moment exceptionnel. J'ai une force de caractère qui pourrait en épater plus d'un. Pour moi, après ce que je viens de faire, plus jamais la vie ne sera pareille. C'est comme si je grandissais d'un coup. Je comprends que je suis tout ensemble : forte et faible, belle et moche, intelligente et conne, généreuse et radin, bonne et salope. Je décide qu'il vaut mieux être belle et rebelle que moche et re-moche. Je comprends que toute ma vie, il me faudra choisir. Choisir quoi faire ? Non. Choisir laquelle je suis.

À propos, j'ai une dissert de français à faire : « Que pensez-vous de cette injonction de Flaubert : "Lisez pour vivre !" ? » Si je pouvais mettre la main sur le corrigé, ça me ferait remonter ma moyenne. C'est un peu con d'être dans une salle de profs et de ne pas en profiter. Les casiers des profs ne sont pas si ordonnés qu'on pourrait le croire. Je confisque des caramels dans celui de Lesage, un paquet de Marlboro dans celui de Verneuil et des chewing-gums dans celui de Camino. Dans celui de Vaneck, rien de superflu, juste des livres et de la paperasse. Pas de corrigé. Seulement un carnet de notes avec des brouillons d'appréciations. Les miennes de notes sont toutes inférieures à la moyenne, en français comme dans toutes les matières. Les appréciations des professeurs sont pour la plupart décourageantes, pourtant en face de mon nom, de l'écriture fine de Mme Vaneck, je lis : « *Ne serait certainement pas nulle si elle se donnait la peine d'être là. Esprit sensible, toujours ailleurs mais où ? (voir à convoquer les parents).* » Ça alors ! Je suis éperdue de gratitude. Et moi qui la détestais, il n'y a pas cinq minutes. Encore un préjugé qui tombe. Esprit sensible. C'est tout moi. Elle pense que je serais bonne, si j'étais attentive. Un vrai scanner. Elle me connaît, elle m'aime bien. Pendant les vacances de Noël, je vais lire tout Flaubert. Je voudrais déjà y être. Au deuxième trimestre, je serai bonne en français.

« Ça n'a aucun intérêt de se faire enfermer dans le lycée. » Encore un pied de nez à Florian. Si je n'avais pas commis cette folie, jamais je n'aurais pu imaginer tout le bien que Mme Vaneck pense de moi. Cela dit, si Florian était là, il ferait le brouillon en deux coups de cuillère à pote. Moi, j'adore écrire mes carnets de pensées mais dès qu'il s'agit de faire quelque chose de construit et de logique comme une dissert, ça m'échappe. Pourtant, s'il y a une matière dans laquelle il me semble que je suis bonne, c'est le français. J'ai allumé une autre cigarette et j'ai ouvert mon carnet. Ça y est, ma décision est prise. Je vais profiter de tout ce temps pour commencer un roman. *Une nuit dans une salle de profs*. Génial, je vais raconter mon cauchemar. Ça se vendra par milliers à tous les lycéens de France et peut-être du monde. Les salles de profs ne doivent pas être si différentes dans les autres pays. Je passerai à la télé, je ferai des signatures dans les librairies et un jour le proviseur m'appellera chez moi : « Mademoiselle Blachon, en tant qu'ancienne élève, me feriez-vous l'honneur de venir faire une signature à la bibliothèque du lycée George-Sand ? Vous avez beaucoup de fans, vous savez. Même parmi les enseignants. »

Dans la file de mes admirateurs, j'apercevrai M. Turpin tout d'un coup. Je lui ferai un petit sourire de faveur tandis qu'il murmurera : « Vous vous souvenez de moi ? – Bien sûr ! – Vous vous rappelez la première fois où nous avons pris un café ensemble au Café des Sports ? – Oui. – Ce jour-là, j'ai immédiatement senti que vous aviez du génie. » On se regardera dans les yeux et il ajoutera : « J'aimerais bien être votre ami. » Évidemment tous les autres l'entendront.

Mais ce qu'il y aura de plus fabuleux dans tout ça, c'est le télégramme que m'enverra Léon : *Enfin, je t'ai retrouvée. Rendez-vous à vingt et une heures sous le pont du jardin Albert-Kahn. J'aurai des rollers aux pieds et un seau de myrtilles à la main.* Léon est un poète. Un garçon qui te dit : « Tu sens la myrtille. J'ai toujours su que j'aimerais une fille qui sent la myrtille », n'a pas un cœur qui bat au même rythme qui celui qui te dit : « Tu sens Chanel 19, j'ai toujours su que j'aimerais une fille qui sent Chanel 19 ». L'amour est enfant de poème ! C'est beau ça, je le note. J'imagine le pourri qui me balance : « Tu sens le camembert bien fait, j'ai toujours su que j'aimerais une fille qui sent le camembert qui pue. » Je le tue.

Aimer ou être aimé ? Qu'est-ce qui est mieux ? L'idéal, c'est d'aimer quelqu'un qui vous aime, bien sûr ! Mais comment savoir si l'autre est amoureux ? Léon, lui, il m'a tout de suite pris la main. Il faut oser pour savoir. Je note : Pour savoir, il faut oser. Avant, je ne pensais pas que les parents, ça fait l'amour. Bernard et Marie, tout nus dans un lit, comme au cinéma ! Au moment où j'ai commencé à comprendre, ils ont changé de lit. Luce et papa ! Il m'a dit qu'il n'est pas amoureux d'elle. Comment peut-on faire l'amour avec quelqu'un dont on n'est pas amoureux ? Comment en sont-ils arrivés là ? Quand on connaît les gens depuis cinq minutes, c'est plus facile, on peut disparaître tout de suite après. Mais quand on est amis depuis des années, comment fait-on ? Cher ami, voulez-vous faire l'amour avec moi ? Chère amie, voulez-vous coucher avec moi ? C'est obscène, des questions pareilles. L'amour doit se faire sans parler. Mais alors comment sait-on que l'autre est d'accord ? Enfin une chose est sûre, on dit « faire l'amour » quand il y a de l'amour, « coucher » quand il n'y en a pas. Et « baiser », c'est pire ! Pourtant avant, baiser, c'était mieux. Ça voulait dire embrasser. On avait ri comme des idiotes quand Maryline était tombée sur ce vers de Louise Labé : « Baise, rebaise-moi et baise… » Les mots sont comme des serpents, on ne peut pas s'y fier, ils changent de peau en vieillissant.

Autre chose. Comment fait-on pour se déshabiller devant quelqu'un ? Imagine que ça se présente le jour où j'ai les chaussettes percées ou une culotte bleuie à force d'être lavée avec ma veste chinoise. Sans parler du préservatif que le jeune de ma génération est toujours censé avoir sur lui. Je me vois, tiens. Avec ma culotte passée et mes chaussettes à trous en train de fouiller dans mon sac à la recherche d'une capote achetée des années avant. Où ? Comment ? Avec qui ? Quand est-ce que ça m'arrivera ? L'homme de ma vie est peut-être au bout du monde, un Esquimau, un Indien des Indes avec un turban, un Pygmée, un Touareg, un Martien ? L'homme de ma vie est peut-être une femme ? Comment prévoir ? Je pourrais appeler mon livre, *L'Amour dans la salle des profs*. Oh non, ça fait orgie. Ça me dégoûte. La chasteté, c'est plus romantique. Je veux être princesse… de Clèves !

« Ça n'a aucun intérêt de se faire enfermer dans le lycée. » Florian avait raison. S'il était là, je lui tomberais dans les bras. Et tandis qu'il me serrerait très fort, je le lui avouerais. Une chose est sûre, il faut qu'il se passe quelque chose. Il est hors de question que je dorme ici. Dehors, l'hiver a tiré un rideau noir et humide devant la fenêtre et à travers le brouillard, la ville fantomatique allume ses feux. Quelque part à trois encablures, dans un petit appartement situé près de l'église de Montmouton, les Blachon se préparent sans doute à passer une soirée tranquille. Je les vois : Maxime joue aux cartes avec Camille, papa feuillette un magazine de photos, maman pèle des pommes pour faire un crumble, mon dessert préféré. J'imagine la scène :

MAXIME : Ma grande sœur fait une randonnée nature.

CAMILLE : C'est quoi ?

MAXIME : Elle cherche des traces de dinosaures dans la forêt.

CAMILLE : Elle est drôlement forte.

MAXIME : Quand je serai grand, j'irai avec elle.

CAMILLE : Tu m'emmèneras ?

MAXIME : D'accord, mais tu me prêtes tes rollers.

MAMAN : Il fait plus froid ce soir ! J'espère qu'elle est assez couverte.

PAPA : Sûrement.

MAMAN : Avant de la laisser partir, on aurait peut-être dû se renseigner ! On ne peut même pas la joindre.

PAPA : J'ai confiance.

Il fait de plus en plus froid. On a dû éteindre le chauffage, c'est pas possible. J'ai déplié mon sac de couchage. Je me suis emmitouflée dedans et j'ai attendu.

Je ne sais pas combien de temps ça a pris ni comment ça s'est fait mais soudain ce fut un peu comme si je relevais de trois jours de fièvre, j'étais purifiée. J'ai ouvert les yeux et elle était là à me regarder. Je n'ai même pas paniqué. Elle était belle comme une apparition, une beauté pas ordinaire que j'avais déjà remarquée dans Montmouton. Je n'avais pas peur, je savais que l'inconnue qui était devant moi était ma meilleure amie pour la vie. Elle m'a attrapée dans les yeux et elle a dit :

– Tu as froid ?

– Un peu.

– Je suis Emma Lherbier, une amie de Florian.

J'avais les yeux gonflés, la bouche pâteuse et les cheveux chiffonnés. Je me suis redressée, au comble du bonheur. J'ai demandé :

– Quelle heure est-il ?

– Neuf heures.

Je l'ai dévisagée et avec une moue de reproche, j'ai lâché :

– Tu en as mis un temps !

Elle a failli exploser de rire mais elle s'est retenue, elle a ordonné :

– Rassemble ton bordel et décampons d'ici. On n'a pas que ça à faire.

Je l'ai suivie. On est sorties du bahut en enjambant la grille comme deux taulardes qui se font la belle. Dehors, une Fiat noire nous attendait, le garçon qui conduisait était celui qui était venu chercher Florian quelques heures plus tôt, il s'appelait Arthur. On a filé dans la nuit par l'autoroute du Nord.

– Où est Florian ?

– À la ferme, il prépare le dîner avec Armelle. De nous tous, ce sont les meilleurs cuisiniers. On a une fête ce soir. C'est l'anniversaire de Florian. Et tu es mon invitée surprise.

Je l'ai regardée, ahurie.

– C'est pas Florian qui t'a dit où me trouver ?

– Mais non, penses-tu ! Tu le connais ! Il ne pouvait pas imaginer une seconde qu'une fille normale s'enfermerait dans un lycée. Mais quand il m'a raconté ton prétendu roman, moi, j'ai su que tu n'étais pas tout à fait normale et que tu allais tenter l'expérience, alors je t'ai suivie.

Elle souriait.

Je ne comprenais toujours pas.

– Quand je t'ai vue devant la grille à poireauter, je me suis dit qu'il y avait limande sous cailloux.

– Quoi, limande sous cailloux ?

– Anguille sous roche, si tu préfères. J'ai su que c'était aujourd'hui le grand jour. Je l'ai senti.

– Tu aurais pu venir me chercher plus tôt.

– Et puis quoi encore ! Tu n'étais pas bien là-haut ? Je ne suis pas de ce lycée, moi, je ne le connais pas. C'était pas évident de se décider à rentrer.

18

> « À défaut de faire ce qu'on aime, il faut aimer nos défauts. »
>
> *Lily B., carnets*

Avant je ne m'aimais pas, maintenant j'aime tout le temps. J'aime me lever le matin, et me coucher le soir, j'aime m'amuser et travailler, Flaubert comme Stephen King, les artichauts crus et les huîtres cuites, la pluie en été et le soleil sur la neige, le Pygmée de la rue de l'Orillon, j'aime la coquetterie de ma mère et le laisser-aller de mon père, j'aime aussi la petite cicatrice tatouée sur ma tempe gauche. Une brûlure de fer à repasser quand j'avais cinq ans. Un jour que j'écoutais Lili Boniche en fumant des Kool, la voix si familière d'Emma a dit : « Tu devrais te couper les cheveux très court. » Je me suis retournée, la voix a répété : « C'est beau cette petite cicatrice, tu devrais la montrer. » Et en posant un doigt sur le bout de peau flétrie, la voix a soufflé : « On dirait un trèfle à quatre feuilles. » Et elle a commencé à me dessiner.

Depuis ce fameux jour où je me suis fait enfermer dans le lycée et qu'elle est venue me chercher, Emma et moi sommes inséparables. Notre apparition ce soir-là dans la ferme fut un événement qu'on se rappellera toute notre vie. Florian nous embrassa toutes les deux et de ses grands yeux chocolat, une mousse chaude et tendre déborda.

– Je vous présente Lily, notre première invitée surprise, lança Emma.

Et c'est ainsi que je fis mon entrée au club des dinosaures. Dans le groupe « Nature et Paléontologie » auquel appartenait Florian, six copains-copines qui s'aimaient d'amour tendre se réunissaient souvent en dehors du groupe. Sous l'impulsion d'Emma, ils venaient de décider de se retrouver au moins une fois par mois pour un dîner chez l'un ou l'autre, et celui ou celle qui recevait devait présenter aux autres un nouveau qui était jugé digne de faire partie du «club des dînaux». Quand Emma raconta où elle m'avait trouvée, je fus immédiatement intégrée. Elle avait l'art de conter, cette Emma. Les autres étaient pliés en quatre de rire quand elle en fut à décrire les soi-disant ronflements qui l'attirèrent dans la salle des profs. Heureusement, je fus rachetée par une réplique qui restera dans les annales: «J'avais fait toutes les classes, étage par étage, y compris la salle de gymnastique, le bureau du proviseur et toutes les toilettes, j'avançais à tâtons dans un monde seulement peuplé d'ombres, pas une blatte, juste un bruit constant et régulier qui m'accompagnait partout où j'allais, c'était… l'écho de mes pas contre la solitude du béton. Soudain, un rai de lumière qui fuyait d'une porte m'arrêta. Il y a limande sous cailloux, me dis-je. Je restai un moment à écouter, jusqu'à ce que je reconnusse un son sourd s'accrochant à une glotte. Avais-je affaire à un brontosaure ou à un tyrannosaure? Il fallait que j'en aie le cœur net. Je suis rentrée. J'étais là devant la bête, allongée sur un canapé pété. J'examinai sa tête, je la sentais transie par le froid, quand elle me demanda:

– Quelle heure est-il?

– Neuf heures, fis-je.

Et c'est alors qu'à moi qu'elle ne connaissait ni des dents ni des lèvres, elle qui n'offrait à ma vue aucun étonnement, dit:

– C'est à cette heure-ci que tu arrives!»

Ça faisait des années que je n'avais pas été aussi heureuse. Je les aimais tous: Armelle, la timide, qui croyait aux fées, aux fantômes, aux rêves prémonitoires et qui ne s'exprimait que par intuition. Joël le musicien. Arthur le beau gosse. Constance l'amoureuse. J'avais trouvé ma famille. J'en avais tout oublié de ma petite vie minable et étriquée qui avait précédé ce moment quand Florian me fit redescendre sur Terre. Je l'aidais à faire la vaisselle lorsqu'il jeta:

– J'ai eu tes parents au téléphone cet après-midi.

Ce fut comme si on me vaporisait de l'eau glacée sur la figure.

– Mes parents?

– Oui, tes parents !

– C'est pas possible. Qu'est-ce qu'ils ont dit ?

Florian décidément était gentil. Il ne m'abandonna pas à la panique.

– Ils ont dit qu'il ne faut pas que tu t'inquiètes en rentrant demain. Ils ont subitement décidé de partir chez tes grands-parents dans les Alpes. Ils reviendront lundi.

– Comment ont-ils su que j'étais là ?

– Tu leur as dit que tu étais avec moi en randonnée nature, tu ne te souviens pas ? Ils ont appelé mes parents qui m'ont appelé et je les ai rappelés.

Je laissai tomber le torchon. Ça se compliquait dans ma cervelle.

– Tu ne leur as rien dit ?

– Si... que tu étais de corvée de bois dans la forêt. Ça a fait rire ta mère. Elle a dit de te dire aussi qu'ils t'avaient rendu ta chambre.

Les deux informations se bousculaient. Florian n'avait rien dit. Bernard et Marie m'avaient rendu ma chambre. Florian avait compris que je lui avais menti mais il ne m'avait pas trahie. Papa et maman m'avaient rendu ma chambre. De ma vie je n'avais jamais eu d'ami comme Florian. Je l'ai regardé intensément. Alors j'ai posé mes lèvres sur ses lèvres. Elles avaient un goût de petit pois.

Mes parents m'avaient rendu ma chambre. Ils avaient tout remis comme avant, exactement. Ça signifiait qu'ils s'étaient remis ensemble. Bizarrement, cette merveilleuse information n'avait pas du tout sur moi l'effet prévu. Je n'en étais pas fâchée, bien sûr, mais ça ne me faisait pas non plus sauter au plafond. Je n'avais plus de temps à perdre avec leurs histoires, j'avais ma vie, mes amis, le lycée, bref, un emploi du temps très chargé. Le lendemain de cette mémorable soirée à la ferme, on avait soigneusement rangé la maison des parents d'Emma et on était rentrés chacun chez soi assez tôt pour travailler. En ouvrant la porte de l'appartement, j'ai eu l'impression d'être partie depuis des jours et des jours, tant il s'en était passé, des choses. Je n'étais plus la même, c'était clair. Soudain, sur le tréteau qui me servait de bureau, je reluquai une lettre qui m'était adressée. Je ne connaissais pas l'écriture. Méfiante, j'attendis un peu, et à peine l'avais-je décachetée que le nom de Turpin me sauta à la figure. Mon cœur battait fort. Je revivais ce rêve étonnant que j'avais fait au lycée. Il y a toutes sortes de rêves et de cauchemars mais il y a ceux qui laissent une véritable impression de vécu, celui-là en était. J'entendais de nouveau la voix de Turpin me traiter de menteuse : « Vous disiez que vous vouliez être mon amie. » J'ai lâché la lettre avec le dégoût que j'aurais eu à manipuler mon carnet de notes, qui d'ailleurs n'allait pas traîner non plus. J'avais de nouveau la nausée. Je décidai d'appeler Emma au secours. Et très calmement, elle m'intima l'ordre de prendre la lettre et de la lui lire, ce que je fis :

Ma petite Lily,

J'ai été très touché de votre gentil mot. Merci de cette délicate attention. En attendant de compter parmi vos amis,

R. *Turpin*

C'est fou, je n'arrête pas d'avoir des amis, tout d'un coup. La vie me sourit. Je me mis au travail, j'avais cette dissert à faire. J'étais si excitée que je n'arrivais pas bien à me concentrer, alors il me fallut encore appeler Florian qui me fit mon plan en trois coups de cuillère à *pote*.

Florian est devenu bien plus qu'un ami. Je crois qu'il m'aime. Emma m'a dit qu'il était venu se confier à elle et lui dire qu'il était très amoureux de moi. À moi, il n'a encore rien dit. Je ne bougerai pas avant qu'il ne m'ait écrit une lettre d'amour. Tout à l'heure, il faudra que j'en parle avec Emma. On a rendez-vous tous les jeudis soir. Je fais de la danse africaine avec elle et on prend un pot avant le cours. Je la retrouve comme d'habitude (ça fait la deuxième fois) à la Goulotte, notre café préféré. Elle lit *Libé*. J'aime beaucoup le turban qu'elle s'est mis dans les cheveux.

– Ça va !

On s'embrasse. Son parfum, c'est « mûre et musc ».

– Qu'est-ce que tu lis ?

– Les petites annonces. J'adore ça, lire les petites annonces de *Libé*. Tiens, écoute celle-ci : « Tu sens la myrtille, moi, j'ai eu un accident de trottinette. On s'est rencontrés sur mes rollers. J'ai envie de te revoir. »

La saison des chamailles

À Vincent,
Kahina,
Carol,
Ali,
Charlotte,
et Christophe.

1

«Ma vraie maison, c'est là où sont mes amis.»

Lily B. Carnets

Je m'appelle Lily Blachon, Lily B. pour les intimes. J'ai seize ans et je suis en première au lycée George-Sand, à Montmouton, dans la banlieue parisienne. Des fois, je rêve que je suis très belle, très riche et très orpheline. Question beauté, j'ai une cicatrice sur la tempe gauche qui m'exclut à tout jamais de la liste des top models. Question fortune, j'ai à peine un baby-sitting d'avance. En revanche question famille, ça n'arrête pas de croître et de multiplier. Comme le raconte à tous vents mon petit frère Maxime: depuis un an, on est divorcés. Côté Marie, ma mère, on a refait notre vie dans une grande maison, avec un beau-père, Bruno, un faux frère issu d'un premier lit, Jean-Baptiste dit Jibé; des ex pour les fêtes et des grands-parents comme s'il en pleuvait. Pour couronner le tout, on attend des jumeaux. Côté Bernard, mon père, on campe dans l'ancien appartement transformé en pension pour potes paumés, sentimentalement on quitte avant de s'attacher, professionnellement on cultive la barbe de trois jours et la solitude de l'artiste incompris. Entre les deux, j'ai souvent du mal à respirer: la tranquillité bourgeoise à la Marie, ça me dégoûte et la bohème à la Bernard, ça me met mal à l'aise. Heureusement, j'ai ma vie: le lycée et surtout les copains.

Ma vraie maison, c'est la bande. Là où on est, je me sens chez moi. Comme à l'Alhambra, dans l'arrière-salle. Ici, je suis en apesanteur. Je flotte entre deux cours, entre deux conversations, entre deux pensées, entre deux regards. Ici, j'ai rendez-vous avec Florian presque tous les jours. Lui et moi, on forme un vieux couple, sauf qu'on n'a jamais été un couple. C'est comme si je l'aimais trop pour l'aimer, enfin c'est ce que dit Emma, mon amie, ma sœur, celle qui sait tout de moi bien avant moi. Emma ! On dirait qu'elle a déjà tout vécu de la vie. Elle conseille les filles : Armelle, la timide, qui attend son prince au bord du rêve et Constance, irrésistible fleur d'artichaut. Elle console les garçons : Joël qui joue de la guitare parce qu'il se trouve trop petit pour draguer debout, et Arthur, le tombeur qui pleure quand il quitte. Ici, on s'amuse, on s'entraide, on se dispute, on se réconcilie. Ici, on est ensemble.

Enfoncée dans la moleskine, les yeux au pied d'un cappuccino, je me remets lentement d'une conversation avec Marie. Il y a des questions qu'on ne devrait pas poser, surtout à sa mère. C'est comme ça que j'ai demandé à la mienne :

– Toi, *personnellement*, tu penses qu'il faut faire l'amour la première fois, à quel âge ?

– Il n'y a pas d'âge. On fait l'amour quand on est prêt. Quand on a rencontré la bonne personne.

– Pas d'âge, pas d'âge ! Ne me dis pas que tu trouves normal de faire l'amour pour la première fois à quarante ans ?

– La moyenne, en France, c'est seize ans, je crois.

– Donc tu trouves que c'est bien seize ans ?

– Si tu es amoureuse d'un garçon qui est amoureux de toi, c'est bien… Mais, il n'y a pas le feu, dix-sept, dix-huit, c'est bien aussi.

– Vingt ans, tu trouves que c'est trop tard ?

– Non, c'est une question de maturité personnelle.

– Tu l'as fait à quel âge, la première fois, toi ?

– Quatorze ans.

Elle n'aurait pas dû répondre. En plus, ce n'était même pas avec mon père. Je me suis sentie terriblement vieille fille. J'ai raté Léon, l'hiver dernier, parce que je manquais de maturité. J'ai raté Julien, l'été suivant, parce qu'il manquait de maturité. Je suis condamnée à brandir la bannière de la chasteté.

Dans la vie, tout n'est que sexe. Je me demande comment fait mon petit frère Maxime pour continuer à jouer innocemment. Moi, je ne peux plus. Quand les gens rient, les trois quarts du temps, c'est que quelqu'un raconte une blague de cul, que je ne comprends pas toujours. Quand ils pleurent, c'est souvent parce qu'une histoire d'amour a mal tourné. Quand ils se taisent, c'est parce qu'ils regardent la télé, où on ne parle que de ça. Comme si tout le monde était à égalité ! Comme si j'étais la seule à ne pas l'avoir fait. En plus, moi, je vis avec un couple en pleine lune de miel. Bruno et Marie se regardent avec des yeux de merlans frits, se bécotent sans arrêt, et se retrouvent après une journée de séparation comme s'ils s'étaient quittés le matin pour toujours. Même si c'est nouveau, l'amour pour eux c'est facile, ils l'avaient déjà fait avant. Ils savent comment ça se passe, ce qu'on doit en attendre. Moi, j'ai le vocabulaire : le vocabulaire amoureux, le vocabulaire technique, le vocabulaire dégueulasse. J'ai trop de mots, je suis surinformée. J'aurais préféré qu'on me raconte comment font les papillons, au moins je pourrais rêver. Je me penche vers Florian, il bosse sa physique à côté. Ça me rappelle que je lui ai offert *Le Grand Livre des papillons* au début de notre amitié. Sans même lever les yeux de son cahier, il demande :

– À quoi tu penses ?

– Tu veux toujours devenir entomologiste ?

– Non, je crois que je vais faire psychiatre. La sexualité des papillons, c'est trop compliqué.

Quand Florian sourit, tout son visage en profite. Ses yeux scintillent dans une mer de fossettes. Dès qu'il en aura fini avec ses problèmes d'acné, je suis sûre qu'il fera des ravages. En tout cas, j'ai souvent l'impression qu'il me demande à quoi je pense pour vérifier que je pense à ce qu'il pense.

– Tu es sérieux ?

– Autant que le bipède stationné près du billard qui n'arrête pas de te mater.

– Lequel ? Le blond ?

– Ne fais pas l'innocente !

J'ai visé et j'ai croisé un regard bleu flottant derrière une mèche rebelle. Physiquement, l'inconnu n'est pas du tout du tout mon genre et il vient de prendre congé d'une créature de rêve qui prouve que je ne suis pas du tout du tout son genre.

2

«Pour naître et mourir, on est seul. Pour aimer il faut être deux.»

Lily B. Carnets

De toutes les filles de la bande, c'est Constance la plus belle. Elle est parfaite. Je la regarde sur toutes les coutures, il n'y a rien à refaire. Ce n'est pas le genre à prendre mille grammes en fin de mois, à se réveiller avec la trace de l'oreiller sur la joue, à assister à l'épanouissement d'un bouton de fièvre un quart d'heure avant un rendez-vous. Non, elle a été sculptée du premier coup, sans une retouche : belle peau, beau squelette, tout ce qu'il faut, là où il faut. C'est bien simple, elle plaît à tout le genre masculin, sans discrimination d'âge. Elle plaît à Bernard mon père, à Bruno mon beau-père, à Jibé mon faux frère, elle plaît à Robert Turpin, mon prof d'histoire de l'année dernière qui est devenu ma deuxième famille, et à Alec, son ami. Elle plaît même à Maxime, mon petit frère. Elle est vraiment belle, quoi. Comme dit Armelle : «Moi, si j'avais un corps comme ça, il y a longtemps que je ne serais plus vierge.» Pourtant, Constance est sentimentalement une attardée. Elle n'a jamais ressenti la plus petite attirance pour un garçon. Elle leur fait tourner la tête sans s'en rendre compte. Ce jour-là, elle avait ramassé ses cheveux blonds dans un chignon très élaboré, et sa jolie silhouette était moulée dans une tunique d'où s'échappaient deux pattes d'éléphants en jeans.

Constance nous bisa d'un air lointain.

– Ça n'a pas l'air d'aller, dit Emma.

Sur le côté de la table, deux longues jambes se croisèrent.

– Tu as raté un casting ? s'exclama Arthur alors que tout le monde sait qu'elle veut faire vétérinaire pour s'occuper des chevaux, sa passion.

Un revers de main caressa le front avec lassitude.

– Tu es malade ? s'enquit Florian.

Une deuxième cigarette prit feu au mégot de la première.

– Allez, ne reste pas seule avec ta valise, on est là pour s'entraider, lança Joël.

Constance regarda Joël dans les yeux puis chacun de nous et lentement expliqua :

– Plus que trois semaines comme ça… C'est la fin.

Je me suis collée à Florian. Mon Dieu ! Constance a bien dit : « C'est la fin. » Constance n'a plus que trois semaines à vivre ! Constance a une maladie incurable ! Pauvre, pauvre Constance ! Les yeux brouillés, j'ai bredouillé :

– Qu'est-ce qu'on peut faire pour toi ?

D'un maigre sourire, elle a annoncé :

– Me trouver un amoureux pour passer ma première nuit d'amour.

Constance ne voulait pas mourir sans avoir connu l'amour. J'ai dévisagé les garçons de la bande. Pas un ne se sentait concerné. Ça m'a exaspérée.

– Qu'est-ce que tu as dans trois semaines ? demanda simplement Florian.

– J'ai gynéco ! Ma mère m'a pris rendez-vous.

Les parents de Constance s'étaient imaginé qu'elle avait eu sa première expérience en Angleterre pendant les vacances de Pâques. Elle n'avait pas dû leur raconter la même chose qu'à nous. Un jour, alors qu'on était toutes les quatre, sans les garçons, Armelle, Emma, Constance et moi, elle avait déclaré tout de go : « Les filles, j'ai besoin d'aide, Allan ne veut plus me voir, il croit que je me suis moquée de lui. » On s'était toutes penchées vers elle pour recueillir ses confidences. Donc *one day in London*, sur le canapé du salon devant le bow window, Allan avait osé se pencher sur elle pour l'embrasser. « Tu as bien senti qu'il était attiré par toi ? » Constance n'avait rien senti, pas la plus petite onde de désir. « Tu n'es pas attirée et tu laisses faire ? » Elle ne l'a pas giflé, elle ne s'est pas enfuie, elle s'est laissé faire. Immobile la tête adossée au canapé, elle s'est abandonnée à l'explorateur. Alors Allan s'est emballé, ses lèvres tout contre le visage de Constance papillonnaient partout, jouaient avec les lobes d'oreilles, contournaient les ailes du nez, se posaient religieusement sur les paupières. « Ça ne te faisait aucun effet ? » Constance ne trouvait pas ça désagréable, mais elle s'ennuyait. Elle se demandait comment ça pouvait s'arrêter quand soudain la langue de son ami força ses lèvres et rentra dans sa bouche. « Tu savais pourtant bien que c'était comme ça ? » Panique à bord ! Constance ne supportait pas que sa langue rentre en contact avec celle d'Allan. Elle colla sa langue au palais, la roula sur le côté, faillit s'étouffer en la faisant disparaître au fond de la gorge. Une bouche de fille sans langue ! Allan n'avait jamais connu ça, elle était forcément quelque part ! Il fallait qu'il en ait le cœur net ! Il n'embrassait plus, il cherchait. Devant tant de perspicacité, Constance a éclaté de rire et ça a été fini.

C'était clair, notre amie n'était pas prête pour la grande aventure. Alors Emma a dit :

– Rien ne t'oblige à faire l'amour avant le gynéco.

– Tu ne connais pas mes parents, ils sont très angoissés. S'ils savent que je l'ai fait, ils ne m'embêteront plus avec ça. Je vous assure, il faut m'aider.

– Il faut que tu ressentes des émotions ! insista Emma. Sinon ça ne marchera pas.

– Apprenez-moi !

– Ça ne s'apprend pas.

– Tu es peut-être lesbienne. Regarde-moi dans les yeux comme si tu avais follement envie que je te prenne dans mes bras, ordonna Arthur.

Un fou rire a secoué le groupe. Près du billard, un garçon blond avec une mèche rebelle avait les yeux sur nous. Des yeux bleu lagune. Mes yeux noirs sont tombés dedans. Florian a tout vu. C'était bizarre.

3

«Ce n'est pas le ridicule qui tue, c'est la peur du ridicule.»

Lily B. Carnets

– Qu'est-ce que vous pensez de Constance ? a demandé Emma le lendemain.

– Elle est folle ! a dit Armelle

– Pourquoi tu dis ça ?

– Comme ça, pour rien, par jalousie. Elle est là, et elle nous raconte tout simplement ses handicaps. Je l'envie. Elle n'a pas de désirs. Moi, c'est le contraire, j'ai trop de désirs. Au fond, c'est pareil. Trop de désirs, ça paralyse. Elle ne désire personne. Moi, je désire embrasser trois garçons en même temps. Finalement, je ne peux pas choisir et je n'embrasse pas. De toute façon, si je pouvais choisir, je n'oserais pas. Pas plus que je n'oserais raconter ce qu'elle nous a raconté. J'aurais trop peur d'être ridicule. J'ai tout le temps peur.

Après un silence, Emma lança :

– Ce n'est pas le ridicule qui tue, c'est la peur du ridicule !

C'était magnifique et je le notai immédiatement dans mon carnet de pensées. En remettant le carnet dans mon sac, j'aperçus le garçon blond. Il nous regardait. Il regarda Emma, il regarda Armelle, puis il me vit. Enfin, nous nous vîmes. Comme toujours quand je suis gênée, j'entrepris de caresser la cicatrice que j'ai sur la tempe gauche. Avant, je la cachais avec une mèche. Depuis mon histoire avec Léon, je me suis fait couper les cheveux très courts et je ressemble à Élodie Bouchez dans *La Vie rêvée des anges*, la cicatrice en plus, naturellement. Je sens toujours quand un garçon est attiré par moi. Le problème, c'est souvent que je lui en suis tellement reconnaissante qu'il croit que je suis aussi attirée par lui.

J'ai connu Emma par Florian et je l'adore. De nous toutes, c'est la plus femme. Elle est passée directement de garçon manqué à jeune femme brillante bien dans sa peau. Par quel miracle, nul ne le sait. L'objet de son amour vit à l'étranger, c'est un Italien d'Italie. Quand elle parle de lui, elle ne dit pas Stefano, mon copain, mon amoureux, mon fiancé, mais *mon amant*. Ils se téléphonent, s'envoient des messages sur le portable, et des e.mails tous les jours. Armelle, qui a des renseignements, dit qu'il est très beau et qu'il a au moins vingt-cinq ans. Dès qu'elle aura son bac, il viendra la chercher et ils se marieront. Emma est sûre d'elle, elle a de l'expérience. C'était normal que ce soit elle qui prenne en main le destin de Constance.

– Ce qu'il faut, c'est ou un garçon expérimenté qui veut lui apprendre l'amour ou un garçon sans expérience comme elle et qui est prêt à apprendre avec elle. Constance est très belle, ça devrait pouvoir se trouver.

On a passé en revue les garçons les plus proches de nous. Joël n'aimait que les filles plus vieilles, vingt-deux, vingt-trois ans. Toute sa vie, il rechercherait Joséphine qu'il avait aimée passionnément quand il avait quatorze ans et qui était morte dans un accident de voiture. Arthur, ce n'était pas la peine d'y penser. Constance et lui étaient agacés l'un par l'autre. Arthur rêvait de devenir une tête d'affiche, d'avoir le monde à ses pieds, d'être une vedette de cinéma. Constance voulait vivre dans une ferme et élever des chevaux. Restait Florian ! À notre connaissance, Florian était libre. Libre parce qu'il ne sortait pas avec quelqu'un, et aussi suffisamment libre dans sa tête pour pouvoir envisager une telle expérience. D'après Emma qui le connaissait depuis la maternelle, c'était exactement ce qu'il lui fallait pour se débarrasser de la première fois. « C'est follement angoissant, la première fois. Il faudrait toujours faire l'amour la deuxième fois ou mieux la troisième fois. » De plus, Constance et Florian avaient plein de points communs, ils aimaient la nature et les animaux, ils avaient fait partie du même groupe « Nature et paléontologie », ils étaient tous les deux de brillants élèves et ils s'estimaient énormément.

J'écoutais Armelle et Emma débattre, argumenter, se féliciter de leur choix. Au fond de moi, il y avait quelque chose là-dedans qui ne passait pas mais je n'arrivais pas à savoir quoi. Après tout, j'avais eu mille fois l'occasion de sortir avec Florian, mais ça ne s'était pas fait. Après tout, il avait bien supporté sans rien dire mon histoire avec Léon. Quand on s'était quittés, c'est dans les bras de Florian que j'étais venue pleurer et il m'avait consolée. Un peu de générosité, que diable ! C'était bien pour Constance, c'était bien pour lui, j'avais même entendu dire que c'était bon pour son acné. J'adressai un regard au garçon blond qui jouait au billard avec ses copains. Il fallait que je m'occupe.

– Ce serait bien que ce soit toi qui lui parles ?

– Pardon ?

– À Florian ! Ce serait bien que ce soit toi qui parles à Florian !

– Pourquoi moi ?

– C'est toi la plus proche de lui !

– Tu le connais depuis plus longtemps que moi, quand même !

Emma me regarda.

– Ça passera mieux si ça vient de toi, c'est tout !

J'avais envie de fuir, je rassemblai mes affaires. C'est alors que le garçon blond apparut au-dessus de nos tasses à café. Il regarda Armelle qui rougit aussitôt, alors il s'arrêta sur Emma, mais c'était moi qu'il cherchait.

– Je peux te parler ?

Je lui fis signe que j'étais tout ouïe. Comme il gardait le silence, je trouvai bon de rajouter :

– Je n'ai pas de secret pour mes amies.

Il était dans un état ! On aurait dit Mr. Bean dans le sketch du plongeoir. Finalement, il sauta :

– Je voudrais sortir avec toi.

4

« Apprendre à dire non, apprendre à être libre. »

Lily B. Carnets

Les enfants de parents unis pensent souvent que les enfants de divorcés ont un avantage sur eux. Quand ils ne sont pas bien dans une maison, ils peuvent aller dans l'autre. Mais les parents, c'est les parents. Moi, quand je ne suis pas bien chez ma mère, je n'ai aucune envie d'aller chez mon père. Je vais chez Robert et Alec. L'année dernière, je me suis liée avec mon prof d'histoire, Robert Turpin. Il m'a appris à apprendre. L'été suivant, j'ai fait un chantier de fouilles archéologiques avec lui. Sans savoir comment, on est devenus amis et je suis devenue aussi encore plus amie avec Alec, son ami. Chez Robert et Alec, je me sens être. Ils ne m'aiment pas pour le joli bébé que j'ai été, ni pour le fantasme de femme qu'ils projettent sur moi. Ils m'aiment pour ce que je suis, au moment où je le suis. Chez eux, je ne suis ni la fille de Marie, ni la fille de Bernard, ni la belle-fille de Bruno, ni la sœur de Maxime, ni une fille à draguer, je suis Lily B.

– Lily B. vient de t'emprunter *Les Affinités électives.*

Alec causait avec Robert au téléphone. Il reposa le combiné et se remit à son travail. Alec dessine pour les journaux.

– Ça t'ennuie si je te parle ?

Alec posa son crayon.

– Ça t'est arrivé d'accepter de sortir avec un garçon simplement parce que tu n'avais pas trouvé le moyen de dire non ?

– Qu'est-ce que tu appelles « sortir » ?

– Aller au cinéma !

Alec ôta ses lunettes. J'ai raconté mon film.

« Je voudrais sortir avec toi. »

Je revivais la scène. Le regard d'Emma : « Il n'est pas mal, vas-y, fonce ! » Le regard d'Armelle : « Ce n'est pas à moi que ça arriverait, un truc pareil ! » Et mes deux copines de s'éclipser avec des sourires en coin.

« Je voudrais sortir avec toi. »

Comment répondre à ça ? Je sais pertinemment, pour l'avoir vécu, qu'il suffit d'un regard pour enflammer un cœur. J'ai eu la chance d'aborder la vie amoureuse par une rencontre de rêve, un amour romantique. Tout ce qui m'est arrivé depuis me paraît vulgaire !

« Je voudrais sortir avec toi. »

Je ne connaissais même pas son nom.

– Je m'appelle Cédric. Et toi c'est Lily B., n'est-ce pas ?

Il a dit ça d'une voix enrouée, tout à fait troublante. Il connaissait mon nom. J'étais émue. Ce qu'il avait fait, il fallait oser le faire. J'ai souri. Il a pris ça pour acceptation.

– Ce soir ?

– Non, il faut que j'aide mon petit frère à faire ses devoirs. Et… j'ai un contrôle à réviser.

– Demain ?

– J'ai un baby-sitting.

– Après-demain ?

– Je dîne chez mon père.

– Samedi ?

Après le cours de danse, je n'ai pas pris la peine de passer à la maison me changer. Je ne voulais pas qu'il s'imagine que je m'étais arrangée pour lui. Je ne me suis même pas lavé les dents. Comme ça, j'aurai une bonne raison de ne pas me laisser embrasser.

Il me guettait de loin avec des paillettes dans les yeux. Quand j'ai été tout près, il m'a contemplée en s'exclamant :

– Tu es super !

Cédric avait choisi un film qu'il avait déjà vu : *Le Fabuleux Destin d'Amélie Poulain*. Un film mode d'emploi. Pratique ! Il se glissait à mon oreille pour annoncer une scène, il caressait ma nuque d'un souffle qui disait : « Je trouve qu'elle te ressemble », il collait son épaule à mon épaule, son avant-bras à mon avant-bras, son genou à mon genou, sa cuisse à ma cuisse, il se tournait constamment vers moi pour juger de mes réactions. Puis ça se précipita, on n'était pas encore à la moitié du film qu'il tenta de mettre son bras autour de mon cou et de me prendre la main. Immédiatement mon cœur se crispa. J'avais presque envie de pleurer. Son bras pesait lourd sur mon épaule. Ma nuque était raide. Je fixais l'écran désespérément. Et cette gourde d'Amélie Poulain qui ne voyait rien ! Mon corps ne pouvait pas, ma tête ne voulait pas. Il continuait. Sa grande main moite accaparait ma pauvre menotte abandonnée à elle-même. J'avais terriblement envie d'être chez moi, seule. J'étais tendue à craquer et dans la poche de ma salopette, mon autre main jouait à l'élastique avec les clés de la maison. Et les clés volèrent dans l'allée, la clé de ma mère d'un côté, celle de mon père de l'autre. Brutalement, j'ai basculé des bras de Cédric dans la travée et à quatre pattes entre les fauteuils, je me suis lancée à leur poursuite.

– Qu'est-ce que tu fabriques ?

– Je cherche mes clés. Si je ne les retrouve pas, ils vont me tuer. C'est la deuxième fois ce trimestre que je les perds.

Cédric s'enfonça dans son fauteuil et continua à regarder le film.

« Il ne t'a même pas aidée ! »

Il ne m'avait même pas aidée.

Là-dessus, on sort du cinéma, et sans se poser de question, Monsieur reprend notre intimité, là où elle avait été interrompue, son bras autour de mon cou.

Et le voilà qui se met à disserter sur le film, qu'il avait vu deux fois en entier. Et le début ? Tu as aimé le début ? Et l'histoire du nain de jardin ? Et le type du Photomaton ?

J'étais obsédée par une seule pensée : pourvu que je ne croise pas quelqu'un de la bande.

Je n'aimais pas Cédric. Donc je n'aimais pas le film que Cédric aimait. Devant le Coca du Père Ubu, j'avais réussi à ne pas m'asseoir à côté de Cédric mais en face. On était en vitrine et sa main tripotait la mienne. Elle était mignonne *ma main* ! Elle n'avait pas grandi en même temps que le reste de mon corps. Elle avait un petit air main d'enfant, un peu potelée, et les bagues et les bracelets n'y changeaient rien.

« Je vais t'offrir une jolie bague ! »

Ma main fila au fond de ma besace chercher une cigarette et resta un moment éloignée. Il allait m'offrir une jolie bague ! Hier on ne se connaissait pas, demain soir, il me présentait à ses parents, c'était clair.

– Tu es libre demain soir ? Mes parents aimeraient te connaître.

Il était temps que je rentre. Il me raccompagna. Arrivée devant chez moi, je lui ai raconté ma famille pour faire diversion, ma mère qui attendait des jumeaux et tout le toutim.

– Tu aimerais avoir combien d'enfants, toi ?

Encore une semaine, et il achetait le pavillon. Ce n'était pas le moment de se tromper de réponses.

– Des enfants ? Ça sert à quoi les enfants ?

– En plus, tu as de l'humour !

En plus de quoi ?

Vint le moment de se séparer. Il a fallu que j'y mette du mien pour éviter un baiser profond. « Non, je t'assure, pas ce soir, j'ai une dent qui me fait mal ! »

Enfin, juste avant de tourner les talons, il a dit :

– Tu ne mets jamais de jupe ?

– C'est vrai ça, tu ne mets jamais de jupe !

– Tu ne vas pas t'y mettre toi aussi !

Alec avait sur les lèvres, le sourire taquin et tendre que j'adore :

– Je parie que tu n'as pas su te défiler et que tu es allée chez les parents.

– Exact !

– C'était comment ?

– Catastrophique ! La mère m'a tout de suite adoptée. Elle m'a dit que je pouvais dormir chez eux tant que je voulais. Et pour que tout soit net entre nous, elle m'a même fait savoir où elle rangeait toujours une boîte de préservatifs.

– Comment s'appelle-t-il ?

– Cédric Roman !

– C'est bien comme nom ! Lily et Cédric Roman !

J'ai balancé un coussin à la tête d'Alec. Il est redevenu sérieux.

– Si je comprends bien, tu voudrais savoir comment faire pour rompre avec un garçon avec qui tu n'es pas ?

5

> « L'amour n'est pas réciproque quand on en veut à l'autre des sentiments qu'il nous porte. »
>
> *Lily B. Carnets*

Finalement j'ai mis une jupe et j'ai attrapé le bus de justesse. J'avais rendez-vous à la médiathèque avec Florian. Depuis que je le connais, Florian a pris au moins quinze centimètres. Il avait belle allure, allongé sur les escaliers, en pleine conversation avec Bénédicte Godiveau, la fille du prof de philo, qu'on appelle aussi « Jamais sans mon père ». Sauf que, pour une fois, elle était sans M. Godiveau. J'étais impatiente de me retrouver seule avec Florian.

– Mon père trouve que c'est un film fasciste et populiste.

« Jamais sans mon père » parlait du *Fabuleux Destin d'Amélie Poulain.*

Elle m'agaçait.

– Pas du tout, c'est un film merveilleux. Très poétique.

– Tu l'as vu ? s'étonna Florian.

– Je veux bien le revoir avec toi !

Florian me regarda intensément comme s'il cherchait à lire en moi. Bénédicte nous interrompit :

– Florian, il faut que je file, j'ai ma leçon de piano. Mais finalement je suis d'accord pour le voir. On se retrouve à six heures comme prévu ?

Elle fila. Ses cheveux longs volaient sur ses épaules, tandis qu'elle dévalait les marches avec une souplesse de danseuse. Elle était drôlement jolie, Bénédicte Godiveau ! Florian et Bénédicte !

Maintenant que je les voyais ensemble, ça me paraissait évident. Ils étaient faits l'un pour l'autre. Florian, mon ami, mon frère, mon confident sortait avec une fille qui n'était pas du tout mon genre. La vie venait de me mordre le cœur. Finalement, je préférais l'imaginer avec Constance. Il fallait que je lui parle de Constance. Les mots bouchonnaient au fond de ma gorge.

– Tu sors avec Béné ?

– Tu mets des jupes maintenant ?

– Qu'est-ce qu'il a dit ?

Emma, Armelle, Arthur et Joël arrivaient les uns après les autres à l'Alhambra. La question avait été posée par Emma. Emma voulait savoir si j'avais parlé à Florian du projet que nous avions conçu pour lui. Emma voulait savoir si Florian était d'accord pour passer sa première nuit avec Constance. Rien que de penser à la distance qui nous avait séparés soudain, Florian et moi, j'avais froid aux os. Après ce que je venais de vivre avec Cédric, j'étais si impatiente de retrouver un ami. Florian était la seule personne au monde avec qui je pouvais me taire, dire des nullités, être moche et me sentir bien quand même. Sauf cette fois-là. Cette fois-là, on s'était séparés comme des étrangers. Après le départ de Bénédicte, je m'étais assise à ses côtés sur les marches, et j'avais eu follement envie que mon coude touche le sien. Il avait changé de position. Ce n'était pas le moment de lui parler de Constance.

– Alors raconte ! insista Armelle.

– Il n'est pas contre !

J'ai lâché ça pour couper court à toute discussion sur Florian. Je ne voulais pas parler de Florian devant Cédric qui mettait le cap sur notre table en dévorant ma jupe des yeux.

– Il y a quelque chose qui ne va pas ? me demanda Emma.

J'avais envie de partir en courant.

– Je t'ai dit que ma mère attend des jumeaux ?

– Oui !

– Ce sont de faux jumeaux. Un garçon et une fille.

– Sympa.

– On va les appeler Sacha et Macha.

Cédric s'est assis à côté de moi et m'a pris la main. J'ai repensé à ma conversation avec Alec. Comment faire pour rompre avec le garçon avec qui je ne suis pas ? J'ai enlevé ma main de la sienne. Qu'est-ce qu'il venait faire là ? Il voyait bien que j'étais avec ma bande. J'ai demandé :

– Quelqu'un a vu Constance ? Ça fait deux jours qu'on ne s'est pas parlé.

– Moi, je l'ai vue, dit Arthur. On a passé le week-end ensemble.

Constance et Arthur ?

– On s'est retrouvés par hasard chez des amis communs de nos parents. C'était drôle. Pour une fois, on ne s'est pas disputés.

– C'est qui Constance ? demanda Cédric.

– C'est la plus jolie fille de la bande. Tu l'as sûrement remarquée.

Cédric me noya dans un sourire et rêveusement dit :

– La plus jolie, c'est toi, Lily.

– Ne dis pas n'importe quoi ! Il n'y a rien qui m'horripile davantage que la mauvaise foi. Je ne suis pas jolie et tu le sais très bien.

Cédric battit des lèvres au bord du silence. J'avais parlé sur un ton détestable. Cédric éveillait en moi un personnage revêche qui ne me plaisait pas du tout. À la bande, non plus. Il était urgent que je le quitte.

– Qu'est-ce qui te prend ? demanda Emma. Cédric te faisait un compliment. Il n'y a pas de mal à ça.

– Excusez-moi ! Excuse-moi, Cédric !

Là-dessus, je me suis levée pour partir. Cédric a voulu me suivre, je l'en ai empêché. J'avais besoin d'être seule.

J'ai ôté la jupe qui a rejoint le tas de vêtements qui traînaient sur le lit. Je me suis allongée par-dessus et j'ai écouté un CD de Yann Tiersen, tout en accumulant dans ma bouche un paquet entier de chewing-gums, signe d'une dépression avancée. Une tablette après l'autre jusqu'à ce qu'il n'y en ait plus et que ça forme un amas si sucré et si gros que mâcher fait mal aux mâchoires. Si j'avais aimé l'alcool, j'aurais sans doute été alcoolique, si j'avais aimé la drogue, j'aurais été droguée. Il s'en fallait de peu. Je me suis ressaisie. En général l'intérieur de ma chambre ressemble à l'intérieur de ma tête. Donc, si je mets de l'ordre dans la pièce, j'en ressentirai les bienfaits au niveau de mes pensées. De temps en temps, je peux être efficace : les vêtements dans l'armoire, les livres dans les étagères, le lit au carré et le bureau désert.

Après j'ai serré dans un jeans la chemise blanche que j'ai piquée à mon père. Je me suis bien regardée dans la glace. Je ne ressemble pas tout à fait à Charlotte Gainsbourg, mais quand même, je ne suis pas si grosse. D'ailleurs Cédric trouve que je suis la plus jolie de la bande ! Il est brave, Cédric. Je ne peux pas continuer à lui faire croire qu'on est ensemble. Ce n'est pas bien. Je lui en veux de me témoigner de l'amour. Comment expliquer ça ? Ça doit être ça la frigidité ! Je vais immédiatement lui écrire une lettre.

Mon cher Cédric, nous devons mettre un terme à notre relation, car je suis frigide.

Cher Cédric, je ne suis pas du tout la fille qu'il te faut. Je me sens mal en jupe et je déteste les enfants.

Très cher Cédric, autant se rendre tout de suite à l'évidence, nous ne sommes pas faits l'un pour l'autre : tu es blond, je suis brune ; tu aimes Amélie Poulain, je trouve que c'est un film trop… long.

Cédric, ce n'est pas ta faute, mais je ne t'aime pas.

Les feuilles froissées roulaient sous le bureau. Je ne suis pas faite pour les ruptures. Je suis prête à imaginer n'importe quoi plutôt que d'avouer à l'autre que je ne l'aime pas. Pourtant c'est vrai que ce n'est pas sa faute si je ne l'aime pas. C'est comme ça. J'ai eu un éclair de compassion pour mes parents. Ce n'est pas la faute de mon père, si ma mère ne l'aime plus. Ça n'a pas dû être facile pour eux de se quitter. D'un autre côté, c'est tellement dur de vivre avec quelqu'un qu'on n'aime pas. Avec Cédric, je crois que je deviendrais sadique. Heureusement que je ne vis pas dans un monde où je serais mariée de force. À la pensée d'avoir à dormir dans le même lit que Cédric toute ma vie, alors même que je ne supporte pas sa main dans la mienne, j'ai eu un haut-le-cœur.

D'abord il y eut le carillon de la porte d'entrée. Puis j'ai entendu Jean-Baptiste brailler :

– Lily, c'est pour toi !

Et voilà, Cédric est venu me relancer jusque chez moi ! Il va m'obliger à lui dire dans les yeux que je ne l'aime pas et que c'est fini. Un garçon malin aurait compris tout de suite que je n'étais pas amoureuse. Je ne suis pas faite pour vivre avec un gars étanche, comme Cédric. Un type à qui il faut tout expliquer. Je ne t'aime pas, tu comprends ce que ça veut dire ? Je ne veux pas que tu me touches, je ne veux pas que tu m'embrasses, je ne veux pas que tu me trouves jolie, je ne veux pas que tu penses à moi. Compris ?

Je suis lentement sortie de ma chambre et j'ai entrepris de descendre l'escalier, une marche après l'autre, la main droite accrochée à la rampe. Mes gestes pèsent quinze tonnes.

Et en plus, je lui en veux de m'obliger à lui dire tout ça.

Il était différent. Comme si son corps avait été fini dans la nuit. Les rondeurs, les petites mollesses, les restes de l'enfance, tout ça était gommé, même les boutons avaient presque disparu. C'est alors que j'ai réalisé que je ne pouvais pas aimer Cédric ni personne d'autre car c'est lui que j'aimais. J'étais sous le choc de la révélation. Le nouveau Florian a plongé en moi un regard d'une étrange gravité. J'étais émue, tellement émue.

6

«Can I hate you?»
Lily B. Carnets

«Je voudrais ne jamais t'avoir connue.»

Son regard m'a transpercée comme s'il voulait arracher de mon cerveau tous les souvenirs, toutes les pensées, toutes les images, tous les mots, tous les silences que nous avions partagés.

Il a ouvert un sac et en a vidé le contenu au milieu de l'entrée: livres, CD, cailloux, bouts de ficelles, pulls, bouteille de sable, *Grand Livre des papillons*, petits mots, lettres… Pas un de mes cadeaux ne manque à l'appel. Il m'a tout rendu et il est parti.

«Je voudrais ne jamais t'avoir connue.»

On peut tout faire avec des mots. Ces mots-là m'ont pétrifiée. Je suis une statue. Mes pieds sont collés au sol. Mes yeux ne voient plus. Mes oreilles n'entendent plus. Mon cœur ne bat plus.

Jean-Baptiste n'en revient pas.

– Pour une rupture, c'est une rupture! Comment s'appelle-t-il?

Six mois qu'on partage la même maison et Jibé ne sait pas que Florian s'appelle Florian!

– Qu'est-ce que tu lui as fait? Un sacré tempérament, ton copain!

Ce n'est pas le moment de me dire qu'il est formidable quand même. Je suis partie en torrent.

«Je voudrais ne jamais t'avoir connue.»

Florian n'a pas rompu avec moi parce que je suis sortie avec Cédric. Florian n'a pas rompu pas avec moi pour sortir avec Bénédicte.

Florian n'a pas rompu avec moi. Florian a rompu avec toute la confiance qu'il a eue en moi.

«Je voudrais ne jamais t'avoir connue.»

Extinction de voix, mal de gorge, quarante de fièvre: angine. J'ai fait une angine. Une angine blanche au moment des oraux du bac blanc. Ma mère qui sait que je suis «psychosomatique» m'a dit: «Ce n'est pas le moment de te rendre malade à cause d'un garçon.» Comme s'il y avait des *bons* moments pour être malade. Comme s'il y avait de *bons* moments pour souffrir. Comme s'il y avait de *bons* moments pour mourir. C'est bien une réaction de parents, ça! Les parents sont des capitalistes du sentiment. Il faut que leur amour pour nous rapporte. Qu'on réussisse nos examens, qu'on ait de bons boulots, de bons salaires, du fric quoi! Je suis détruite. Et au troisième jour d'antibiotiques, j'entends: «Essaie de travailler un peu!» Si je pouvais parler, je leur dirais que je n'ai pas l'intention de quitter ma chambre avant que mes cheveux aient poussé jusqu'aux reins. Et ce jour-là, quand je sortirai, ce sera pour me rendre dans une boutique de piercing où je me ferai planter un clou sur la langue. La tempête qui secoue mon être est d'une telle violence que je bénis la fièvre de me faire dormir. Je ne pourrai jamais me consoler de ce chagrin-là.

Je ne voulais voir personne. Ils sont tous passés. Ils n'étaient pas à l'aise, les uns les autres. Florian et moi, on formait un vieux couple, alors ils étaient comme on est dans les divorces, partagés en faveur de Florian. Pour ça, Joël a été franc:

– Franchement Lily, je t'aime énormément, mais pendant quelque temps j'aimerais mieux qu'on ne se voie pas. Florian est mon meilleur ami, il a besoin de moi.

Puis ce fut le tour d'Arthur, moins évident comme démarche.

– Je n'ai jamais compris ce qui se passait entre vous deux. Finalement, vous sortiez ensemble? Franchement Lily, je t'estime beaucoup mais sur ce coup-là, je ne peux pas être de ton côté.

Heureusement j'étais malade, sinon j'aurais attrapé froid. Et ça ne s'est pas arrangé avec le passage des filles. Constance d'abord:

– Franchement Lily, je n'en reviens pas. Comment as-tu pu imaginer deux secondes qu'il aurait pu se passer quelque chose entre Florian et moi ? C'est mon frère ! Et puis d'abord qu'est-ce qui t'a pris de vouloir me trouver quelqu'un ?

– … ?

– Tu sais, Arthur et moi on a beaucoup parlé. On ne peut pas être de ton côté.

– Arthur et toi ? Vous sortez ensemble ?

– Non, pourquoi ?

– Pour rien, c'est juste que… Avant, vous n'étiez jamais d'accord tous les deux.

Je n'étais pas remise de la visite de Constance qu'Armelle a débarqué. Au moins, elle ne pouvait pas être contre moi, elle. Elle était là quand on a mis ce plan diabolique au point. Armelle s'est d'abord assise sur mon lit, puis elle s'est levée.

– Je vais être honnête, Lily. Cette idée ne me plaisait pas du tout. J'ai laissé faire. Le grand reproche que j'ai à me faire, c'est d'avoir été lâche.

Lâche ! « Le grand reproche que j'ai à me faire, c'est d'avoir été lâche. » Faut-il vraiment du courage pour avouer qu'on est lâche ? J'ai toussé, je me suis mouchée, j'ai bu un verre d'eau. Je n'ai pas répondu. Elle s'est de nouveau assise.

– Il faut que je te dise aussi. Tu sais que ce n'est pas mon genre de piquer les copains des copines. J'ai toujours dit que je trouvais ça dégueulasse, rappelle-toi ! Tu te souviens, on a eu une discussion là-dessus ! Toi, tu disais qu'on ne pique jamais personne à personne, que les gens sont libres.

L'inimaginable hier était en train d'avoir lieu aujourd'hui. Armelle allait m'annoncer qu'elle sortait avec Florian.

– Tu comprends, après ce que tu lui as fait, il s'est senti tellement mal. Alors, il est venu me voir. On a beaucoup parlé. Et puis ça s'est fait, on est sortis ensemble. Il pense que tu es frigide. Il ne t'en veut plus, tu sais. Il dit que sans toi, il ne m'aurait jamais connue.

Il faudra bien vomir un jour ! Pourquoi pas maintenant ? Je me suis précipitée aux toilettes. Armelle est partie. J'ai attendu Emma. Elle n'est jamais venue.

7

> « Comme M. Jourdain faisait de la prose,
> j'aimais Florian, sans m'en apercevoir. »
> *Lily B. Carnets*

Comment on sait qu'on aime ?

J'ai posé la question à tous ceux qui consentaient encore à me parler. J'ai posé la question à ma mère.

– Comment tu sais que c'est Bruno que tu aimes plus que papa ?

– J'ai essayé d'imaginer le reste de ma vie sans Bruno et je n'ai pas pu. Ça n'avait pas de sens.

J'ai posé la question à Bruno.

– Comment tu sais que tu aimes maman ?

– C'est la première de fois de ma vie que je ressens ça. Quand je suis avec elle, je me sens chez moi, en moi. Ta mère, c'est ma maison.

J'ai posé la question à Alec.

– Comment tu sais que c'est Robert que tu aimes ?

– Avec lui, je n'ai plus jamais peur.

J'ai posé la question à Robert.

– Comment vous savez que c'est Alec que vous aimez ?

– Avec lui, je me sens tellement libre.

J'ai posé la question à Maxime, mon petit frère, qui a neuf ans.

– Comment tu sais que c'est Camille que tu aimes ?

– Parce que je suis content quand elle est contente et je suis triste quand elle est triste.

J'ai posé la question à mon père.

– Comment tu sais que tu aimes toujours maman ?

– Parce qu'elle me manque encore.

Florian me manque. Nos jeux débiles me manquent. Pour mon anniversaire, il m'a emmenée à Paris et m'a offert un tour d'autobus à touristes. C'était plein de Japonais, d'Américains, d'Allemands qui mitraillaient les monuments avec de super objectifs. Pour nous, le pari consistait à apparaître sur le plus de photos possible. On attendait le bon moment et hop ! on pointait nos sourires devant la tour Eiffel, l'Arc de triomphe, Notre-Dame, à la seconde fatidique, quand le photographe ne peut plus retenir son doigt… Florian a le plus beau sourire du monde.

Florian me manque. Sa générosité me manque. Alors qu'il comprend tout en cinq minutes sans le moindre effort, il est capable de passer des heures à m'expliquer un problème de maths ou un poème de Mallarmé.

Florian me manque. Son quant-à-soi me manque. Je ne connais personne de si peu influençable, au caractère si entier et si original. Nos disputes me manquent.

Florian me manque. Son corps manque à mon corps. La chaleur qu'il diffuse manque à ma peau. Je pouvais deviner sa présence sans même le voir. Un jour, dans les coulisses du théâtre, j'attendais d'entrer en scène pour un spectacle de danse, je tremblais. Je tremblais au point de ne pas pouvoir imaginer mettre un chausson devant l'autre. Et puis, je ne tremblais plus. J'ai su qu'il était là. Derrière moi. Il n'a rien dit. Je ne lui ai même pas fait savoir que je savais qu'il était là. Sa seule présence a apaisé mon corps. Je me suis levée droit sur mes pieds et je suis rentrée sur la scène et j'ai fait mon numéro, sans mollir.

Florian me manque. Et ce que je lui ai fait était la pire des choses qu'on pouvait lui faire quand on le connaît. Disposer de sa personne et de ses sentiments.

Je ne pourrai plus jamais croiser son regard.

J'ai perdu quatre kilos et tout mon humour. Je m'habille en noir, je rase les murs, je marche un peu voûtée comme un animal blessé. Mis à part le jour où je me suis fait enfermer dans le lycée, je n'ai jamais ressenti un tel sentiment de solitude. C'était l'année dernière, en seconde. J'étais tellement mal, j'avais besoin de réfléchir à ma vie. Je cherchais un endroit où être seule pendant un week-end. Et j'ai eu l'idée de me faire enfermer dans le lycée. Une idée géniale, quand j'y pense. Je ne regrette rien. À partir de ce moment-là, l'avenir s'est dégagé comme un ciel. Je ne peux quand même pas recommencer. Ma douleur n'est pas la même. J'ai du chagrin. Je pleure sur mon amour perdu. J'ai du chagrin. Je pleure sur moi. Je pleure de n'avoir pas compris à quel point je tenais à Florian. Je pleure d'avoir compris combien je tenais à lui, au moment où c'était trop tard. J'ai du chagrin. Et il n'y a personne pour me consoler.

8

«L'amour, c'est quand seul celui qui t'a fait mal peut te consoler.»

Lily B. Carnets

J'ai traîné dans les couloirs du lycée tout l'après-midi. Je n'avais même pas peur. J'étais prête à échouer. Je n'avais pas travaillé la moitié des textes que je devais présenter. Je n'avais d'ailleurs pas envie de réussir. J'ai été appelée à six heures et demie, j'étais la dernière à passer. La prof était fatiguée, moi aussi. Ma mère n'avait pas voulu que je m'habille en noir, je portais un tricot de marin, une jupe en jeans et un cardigan rouge. Il ne faisait pas beau pour un mois de juin. La prof a regardé ma liste d'un air las, puis elle a dit: «Choisissez le texte que vous voulez.» Foutue pour foutue, je me suis laissé aller, j'ai fait un truc fou: j'ai récité un poème de Louise Labé qui n'était pas sur la liste. Un poème que j'avais étudié l'année passée et que je venais seulement de comprendre. Un poème qui m'avait hantée toute la nuit après une discussion avec Jean-Baptiste.

– Tu as du chagrin!

Jean-Baptiste trempait une banane couverte de miel dans un yaourt. Il était plus de minuit et j'étais descendue à la cuisine me faire un lait chaud. Je ne pouvais décemment pas rebrousser chemin. Jibé et moi, on ne s'était pas parlé depuis qu'il avait ouvert la porte à Florian. Ce jour-là, en m'aidant à ramasser le contenu du sac que Florian avait vidé dans l'entrée, il avait pris ma main tremblante dans la sienne, en disant: «Je suis là.»

Depuis, je l'ai soigneusement évité. On ne se connaît pas, lui et moi. On a été amenés à partager la même maison par suite de bouleversements géopolitiques survenus dans nos familles. Il n'y a pas de quoi faire de nous des amis, tout juste une fausse famille. Et c'est bien connu, les fausses familles n'ont rien à envier aux vraies, questions difficultés relationnelles. J'ai honte qu'il ait été témoin de mon déshonneur.

En épluchant une deuxième banane, il me couvait d'un regard qui était une invitation à se mettre à table. Je m'exclamai :

– Tu manges une deuxième banane !

– Tu la veux ?

– Je n'aime pas les bananes.

– Tu as tort, c'est bon pour l'équilibre, surtout au moment des examens.

Jibé est un grand type costaud, plus grand que Bruno son père qui est déjà grand. Il a vingt-deux ans et il fait médecine.

– Qu'est-ce que ça peut te faire mon équilibre, mes exams, tout ça ? C'est ma mère qui t'envoie comme taupe pour savoir si je révise ?

– Je m'intéresse à toi, c'est tout !

– Tu t'intéresses à moi ? Depuis quand ? Depuis que je ne vais pas bien ? Je n'ai rien à faire de ta pitié.

– Et moi je n'ai rien à faire de ton orgueil... La seule chose que je sais, c'est qu'une fille qui inspire des sentiments aussi forts à un gars ne peut pas être tout à fait nulle.

« Une fille qui inspire des sentiments aussi forts à un gars ne peut pas être tout à fait nulle. »

De quoi il parle ? Quelle fille ? Quel gars ?

– De quoi tu parles ?

– Je parle de toi et de Florian.

– Florian ?... Il me déteste.

– J'ai vu. Mais pour te détester comme ça, il t'a certainement aimée passionnément.

« Passionnément », il a dit « passionnément ».

– « Passionnément », tu veux dire quoi ?

– Dans la passion, l'autre te bouleverse de la racine des cheveux à la plante des pieds. L'autre te manque si cruellement que son absence provoque comme une dématérialisation de toutes les parties de ton corps, les unes après les autres.

J'étais debout, je me suis assise.

– Dans la passion, on se sent brûler de l'intérieur. Et seule la présence de l'autre peut apaiser cette brûlure. Dans la passion, seul celui qui t'a fait mal a le pouvoir de te consoler.

Je n'ai pas fermé l'œil de la nuit. Je tournais et retournais dans mon lit. J'étais torturée par des mots : des vers entiers de Louise Labé venaient faire écho aux mots de Jibé.

« Dans la passion, on se sent brûler de l'intérieur. »

« Je vis, je meurs : je me brûle et me noie,
J'ai chaud extrême en endurant froidure »

« Dans la passion, l'autre te manque si cruellement que son absence provoque comme une dématérialisation de toutes les parties de ton corps, les unes après les autres. »

« On voit mourir toute chose animée,
Lorsque du corps l'âme subtile part.
Je suis le corps, toi la meilleure part :
Où es-tu donc, ô âme bien aimée ? »

« Dans la passion, seul celui qui t'a fait mal a le pouvoir de te consoler. »

« La vie m'est et trop molle et trop dure,
J'ai grands ennuis entremêlés de joie.
Tout en un coup, je ris et je larmoie
Et en plaisir maint grief tourment j'endure,
Mon bien s'en va, et à jamais il dure,
Tout en un coup je sèche et je verdoie.
Ainsi Amour inconstamment me mène »

Je me suis levée épuisée mais grandie. Vidée mais remplie. Cette nuit-là, j'ai opéré une véritable révolution : j'ai réalisé la fusion entre la vie et la littérature. Louise Labé n'était plus un nom sur une icône, marquée poétesse du XVIe siècle. Louise Labé était ma sœur. Sa poésie, elle l'avait écrite pour moi, maintenant. Tout ce qu'elle avait ressenti, je le ressentais. Nous étions faites de la même chair puisque nous pouvions éprouver les mêmes sentiments et prononcer les mêmes mots. Ce matin-là, j'ai eu soif de mots. Et j'ai lu de la poésie comme on s'abreuve à une fontaine au bout d'une course en montagne.

– Tu as une petite mine, ma chérie. Comment ça s'est passé ?

– Normal.

– Qu'est-ce que tu veux dire par normal ? Qu'est-ce que tu as eu comme texte ?

– Celui que je voulais.

– Celui que tu voulais ?

– La prof m'a dit de choisir.

– Tu as pris lequel ?

– Un poème de l'année dernière que je savais par cœur. Un poème de Louise Labé.

On était à table. Maman nous avait fait des pennes aux artichauts, une recette italienne. Les fourchettes, les couteaux et toute la batterie de cuisine se sont tus.

– Tu n'avais pas Louise Labé sur ta liste !

– Et alors ? Puisqu'elle m'a dit de choisir.

Bruno s'est versé un verre de vin, maman l'a bu. Maxime m'a dévisagée avec admiration. Jibé a souri doucement, genre je te reconnais bien là. L'air pesait lourd au-dessus de ma tête. Ma mère a fini par demander :

– Elle t'a dit quelque chose à la fin ?

– Qui ?

– Qui, qui ? La prof !

« Mademoiselle, m'avait dit la prof, je pourrais vous mettre 0, le texte n'est pas sur votre liste, je préfère vous donner 18. »

Je ne l'ai pas dit ce soir-là. J'ai attendu que les résultats tombent dans la boîte à lettres. Ils auraient voulu faire la fête et je n'étais pas en état. Une fois rassurés, ils ne s'inquiéteraient plus pour moi. Un peu de suspens ne leur fera pas de mal.

9

« En amitié comme en amour, il n'y a pas de réconciliation sans aveux sincères. »
Lily B. Carnets

En attendant, heureusement, il pleut. « *Il pleut sur mon cœur comme il pleut sur la ville…* » En attendant, je lis les poètes. Baudelaire, Verlaine, Rimbaud, Ronsard, Apollinaire, Prévert… Tous ceux que je ne comprenais pas et dont les vers maintenant si familiers s'accrochent les uns aux autres pour me tenir compagnie. En attendant, j'écris, j'écris de la poésie. En attendant, je désespère : Armelle sort avec Florian. En attendant, je pleure : seul Florian, celui qui m'a fait mal, a le pouvoir de me consoler. En attendant, je rêve : j'ouvre les yeux et Florian est là, sa main droite prend ma main, l'autre se pose sur mon front brûlant, ses yeux plongent dans mes yeux, sa bouche fond dans ma bouche. En attendant, je suis si seule. En attendant, je ne bouge plus de chez moi. En attendant, je ne bouge plus de ma chambre. En attendant, je ne bouge presque plus de mon lit.

– Tu n'as quand même pas l'intention de passer tout l'été, enfermée dans cette chambre à fumer des cigarettes à la menthe ?

À peine rentrée, Marie a ramassé trois culottes, deux soutiens-gorge qui traînaient, vidé les cendriers et ouvert la fenêtre en grand.

– Ferme, j'ai froid.

– Remue-toi un peu !

« Remue-toi un peu ! » Quelle phrase immonde à l'oreille du poète ! Que la vie est vulgaire ! Que le mortel est commun !

– Tu m'entends !

Une partie de moi seulement t'entend, mère. L'autre depuis longtemps vogue vers Cythère.

– Emma est en bas, je lui dis de repasser en septembre ?

Emma ! Je ne l'espérais plus. Elle tombe bien ! C'est sa faute tout ça. C'est elle qui a eu l'idée d'organiser la première nuit d'amour de Constance avec Florian. Et depuis, elle m'a complètement laissée tomber. Je l'entendais badiner avec Jibé en montant l'escalier, elle avait l'air en forme. Dès qu'elle a refermé la porte de ma chambre, j'ai attaqué sans transition.

– Dis que c'est toi qui as eu l'idée ! Une seule fois, dis-le ! Qu'est-ce que ça peut bien te faire de le dire puisque c'est vrai !

– Je le dis ! C'est moi, Emma Lherbier, qui ai eu cette idée ignoble que peut-être Florian et Constance pourraient passer leur première nuit ensemble. Tu es contente ?

– Oui !

– Maintenant, dis-le, toi, que tu m'as dit que Florian était d'accord alors que tu ne le lui avais même pas demandé.

– Tu voyais bien que je n'étais pas bien.

– Je ne voyais rien du tout, dis-le !

– C'est la faute de ce taré de Cédric qui me collait.

– C'est la faute de personne. C'est ta faute. Cédric n'est pas un taré, c'est un garçon très sympa.

– Tu le revois ?

– Il sort avec Armelle.

– Quoi ?

– Quoi, quoi ?

– Je tourne le dos, il sort avec ma meilleure copine, et tu trouves que c'est un type sympa.

– Il n'est pas idiot, il voyait bien que tu ne l'aimais pas. Et ne fais pas semblant de ne pas le savoir, Armelle te l'a dit.

– J'ai… cru…. qu'elle… sortait… avec… Florian.

– Ma pauvre Lily ! Tu es complètement givrée. Je n'aurais jamais dû te sortir du lycée où tu t'étais laissé enfermer.

À chaque réplique, j'avais l'impression de perdre cinq cents grammes. Je devenais mince comme un film, je n'allais pas tarder à disparaître dans la nuit. Je n'allais pas tarder à me déchirer ! Florian ne sortait pas avec Armelle, Florian ne sortait pas avec Bénédicte, Florian était malheureux. J'ai craqué. J'ai pleuré des cordes. Emma m'a prise dans ses bras. Emma a rabattu la couette sur nous. Emma m'a bercée.

– Tu te souviens ! Tu étais dans un état lamentable, allongée sur le canapé de la salle des profs. Il faisait nuit, il faisait froid, on était en novembre.

– Et tu es arrivée !

– Et je suis arrivée ! Tu ne me connaissais pas, et tu m'as dit… Qu'est-ce que tu m'as dit ?

Elle a soulevé la couette, nos yeux se sont croisés et on a ri, on a ri. Je lui avais dit : « C'est à cette heure-ci que tu arrives ! » Et c'est ainsi que notre merveilleuse amitié avait commencé. Emma, mon amie, ma sœur, je ne veux jamais te perdre. On s'est serrées fort l'une contre l'autre. Comme j'aimais son parfum ! Dès que j'ai été mieux, Emma a remis ça.

– Dis-le que tu m'as dit que Florian était d'accord alors que tu ne le lui avais même pas demandé.

– Je le dis. C'est moi, Lily Blachon, qui t'ai dit que Florian était d'accord alors que je ne le lui avais même pas demandé.

– Regarde-moi dans les yeux et répète-le.

– Jamais.

– Elle me plaît beaucoup ta copine. Tu peux me donner son numéro de portable ?

– Elle est fiancée avec un Italien.

On avait parlé toute la nuit. Le lendemain matin, on avait petit-déjeuné pendant deux heures. Elle était partie vers midi. J'avais demandé une faveur à Jibé : « Tu peux la déposer à la gare d'un trait de voiture, dis ? » Il ne pouvait plus rien me refuser. Il était devenu mon frère. Ce n'est pas une raison pour tomber amoureux de ma meilleure amie.

10

> «Mon père a si peu confiance en moi qu'il m'en veut de le décevoir avec de bonnes nouvelles.»
>
> *Lily B. Carnets*

Bernard, mon père, a été particulièrement heureux d'apprendre que je voulais aller passer quelque temps à la montagne, chez ses parents à lui, bonne-maman et bon-papa Blachon. Je l'ai un peu délaissé ces derniers temps, Bernard, alors il voit dans mon voyage un symbole de toute une relation au père qui me manque depuis le divorce. Il a décidé de m'emmener là-bas lui-même, en voiture. Évidemment, maman, qui ne supporte pas que mon père et moi restions seuls cinq minutes, en a profité pour nous imposer Maxime. La vieille BMW fonce sur l'autoroute, on a écouté tous les CD, on a fini tous les caramels au beurre salé et Maxime s'est endormi sur la banquette arrière.

– Comment va ta mère ?

– Marie ? Oh, elle va bien !

– Je l'ai trouvée un peu fatiguée.

– Ben, être enceinte à son âge, de jumeaux en plus, ce n'est pas facile !

– Il est gentil avec elle, au moins ?

– Qui ?… L'autre ?… Il se fait servir comme un pacha. Déjà qu'elle nous a, Maxime et moi, en plus il impose son fils. Elle trime toute la journée au journal, alors que lui reste à la maison, enfermé dans son bureau à écrire, on ne sait pas quoi. Et quand elle rentre, il faut faire la bouffe et tout…

–Tu l'aides un peu ?

– Pas trop, j'ai eu mes examens.

– Elle qui aimait tellement sa liberté, ça doit la changer.

– Tu ne me demandes pas combien j'ai eu aux examens ?

– Tu as eu combien ?

– 18 à l'oral de français.

– Ça te fait combien de points à rattraper pour l'année prochaine ?

– Je te dis 18 et c'est tout ce que ça te fait ?

Mon père ne comprend rien. C'est toujours pareil. Je crois qu'il va se passer quelque chose de fantastique entre nous, et puis rien. Il n'a tellement pas confiance en moi qu'on dirait qu'il m'en veut de le décevoir en apportant des bonnes nouvelles.

La voiture a quitté l'autoroute pour une départementale étroite qui escalade la falaise en lacets. Par les fenêtres ouvertes, l'air frais du soir qui tombe me rafraîchit le cœur et l'odeur de foin coupé me caresse le nez. Au bout du chemin, il y a Florian. Emma m'a dit : « Si tu l'aimes, vas-y fonce ! Florian n'est pas parti se réfugier dans l'Ouzbékistan, il est dans le Vercors, là où je te rappelle, tes grands-parents possèdent eux-mêmes une maison. » Je l'aime, j'aime Florian, Florian, mon amour, je t'aime. Je flirte avec les mots, ils roulent entre mes lèvres.

– Qu'est-ce que tu dis ?

– Rien !

– Si. Tu as dit « mon amour ».

– Ça ne va pas, non ? J'ai dit : Oh, labour ! C'est un poème que j'écris.

Ce sale petit frère de terre de Maxime a décidé de me coller, ou quoi ?

– Au fait, Bernard ! J'espère que tu as prévu des activités pour ton fils, avec ta mère, parce que je n'ai pas l'intention de me le cogner tout le séjour.

– Au fait, Bernard ! J'espère que tu as prévu un amoureux pour ta fille, parce que je n'ai pas l'intention de la supporter tout le séjour.

Je me suis retournée pour gifler Maxime, papa a fait une embardée, on a failli se cracher.

Entre bonne-maman et bon-papa, Bernard ressemble à un petit garçon. Il oublie qu'on est ses enfants. Tout de suite, il nous dénonce.

– À cause de vos petits-enfants, j'ai failli avoir l'accident du siècle dans les grands goulets. Il faudra les tenir serrés.

– Tu ne restes pas ? demande bonne-maman.

– Non, je te l'ai dit, je repars lundi.

– Ah bon ! Ce n'est pas ce que j'avais compris, c'est tout.

Bonne-maman retourne à ses fourneaux, Maxime sur les talons qu'elle flatte comme un jeune chien.

– Je l'ai contrariée ? demande Bernard à bon-papa.

– Ce que ta mère ne te dit pas, c'est qu'elle a invité Sabine la semaine prochaine.

– Sabine ? Quelle Sabine ?

– Sabine Revoux, la fille des Revoux qui ont une maison à la Jarjatte, Pierre et Monique Revoux avec qui on faisait de la randonnée quand tu étais petit.

– Sabine ! Ça alors ! Qu'est-ce qu'elle devient ?

– Elle est divorcée avec deux enfants comme toi.

Je m'éloigne. Assise à l'autre bout du champ, je regarde la grosse maison des vacances de mon enfance s'allumer au soleil couchant. Florian n'est qu'à quelques kilomètres d'ici, mais je ne sais pas conduire.

Je me suis endormie tout habillée sur le lit à alcôve de la chambre jaune. La fenêtre était grande ouverte, j'ai certainement pris un coup de lune, je me sens bizarre. Il faut que je sorte de cette maison, que je respire l'air frais de la nuit, que je marche pieds nus dans la rosée, que je guette l'aube, que je regarde les petits lacs de brume se déchirer au-dessus du village. Dans le couloir du bas, je reste un long moment devant la carte d'état-major du coin. Le GR va presque jusque chez l'oncle et la tante de Florian. L'été passé, on l'avait fait ensemble, Florian et moi. J'étais en pleine dépression, Léon m'avait quittée pour Barbara, parce que je ne voulais pas faire l'amour avec lui. J'étais presque morte, Florian m'avait redonné goût à la vie. Une fois, on avait dormi à la belle étoile, j'avais entendu un drôle de bruit et j'étais venue me blottir contre lui. Il m'avait serrée très fort sans même essayer de m'embrasser. Maintenant je sais qu'il m'aimait déjà d'amour pourtant. J'aimerais tellement revivre ce moment. Je roulerais contre lui et mes lèvres chercheraient ses lèvres.

– Tu ne dors pas, ma chérie ?

– Toi non plus, bonne-maman.

– Moi, c'est normal, à mon âge on ne dort plus beaucoup.

– J'ai pris un coup de lune.

– Montre !… Je vais te mettre un baume après lune.

Elle m'enduit de crème et me caresse le visage. Bonne-maman a les mains les plus douces du monde.

– Tu es de plus en plus jolie, Malily ! J'ai vu Florian au marché l'autre jour. Qu'est-ce qu'il a changé ! Il est devenu vraiment très beau, ce garçon ! Vous êtes toujours amis ?

– Tu lui as parlé de moi ?

– Tu sais qu'il a complètement raté ses examens. Un flop total ! Inconcevable pour un élève brillant comme lui. Brigitte, sa tante, m'a dit qu'il a eu un chagrin d'amour. J'imagine que tu es au courant.

– Tu lui as parlé de moi ?

– Je lui ai dit que tu venais.

– Qu'est-ce qu'il a dit ?

11

> « Il y a des moments ce n'est pas la peine de lutter contre la famille, il faut faire avec. »
>
> *Lily B. Carnets*

– Je viens avec toi ! a dit Maxime.

– On n'a qu'à tous y aller, a dit bon-papa. Ça nous fera une balade et si on est fatigués pour le retour, ils nous ramèneront. Je vais les prévenir.

J'ai enfilé mes chaussures de montagne à lacets rouges, mes croque-montagne, comme les appelait Florian, l'été dernier. Ce n'est pas la peine d'essayer de lutter contre la famille, elle est là, il faut faire avec. Après tout, c'est peut-être mieux comme ça. J'ai décidé d'aller à pied chez Florian. J'avais d'abord pensé demander à André de me prêter un de ses palominos, un petit cheval à robe claire, Jacopo, celui que je montais toutes les années précédentes. Florian m'aurait vue venir de loin, galopant dans les prés. Arrivée devant sa maison, j'aurais sauté en bas de ma monture et, en le regardant dans les yeux, j'aurais dit… J'aurais dit quoi ? J'avais aussi pensé arriver de nuit. Toute la maison aurait été endormie, je m'y serais introduite par la grange, j'aurais délicatement ouvert la porte de la chambre de Florian, je me serais déshabillée et je me serais glissée à côté de lui dans son vieux lit de fer. Il se serait retourné et… Ça n'aurait pas été lui, juste son cousin, je me serais retrouvée à moitié nue dans le lit d'Étienne, quel cauchemar ! J'avais pensé aller à vélo. Mais je serais arrivée en nage, rouge comme une écrevisse, incapable de mettre un mot devant l'autre. Il m'aurait dit… Il m'aurait dit : « Retourne chez toi, je ne veux pas te voir ! » Là, il ne pourra rien me dire, je suis avec bon-papa, bonne-maman et Maxime.

Il ne m'a rien dit. Il n'était pas là. Il était parti chercher de l'eau à la source, à une demi-heure de marche de la maison, et trois heures plus tard il n'était pas rentré. Brigitte et Jacques, la tante et l'oncle de Florian, étaient devenus très amis avec bonne-maman et bon-papa. Ils passaient des heures à parler de choses sans intérêt comme la construction d'un mur en pierre sèche dans la tradition, la récupération de l'eau de pluie, la pousse d'un rosier à partir d'une greffe d'églantiers, ou bien la cueillette des merises sauvages pour la liqueur et les confitures. Sur la grande table en bois sous le prunier, Brigitte mettait le couvert pendant que Jacques surveillait les braises dans l'auge à cochons transformée en barbecue. Florian ne revenait pas. J'étais mal. Plus le temps passait, plus j'avais peur de le voir apparaître. Il fallait que je fasse quelque chose. Il fallait que j'aille au-devant de lui. Heureusement Brigitte comprenait tout sans qu'on ait besoin de lui raconter le film trente-six fois, c'est elle-même qui me l'a suggéré :

– Tu te rappelles où se trouve la source ? Tu suis le chemin derrière la maison en direction du belvédère. Je te donne un petit pique-nique. Il sera content de te voir arriver avec de quoi manger.

– J'aimerais mieux que Maxime ne vienne pas avec moi.

– Je m'en occupe.

Le soleil est fort, j'ai enfoncé mon chapeau jusqu'aux yeux et je suis partie sur le chemin caillouteux. Entre les morceaux de calcaire blanc poussent le buis et le genévrier. Je n'ose pas imaginer comment nous allons nous retrouver Florian et moi. Je me souviens seulement de la discussion que j'ai eue avec bonne-maman, cette nuit où nous ne dormions pas, ni l'une ni l'autre. Bonne-maman m'a raconté sa jeunesse. Elle m'a montré les photos, elle était très jolie, avec ses longs cheveux qui s'enfuyaient du bonnet tricoté en jacquard. C'était l'hiver, il y avait de la neige partout autour de la maison. C'était déjà la maison de ses parents. La seule différence avec maintenant, c'est que les skis étaient en bois. Et cet hiver-là, elle a rencontré bon-papa. Il venait de Paris, il lui a foncé dessus à ski et il a failli la tuer. Ça a été un coup de foudre, ils se sont écrit pendant un an, puis plus rien. Les lettres sont revenues, il avait disparu.

– Tu étais triste ?

– J'étais triste à mourir. Pourtant quelque chose en moi disait que ce n'était pas fini. Trois ans plus tard, j'ai décidé de partir faire la route de Saint-Jacques-de-Compostelle avec des camarades.

Un jour, elle s'arrête devant une église, ses amis veulent continuer, elle veut absolument entrer. Elle ouvre la porte de l'église et elle le voit. Debout sur un échafaudage, il répare les vitraux. Elle le voit, il la voit.

– Qu'est-ce que vous vous dites ?

– Qu'est-ce qu'il me dit ? Il me dit : « Ça alors, je pensais à toi. » Et là, je me mets en colère et je lui fais une scène dans l'église comme si on s'était quittés la veille. Après, on est restés ensemble. Ça fait quarante ans.

J'étais émue qu'elle me raconte ça. Elle a remis une bûche dans le feu, je me suis pelotonnée contre elle sur le sofa et elle a posé un plaid sur mes épaules. Après un moment, j'ai demandé :

– Et Florian, qu'est-ce qu'il a dit quand tu lui as dit que j'étais là ?

– Il n'a rien dit. Il ne pouvait pas parler. Il avait des larmes dans les yeux.

Le jerricane en plastique déborde sous le filet d'eau de la source. Je m'assieds sur une pierre, je remplis mon chapeau et je me verse de l'eau sur la figure. Un lézard passe et repasse comme s'il surveillait les opérations. Je le connais, il est toujours là. On n'entend pas âme qui vive. J'ai posé le sac à dos et j'ai pris la direction du belvédère. J'avance comme les Indiens sans faire de bruit. Un chevreuil traverse le chemin à toute pompe sous mes yeux, il a peut-être rendez-vous lui aussi. Les hêtres poussent plus petits et plus tortueux, j'approche de l'orée de la forêt. Après, il y a une grande pelouse, la crête, la vue sur la vallée.

Je l'ai entendu avant de le voir. Des sons plaintifs qui ricochent contre la falaise et qui font écho dans le ciel azur. Je reconnais son harmonica. Il griffe l'air. Il mord l'espace. Il lutte avec la brise. Et enfin je le vois, lui. Son dos, ses épaules, sa nuque. Son dos nu et bronzé, offert au soleil. Son crâne rasé. Son crâne est rasé. Il s'est rasé le crâne ? Mon cœur bat à l'envers comme une horloge folle. Qu'est-ce que je fais ? Je me sens mal, tellement mal. Je retourne à la source ? Je rentre ? Non. Je suis là. Je reste. J'y vais. Je m'approche. Il va me sentir, il va se retourner. Il va me dire : « C'est à cette heure-ci que tu arrives ? » Mes croque-montagne mâchent la pente. Je suis tout près de lui. Il continue de jouer. Je vais le surprendre, mettre mes mains sur ses yeux et je vais dire : « Devine qui je suis ? » Je vais m'approcher de la falaise et je vais lui dire : « Dis que tu m'aimes encore ou je me jette dans le vide. »

Je me laisse tomber contre son dos.

Dos contre dos.

Nous sommes l'un contre l'autre. Tout contre. Il arrête de jouer. Ma colonne vertébrale contre la sienne, mes épaules dans ses épaules, ma nuque cherche sa nuque, mon crâne veut sa tête. Je ferme les yeux. Je ne sais plus qui je suis. Je ne pense plus. Mon souffle est suspendu à son souffle. Le rythme de mon cœur au rythme de son cœur. Qu'est-ce qu'on va devenir ?

12

«La vie circule de lui à moi, de moi à lui.
C'est ce qu'on appelle le désir.»
Lily B. Carnets

Florian a lâché son harmonica et j'ai senti son corps trembler comme l'écorce terrestre sous l'effet d'une onde sismique. J'avais tout imaginé, sauf ça. Mon ami n'a plus aucune résistance. J'ai été bien inspirée de ne pas l'affronter en face. Son regard ne peut pas croiser le mien. Il s'est laissé tomber dans l'herbe, il s'est pelotonné sur lui-même en fœtus et il a éclaté en sanglots. Je suis si démunie que j'ai, moi aussi, envie de pleurer. Je me suis approchée, j'ai posé la main sur sa tête nue et j'ai caressé. Doucement, le plus doucement possible. Il s'est laissé faire. Alors je me suis approchée encore et j'ai caressé son dos. Il ne bouge pas. Alors je l'ai pris contre moi, sa tête sur mes genoux, et je l'ai bercé, comme je fais avec Maxime quand il a du chagrin. Un moment, je me suis penchée et j'ai bu les larmes qui coulaient sur ses joues. Il a ouvert les yeux, il est tout chose. Moi aussi. Florian n'est pas capable de me dire qu'il m'aime, mais il n'est pas non plus capable de dire qu'il ne m'aime plus, qu'il m'en veut à mort, qu'il n'a aucune envie de me voir.

La vie ne sera plus jamais comme avant. L'amour que Florian m'a témoigné tout ce temps sans rien exiger en retour a fini par prendre racine dans ma chair, par faire son nid dans mon cœur, par habiter dans ma tête. Mais je ne lui ai rien donné en échange et, assise au bord du vide, je réalise que toute la force de Florian est passée dans mon sang et toute ma faiblesse dans le sien. L'amour, c'est un engagement total. Il faut désormais que je lui redonne de lui-même pour pouvoir le retrouver tel qu'il était avant. Pour qu'on puisse s'aimer tous les deux. Ce qu'il m'a fallu faire, ce fut comme une véritable transfusion de moi à lui, de lui à moi. Ça a pris tout l'été.

Je suis revenue tous les jours. Le matin, je quittais Charose, sous l'œil attendrie de bonne-maman et je prenais le GR derrière la ferme de la Rolande. Le chemin m'était devenu si familier que j'en connaissais presque chaque bosse, chaque virage, chaque caillou. Souvent je cueillais des épilobes, de la valériane, de l'arnica et je composais de jolis bouquets que j'offrais à Brigitte. Je venais aux Combettes voir Florian, comme on se rend à l'hôpital pour visiter un ami malade. Il gisait dans le hamac accroché aux deux frênes. Torse nu quand le temps était beau, emmitouflé dans un vieux duvet quand il faisait plus frais. Mes jambes s'emmêlaient dans les siennes. Il ne bronchait pas. Je ballottais le hamac en glissant un coussin derrière ma tête, il ne me regardait pas. Je lisais. Je lui faisais la lecture pendant des heures. Il ne réagissait pas. J'étais infatigable. J'aime ça, lire à haute voix. J'ai lu les poètes que j'aimais, j'ai lu des polars, plein de polars américains dont Jacques faisait la collection : Chase, Westlake, Mc Bain, Patricia Highsmith… Des fois, je faisais une pause, je me laissais rouler à bas du hamac et j'allais nous chercher quelque chose à boire ou bien je fumais une cigarette. Florian restait muet. Il n'éprouvait aucune nécessité de me parler. C'était un peu comme si on avait toute la vie pour ça.

Un jour j'étais vaguement énervée, j'ai eu envie de le taquiner. Entre les dents, je tenais une longue graminée avec laquelle je chatouillais son visage : les oreilles, le lobe, la cavité, l'arrière de l'oreille, les narines, le cou, les joues, les paupières. Comment faisait-il pour rester impassible ? Je portais un short blanc, un tricot de marin, et mes cheveux poussaient sur mes yeux. J'avais un pied nu dans le hamac, l'autre dans l'herbe cherchait l'espadrille. Soudain, sa main s'est refermée sur ma cheville. Une main ferme. Elle serrait fort. J'ai été déstabilisée. Je suis retombée dans le hamac. Il a ouvert les paupières. Et ses yeux se sont sauvagement emparés des miens. Sous mon polo, j'ai senti ma poitrine se soulever. Dans ma gorge, la salive a fait des boules. Il y avait de nouveau de la vie en lui. La vie a circulé entre nous. La vie est passée de lui à moi, de moi à lui. C'est ce qu'on appelle le désir.

Je dénoyautais des merises avec Brigitte. Florian aidait son oncle à remonter un muret effondré par l'hiver. À force d'avoir pris le soleil, la peau de Florian était noire. Il poussait une brouette pleine de cailloux et ses muscles brillaient sous la transpiration. Il était magnifique.

– Il est magnifique, notre Florian, n'est-ce pas ?

– Oui !

– Il a surtout beaucoup de chance d'avoir une amie comme toi.

– Tu crois ?

– Il était si mal en point quand il est arrivé. Je donnerais cher pour croiser la fille qui l'a mis dans cet état. Je suis sûr qu'elle n'est même pas son genre.

– Tu lis trop de romans, Brigitte ! C'est une fille très bien. Tout à fait son genre, enfin mon genre, notre genre quoi.

– Qu'est-ce qui s'est passé ?

– Elle n'était pas mûre. Un peu comme moi avec Léon, l'année dernière. Elle n'assumait pas sa sexualité.

– Tu peux habiter ici, si tu veux. La chambre d'Étienne est libre.

– Il faut que je reste avec mes grands-parents. Ils sont vieux. Ils n'en ont plus pour longtemps.

Il faisait déjà chaud. J'avançais d'un bon rythme. Un pied devant l'autre. J'avais hâte de le voir. J'avais hâte de plonger mon regard dans le sien. J'avais hâte de le toucher. Rien n'avait changé, mais tout était différent. Nos séances de lecture dans le hamac nous faisaient rougir. Chaque frôlement de peau, chaque croisement d'yeux, chaque mouvement résonnait dans tout mon corps et je savais que c'était pareil pour lui. Il n'y a pas de mots pour dire tout ce qu'on éprouve, simplement, à se trouver l'un à côté de l'autre. Nos corps se parlent. Ils se disent tout.

J'ai accéléré. Je suis presque à la moitié du chemin. Quelqu'un marche dans ma direction. Je tressaille, c'est Florian. Florian, mon Florian. Il vient à ma rencontre. Il est guéri. Je vais courir vers lui. Je cours. Il va ouvrir ses bras. On va s'embrasser. Un long baiser. Enfin !

Il avait sa tête des mauvais jours. Il a dit : « Il faut qu'on se parle. »

13

«L'amour, c'est comme le jardinage,
il faut nettoyer avant de planter.»
Lily B. Carnets

«Il faut qu'on se parle!»

Maintenant, quand on me dit ça, je ressens un pincement côté gauche. Emma, qui n'avait pas donné signe de vie de l'été, m'a cueillie au téléphone dès mon retour dans la vie normale. Demain c'est la rentrée, aujourd'hui j'ai fait des courses toute la journée, il est cinq heures et je l'attends à l'Alhambra. Elle est en retard comme d'habitude.

Il faut qu'on se parle!

Quelle phrase étrange! Le genre, fais gaffe, tu ne vas pas y échapper! Ou, je t'ai préparé ton paquet! Ou, avant toute chose, tu dois passer à la caisse!

Il faut qu'on se parle!

Ça sent le danger. Qu'est-ce qu'elle a à me dire? Qu'est-ce que j'ai dit? Qu'est-ce que je n'ai pas fait?

La dernière fois que quelqu'un m'a dit ça, c'était Florian et j'ai passé un sale quart d'heure.

Il faut qu'on se parle!

Je le revois au détour du GR. Ce matin-là, il portait un short long, un T-shirt usé, un chapeau. Il était beau! Il n'avait jamais été aussi beau. Et c'était un peu grâce à moi. Je croyais que je pouvais faire de l'humour, on était à des kilomètres de la civilisation, j'ai dit :

– Tu m'offres un café sur le zinc ?

Il m'a dévisagée, il a dit :

– Je n'ai pas envie de jouer.

On s'est un peu écartés du chemin, on s'est assis dans l'herbe. J'ai regardé loin devant moi et je l'ai écouté. Je savais grâce à Emma que ce n'était pas la peine de faire de l'esquive. J'assumais la faute. Oui, j'avais comploté pour qu'il passe sa première nuit d'amour avec Constance. Oui, j'avais dit qu'il était d'accord alors que je ne le lui avais pas demandé.

– C'est tout ce que ça te fait ?

– Je t'aime.

– Tu t'es servi de moi, tu as joué avec ma vie, tu te rends compte de ce que tu as fait ?

– Je t'aime.

– C'est tout ce que tu as à dire ?

J'ai crié. Je me suis levée en criant. Je suis partie en courant. Derrière moi, j'entendais Florian hurler :

– C'est ça, casse-toi ! Je ne veux plus jamais te voir de ma vie.

Ça me piquait de partout.

J'étais assise sur une fourmilière.

– À quoi tu penses ?

Emma s'est installée devant moi. Elle est éclatante.

– Tu es magnifique !

– Je suis amoureuse. On va vivre ensemble. C'est pour de vrai.

– Tu pars en Italie ?

– Porte d'Italie, oui, comment tu le sais, il te l'a dit ? On a trouvé un appart, hier.

– Qui m'a dit quoi ?

– Jibé.

– Jibé ? Jean-Baptiste ? Mon frère ?

– Il ne te l'a pas dit ?

– Quoi ?

– C'est de ça que je voulais qu'on parle. On est ensemble.

– Depuis quand ?

– Depuis qu'on s'est vus chez vous, en juin.

Ma mère est devenue énorme. Ça ne l'empêche pas de travailler dans le jardin.

– Qu'est ce que tu « fagotes » ?

Elle aime bien ce mot-là. C'est un mot à nous, qui nous vient de sa grand-mère.

– Je vais planter deux rosiers, de chaque côté de la porte, un pour Sacha, l'autre pour Macha. D'abord, il faut nettoyer la terre. Après, on met de l'engrais… Les fleurs, ça ne pousse pas dans les impuretés.

– Tu aurais pu me le dire, quand même !

– Quoi ?

– Jibé et Emma ! Ils vont vivre ensemble !

– C'est leur vie privée, c'était à eux de te l'annoncer en premier.

Je l'ai regardée. Elle est vraiment grosse. Même comme ça, elle est belle. Pour la première fois, j'ai envie de lui ressembler.

– Ça doit être lourd ?

Elle a souri. Le soleil était doux. On était bien.

– Quand est-ce que tu as su que tu étais enceinte ?

– Tout de suite.

– Tout de suite ? Au moment où tu faisais l'amour, tu veux dire ?

– Non, après. Plusieurs jours après.

Elle m'a regardée de son œil inquisiteur et elle a demandé :

– Tu en es où avec Florian ?

– Ça ne va pas de me poser des questions pareilles ? C'est ma vie privée.

14

«Plus on se donne, plus on se sent fort!»
Lily B. Carnets

Je ne saurais pas dire comment c'était. Je sais seulement que ça devait avoir lieu à ce moment-là, dans cet endroit-là, avec ce garçon-là. Ma vie privée a débuté par une de ces belles journées de fin août, quand le ciel est bleu foncé, l'herbe totalement grillée et que la forêt commence à roussir. Sur les hauts plateaux, il n'y avait que Florian, moi et les animaux. On a rajouté une pierre sur chaque cairn, on a photographié les arbres foudroyés, on s'est abreuvés dans les sources. Au Pas des Chatons, on est restés longtemps, allongés dans l'herbe à observer les marmottes faire la conversation sur leurs balcons. Sous l'unique pin de la plaine de Lacquerrie, on s'est embrassés. Un long baiser, tendre, fougueux, lent, violent, doux, profond. Un long baiser, de ceux qui donnent envie de recommencer et de ne pas s'arrêter. Puis lentement dans le soleil couchant, on a entrepris l'ascension du gros Veymont, 2400 mètres d'altitude. On avait décidé de dormir là-haut pour voir le soleil se lever. Dans une petite combe à l'abri du vent, on a planté la tente.

J'ai été réveillée par trois notes de guimbarde qui ricochaient dans l'air pur. Le duvet de Florian était vide. Sa chaleur me manquait déjà. J'ai pointé le nez dehors et je l'ai vu. Autour de lui, les nuages se déchiraient, cisaillés par un rayon de soleil. J'ai marché jusqu'à Florian, et dans les bras l'un de l'autre, on a assisté à la naissance de notre premier jour. C'était le plus beau spectacle du monde.

Toute ma vie, je me souviendrai de cet été-là. Il y a eu avant, il y a maintenant. Toute ma vie, je me souviendrai des jours qui ont précédé ce jour-là et de ceux qui ont suivi. Toute ma vie, je me souviendrai de ce jour-là. Je n'avais pas vu Florian depuis trois jours et je pensais ne plus jamais le revoir. Notre dernière dispute sur le chemin m'avait plongée dans une grave dépression. Je dormais jusqu'à midi, je traînais d'un transat à l'autre jusqu'à cinq heures, je n'avais plus goût à rien. Je m'apprêtais à rentrer à Montmouton dans l'état où j'étais partie. Mon Dieu que la vie était difficile ! Mon Dieu que l'amour était compliqué ! Qu'est-ce qu'il fallait faire pour que l'autre comprenne qu'on l'aimait ? Florian était sourd. Je l'avais pourtant répété plusieurs fois : « Je t'aime ».

J'ai ouvert les volets : assis sur un sac à dos, en dessous de ma fenêtre, Florian était là. Il s'est levé et il m'a souri. Ses yeux chocolat contenaient des pépites de défi. Pour qui se prenait-il ? Après ce qu'il m'avait dit, qu'est-ce qu'il s'imaginait ? J'ai claqué les volets pour ne plus le voir. Un peu plus tard, je les ai rouverts. Florian était toujours là. J'ai demandé :

– Qu'est-ce que tu fais là ?

– Je t'attends.

– Pour quoi faire ?

– Pose pas de questions ! Suis-moi !

– Pourquoi je ferais ça ?

– Parce que tu m'aimes.

J'ai cessé de discuter. Je l'ai suivi. J'avais confiance dans son amour pour moi. J'avais confiance en mon amour pour lui. Nous étions à égalité.

Le roman de Noémie

À Mélanie,
Mathieu,
François,
Guillaume,
Anne,
Anne-Lise,
Pierre,
Victor,
Rémi.

1

J'étais irrésistiblement attirée par l'avenir et inquiète de ce qu'il me réservait. J'avais hâte de quitter ma famille et je redoutais d'avoir à m'assumer seule. J'étais heureuse de grandir et j'avais la nostalgie de mon enfance. Le climat aussi avait des humeurs paradoxales. Un jour, il faisait chaud comme en plein mois d'août, le lendemain l'hiver sévissait, se moquant de l'automne. Septembre était bien avancé et, au lycée George-Sand de Montmouton, dans la banlieue parisienne, j'amorçais la terminale avec une crampe au ventre. Pour tout le monde j'étais Lily Blachon, mais je n'aimais pas mon nom. Alors sur la carte que je donnais aux amis de rencontre, il y avait juste marqué : *lily.b@free.fr*

Quelques mois plus tôt, j'avais eu une révélation. Après bien des atermoiements, j'avais compris que mon meilleur ami, Florian Seuraine, était l'amour de ma vie. Ma première expérience amoureuse m'avait bouleversée. Depuis, je me sentais un peu moins fragile, moins centrée sur ma petite personne, plus en confiance avec le monde. Mais le destin nous a joué un drôle de tour, à Florian et à moi. Par la société où il travaille, son père a été muté à Montréal. Pour deux ans ! Les Seuraine ont déménagé. Florian avait longtemps habité à deux pâtés de maisons de chez moi, il vivait désormais de l'autre côté de l'Océan. Comme cadeau d'adieu, il m'a offert une montre avec deux cadrans. Chaque fois que je regardais l'heure, je savais à quel moment de la journée ou de la nuit mon ami respirait. J'avais constamment dans la tête les six heures de décalage qui nous séparaient. J'aimais particulièrement le matin. Sur mon vélo, en route pour le lycée, je l'imaginais sous sa couette, je souriais à son sourire aux mille fossettes, j'accélérais comme dopée par le rayonnement de sa chaleur. Tout ce qui m'arrivait était magnifié par l'idée d'avoir à le lui raconter, à le lui écrire. Souvent pour rêver de Florian, je m'asseyais dans l'arrière-salle de notre café l'Alhambra, à sa place préférée, sur la banquette à côté du billard. Je commandais un cappuccino et j'attendais que le temps passe. Ce dimanche-là, j'avais quitté la maison en laissant ma première disserte de philo, en chantier sur mon bureau. Sujet : « Ne fait-on son devoir que par crainte du regard d'autrui ? »

La philosophie nuisait gravement à ma santé. Dans mes carnets, à ces dates-là, j'écrivis : *Penser augmente ma consommation de cigarettes. Penser me ruine. Penser me tue.* Pourtant, je me les roulais très, très fines, mes cigarettes, avec du tabac blond hollandais. En tout cas, si je n'ai pas fini mon devoir en classe, ça n'a rien à voir avec Autrui. Autrui ne m'a jamais fait peur. Non au contraire, je suis curieuse d'Autrui. Et je sais par expérience qu'il ne faut jamais faire l'autruche et mettre la tête dans le sac car Autrui n'aime pas ça. Autrui adore participer, être mis au courant. Autrui s'appelle M. Gaudiveau : je lui ai tout raconté et il a compati. Il m'a donné un peu de temps pour finir ma disserte. J'avais un sérieux problème : je choisissais par exemple le premier sujet, je commençais à plancher, et immédiatement des idées me venaient pour le deuxième sujet qui, bien sûr, n'avait rien à voir avec le premier : « L'imagination peut-elle se passer de modèle ? » Je me faisais penser à mon père quand on va au restaurant ensemble. Il insiste pour qu'on lui raconte les plats de la carte dans le détail, il salive, il hésite, il en commande un. Les plats arrivent, il grimace devant son assiette, et il dit en convoitant la mienne : « Voilà exactement ce que j'ai envie de manger. » En général, c'est la formule la plus simple, genre steak-frites.

J'en étais là de mes réflexions quand l'air autour de moi changea de densité. Je tressaillis. Mon cœur bondit. Mon pouls passa la cinquième vitesse. Un blouson entra en contact avec mon pull et une boule de cheveux se nicha dans mon col roulé. Pendant un quart de seconde, j'ai cru que Florian était revenu. C'était mon vieux copain, Arthur. Il faisait une drôle de mine. Il dit :

– Lily, je suis content que tu sois là. Je ne peux pas joindre ma psy.

Arthur avait une psy ?

– Tu as une psy ?

– Tu sais bien, depuis l'accident.

Je me suis mordu la langue. Arthur avait été victime d'un accident de voiture alors que sa cousine lui donnait une leçon de conduite, ils avaient été blessés, elle gravement. Depuis, tout allait de travers dans sa vie. Je ne me sentais pas disponible pour écouter ses plaintes. Qu'est-ce qui lui était encore arrivé ? Il ne pouvait pas faire un pas sans qu'on l'accuse de quelque chose. J'ai jeté un œil à ma montre : à cette heure-là, à Montréal, un dimanche, Florian digérait sûrement son breakfast : œufs brouillés et pancakes au sirop d'érable. Arthur était un de ses plus proches amis. Florian ne l'aurait pas abandonné. J'ai observé très sérieusement ce visage contrarié, perdu dans une masse de poils auburn et, d'un battement de cils, j'ai engagé mon pote à se confier.

Du Arthur tout craché. J'étais pressée de rentrer à la maison pour écrire un mail à Florian. J'ai marché sur la pointe des pieds devant le salon où Maxime, mon petit frère, regardait *Le Grand Bleu* pour la cent vingtième fois, puis devant la cuisine où Marie, ma mère, enceinte jusqu'au cou – elle attend des jumeaux –, préparait le dîner du dimanche soir : poulet rôti et tarte aux pommes à volonté, consolation des désespérés du lundi. J'étais un peu tentée de demander qui était invité, quand j'ai entendu maman laisser sur un répondeur le message suivant : « Emma, Jibé, c'est Marie, est-ce que vous pouvez apporter un peu de pain, j'ai oublié d'en acheter. » Au premier étage, Bruno, mon beau-père, somnolait derrière le journal du dimanche. Jibé, son fils, étudiant en médecine, vivait depuis la rentrée avec Emma, ma meilleure amie, bien qu'elle ait deux ans de plus que moi. J'étais contente à l'idée de les voir. Mais au moment où j'ai mis le pied dans ma chambre, un nuage a masqué ma joie. Quelqu'un avait pénétré chez moi, quelqu'un était rentré pendant mon absence, quelqu'un était venu fouiller dans mes CD. Ça se voyait au premier coup d'œil. Celui de Björk que je passais en boucle n'était plus à sa place. Violation d'intimité. Par conséquent, fureur ! J'ai claqué la porte sur moi et l'ai bruyamment fermée à clé. « Ça ne va pas ? » a demandé Bruno en tapant au mur. Je n'ai pas répondu. Dans ce genre de circonstance, la seule chose qui pouvait m'apaiser, c'était la petite lumière de mon ordinateur. Une super occase que mon père a eu la bonne idée de m'offrir pour mes notes au bac de français. Je n'aurais jamais cru ça de lui, tellement il avait l'air de s'en foutre. La page d'accueil apparut : un fond de paysage de montagne. Des jambes se balançaient hors d'un hamac. Les nôtres, celles de Florian et moi, cet été inoubliable, où nous nous sommes aimés pour la première fois. Une photo prise par Brigitte, la tante de Florian. J'ai cliqué sur Outlook Express.

Objet : les malheurs d'Arthur

Arthur a reçu une gifle place des Pigeons. Sa prof de solfège a cru qu'il la caressait. Il ôtait les feuilles mortes qui volaient dans son chignon.

On m'appelle pour dîner. Je te bise.

Emma et Jibé rayonnaient. Avant l'été, ils ne se connaissaient pas. Ils se sont rencontrés ici même, grâce à moi. Immédiatement, ils ont été ensemble. Sans cérémonie, sans chichis. Leurs regards se sont croisés, ils se sont reconnus et ils se sont aimés, comme si leur amour avait toujours été là, attendant juste un instrument du destin. Et cet instrument, c'est moi. Leur histoire durera peut-être toute la vie. Chaque fois qu'ils commémoreront leur rencontre, ils auront une pensée pour moi. J'ai toujours admiré Emma. C'est une belle personne comme on dit en Italie, pays d'origine de sa famille. D'un naturel gai et spontané, elle a le don d'envisager les événements, même catastrophiques, sous l'angle le plus positif. Au début, je croyais que cet heureux caractère était un effet de son grand âge. Mais à mesure que je grandis, je réalise que deux ans, ce n'est rien. Emma est également très copine avec ma mère, qui lui a trouvé un stage dans le journal où elle est rédactrice en chef. Ces derniers temps, j'ai eu parfois l'impression qu'elles sont plus proches l'une de l'autre que de moi. Sans doute parce qu'elles sont dans la même vie.

Bruno activa le feu en soufflant dans le boufadou rapporté des Cévennes. Florian adorait faire ça. Les verres se vidaient, les conversations se croisaient. Jibé nous raconta sa nouvelle expérience de médecin à l'hôpital Trousseau. Il était externe dans le service d'hématologie, là où l'on soigne les enfants cancéreux. Je l'ai entendu prétendre que pour rien au monde il ne voulait devenir pédiatre. Marie et Emma parlaient d'un grand sujet sur lequel elles enquêtaient : le port du voile chez les adolescentes musulmanes. Moi, j'étais là sans être là, concentrée sur la main de Jibé qui jouait avec la main d'Emma, sur le canapé. Leurs deux cerveaux étaient occupés chacun de leur côté, mais leurs mains se disaient qu'ils étaient ensemble. Quoi de plus précieux que la main de l'autre. Quoi de plus familier que la main de celui qu'on aime. Ma main se souvient parfaitement de la main de Florian. Mon index a mémorisé la taille de la cicatrice autour de son pouce droit. J'ai eu envie de toucher Florian ou quelque chose qui serait venu de lui. Une lettre par exemple, car en plus des mails, j'ai envoyé à mon ami un mot d'amour, écrit à l'encre sur du beau papier que j'ai soigneusement plié avant de le glisser dans une enveloppe doublée, affranchie avec des timbres de collection.

– Il n'y a pas de courrier pour moi ?

– Atterris, c'est dimanche ! lança Maxime.

– Oh, dit Marie, j'allais oublier de t'en parler. Il y a un avis qui est arrivé vendredi. Tu as un colis à prendre à la poste.

2

J'ai immédiatement pensé que le paquet était un cadeau de Florian. Mais tel que je le connais, il m'aurait prévenue. Le courrier met dix jours à traverser l'Atlantique. Il m'aurait fait baver pendant dix jours. Ça venait probablement de ma grand-mère Majorel, qu'on appelle Mamilou. Elle me tricote un pull par an comme à chacun de ses petits-enfants. Et c'est la saison où d'habitude je reçois le mien. En général Mamilou joint un chèque avec, et sur une carte elle écrit : *Pour tes dépenses personnelles.* Comme j'en avais pas mal, des dépenses personnelles, ce fut surtout la pensée du chèque qui m'aida à patienter dans la queue de la poste, ce lundi-là. Derrière la vitre, je suivais des yeux le gros employé qui flottait dans l'aquarium devant un tas de paquets. Celui qu'il attrapa pour moi ne pouvait pas venir de Mamilou. Mamilou utilisait toujours des boîtes prépayées, aux normes. Celui qui apparut dans le tourniquet ressemblait à un parallélépipède de taille moyenne, calibre boîte à chaussures, enveloppée dans deux épaisseurs de papier kraft, ficelé, serré comme un rôti. Il ne portait pas de nom d'expéditeur. Mais c'était pour moi, il n'y avait pas de doute. Mon nom et mon adresse figuraient sur les deux côtés :

Mademoiselle Lily Blachon
10-26, rue du Moulin-à-Jacques
93333 Montmouton

Je me suis servi un Coca à ras bord et, tout en lorgnant le paquet posé sur la table de la cuisine, j'ai aspiré le trop-plein. Avec les ciseaux à volaille, j'ai coupé la ficelle, puis j'ai ôté le papier. C'était bien une boîte à chaussures. Une boîte de chaussures Scholl. Dedans, entourés de pelure bleue, dix livres minuscules. Des livrets de la taille d'un pouce. Des livrets reliés rouges avec des pages blanches sur lesquelles étaient inscrits des chiffres, enfin des années, *1918, 1919, 1920*... Une année par page. Parfois à l'encre rouge, parfois à l'encre violette. Des pages blanches avec des dates. Rien que des dates. Une date par page. Rien d'autre. Je les ai feuilletés les uns après les autres. Le premier petit livre commençait en 1917, le dernier finissait en 1981. Il ne manquait pas une seule année entre ces deux dates. Au fond sur une feuille de papier à lettres rayé, d'une écriture appliquée et malhabile, j'avais déchiffré ces mots :

Pour Lily, mon arrière-petite-fille,
parce qu'elle tient des carnets, elle aussi.
De la part de sa mémé Nono.

Je me sentais bizarre. Comme si j'étais en présence d'un événement surnaturel. Et n'est-ce pas surnaturel de recevoir un colis d'une personne morte six mois auparavant ? Comment mémé Nono avait-elle su que je tenais des carnets ? Je ne la voyais pas si souvent et ce n'est pas le genre de chose dont je me vante. Par définition, mes carnets intimes sont intimes. Ils sont couverts d'écritures qui dévoilent mes états d'âme, mes révoltes, mes espoirs, mes rêves. Rien à voir avec ceux de mon arrière-grand-mère que j'ai fait passer de main en main chez tous les membres de la famille, en vain. Ma mère n'avait jamais entendu parler de leur existence. Mamilou, non plus. Au téléphone, Mamilou m'a demandé de lui relire le mot plusieurs fois puis elle a dit : « Qui est-ce qui a bien pu t'envoyer ça ? Pourquoi ne m'en a-t-elle jamais parlé à moi ? » Plus on le considérait, plus le mystère s'épaississait. Je n'avais jamais vu ma mère dans cet état. Elle était presque jalouse de ce qui m'arrivait. Passionnant, ça ! « Pourquoi à toi ? » répétait maman, en examinant le trésor sous toutes ses coutures. Au bout de la troisième fois, je lui ai carrément arraché le paquet des mains et, en montant l'escalier, j'ai lancé : « Pourquoi pas moi ? On était très proches, mémé Nono et moi. »

Mon arrière-grand-mère, mémé Nono, était morte en avril, le 27 avril. On avait fêté ses cent ans, chez Mamilou, l'été d'avant, ce fameux été de la canicule. Je me souviendrai toujours de ce dernier anniversaire. C'était par un dimanche d'août, Papiguy et Mamilou avaient installé des tables sous les pins devant la maison. Tous les petits et arrière-petits-enfants étaient là. Il faisait si chaud que la Bretagne ressemblait à la Côte d'Azur. Les plus jeunes se baignaient du soir au matin, les autres se relayaient pour arroser mémé comme une plante avec un brumisateur. Ça la faisait rire. Mémé était souvent complètement barrée à l'ouest, comme disait mon oncle Bastien, mais quand elle était des nôtres, elle disait des choses essentielles. À ma cousine Cora qui discutait avec son frère Loïc sur la meilleure façon d'obtenir de leur père la permission de sortir en boîte, je l'ai entendue dire : « Tu sais, ma petite fille, on n'est jamais refusé et battu en même temps. » Je l'ai noté dans mon carnet. C'est même à partir de ce moment-là que je me suis vraiment intéressée à mémé Nono. Sinon avant, elle était comme un de ces meubles de famille que personne ne remarque plus à force de les voir. Cette année-là, je l'ai bien regardée, mon arrière-grand-mère. Je l'ai même photographiée. J'étais toujours volontaire pour pousser sa chaise roulante dans le jardin, lui mettre son chapeau de paille ou empêcher sa main de trembler quand elle posait un verre sur la table. Ce n'était pas du dévouement, non, c'était de la curiosité. Et ce fut soudain clair pour moi : il ne fallait pas que je rate les derniers moments de mémé Nono. J'avais une chance inouïe, j'avais une aïeule centenaire qui s'éteignait doucement. Du fond de son visage parcheminé, ses yeux d'aigle me transperçaient. Parfois aussi, je remarquais qu'elle avait la même expression que le nouveau-né de ma tante Gaëlle. Lui venait d'arriver, elle s'apprêtait à partir. Aussi loin que je me souvienne d'elle, chaque fois qu'on lui demandait :

– Comment ça va mémé Nono ?

Elle répondait :

– Je suis sur la piste d'envol.

Maman, mode jusqu'à la mort, avait persuadé Mamilou de l'habiller avec des pyjamas chinois. Ça lui donnait un petit air *retour d'Indochine*, à mémé Nono, – qui avait très peu bougé de Kerivoal, près de Kemper.

La grande balade de mémé, c'était le cimetière. Dès qu'elle apercevait la haie de cyprès, elle commençait à s'animer. Dans le tombeau en granit, il y avait déjà son mari Lucien et son fils Marc.

– Qu'est-ce que tu lis ? me demanda cette fois-là mémé en pointant le menton vers la pierre tombale.

– Famille Talvern-Kerforo.

– Kerforo, c'est moi, me dit-elle.

– Talvern aussi, non ?

– Talvern ? Non !

Ma mère non plus n'avait jamais voulu s'appeler Blachon, comme mon père, même du temps où ils étaient mariés et qu'ils s'aimaient. Elle signait tous ses articles Marie Majorel et quand elle se présentait à mes profs au lycée, elle disait : « Marie Majorel, je suis la mère de Lily Blachon. » Mémé Nono, elle, tout le monde l'appelait Mme Talvern. À son époque, elle n'avait pas eu le choix. Qu'est-ce qu'elle voulait me dire ?

– Tu l'aimes ce cimetière, mémé ?

– J'y connais beaucoup de monde. Je n'aimerais pas être enterrée dans un cimetière où je ne connais personne. Pousse-moi par là, je vais saluer Mathurine Ménez.

– Qui est-ce ?

– Une bonne amie de Lucien.

– Pépé Lulu, tu veux dire ?

Je ne l'avais jamais connu, maman non plus, Mamilou à peine. Il était mort en 1936. J'avais seulement vu une photo. Il avait l'air grave. Pas le genre à flirter au coin du bois. Je n'en revenais pas. Décidément, c'était difficile d'imaginer les anciens, jeunes.

– Tu l'aimais bien Mathurine ?

– C'était une brave fille, elle avait de l'instruction. Ils étaient faits pour être ensemble. Elle est morte un an après lui. Ils sont bien là-haut, maintenant.

Mémé croyait en l'éternité. Elle tenait son livre de messe toujours ouvert sur ses genoux. Sous le cuir usé de la couverture, entre les pages, il y avait des dizaines d'images, en souvenir des baptêmes, des communions, des obsèques. Pour elle, le monde était constitué de deux sortes de gens, ceux qui avaient de l'instruction et les autres. À ses yeux, il fallait nécessairement avoir de l'instruction. Quand elle s'intéressait à un enfant, elle demandait : « Il apprend bien ? » Sa fille, Mamilou, était institutrice. Sa petite-fille, Marie, journaliste.

Moi, je ne savais pas encore ce que je voulais faire. Avant j'apprenais assez bien. Mais cette année, la philosophie m'angoisse, me fait douter de moi-même, et de mon intelligence.

J'ai rangé mon héritage dans la malle où j'enfermais tout ce qui était précieux : photos, carnets intimes, correspondances. Le jour de son anniversaire, j'avais fait un portrait de mémé Nono et je l'ai punaisé au-dessus de mon bureau. J'étais l'héritière de cette femme ridée comme une vieille pomme, qui avait l'allure d'une jeune fille quand elle jouait avec son chapeau. Elle m'avait étonnée le jour de ses cent ans, en me demandant une taffe de ma cigarette.

– Tu fumes, mémé ?

– En 1920, j'ai fumé. Après j'ai arrêté, avait-elle répondu pensive.

À ce moment-là, Mamilou s'était approchée avec ses pilules. Alors elle lui a dit :

– À partir de maintenant, je ne prendrai plus de remèdes.

Mamilou n'a pas insisté.

Mémé Nono avait eu dix-sept ans en 1920. Dans les petits carnets, l'année 1920 était écrite à l'encre rouge. L'année 1917 aussi. 1917 était la première année immortalisée sur la page blanche. Quelque chose avait commencé pour Nono en 1917. Elle avait quatorze ans. Les chiffres n'étaient pas de la même taille, le 1 était trop petit, le 9 trop grand. L'écriture maladroite me faisait l'effet d'un gilet mal boutonné, lundi avec mercredi. Mémé avait arrêté de tenir ses carnets en 1981. Une date qu'elle avait tracée aussi à l'encre rouge. Plus de vingt ans avant sa mort.

Je ne savais rien de mémé Nono. Ou plutôt je ne connaissais pas la vie de Noémie Kerforo. Je n'avais peut-être rien retenu de ce qu'on m'avait raconté, tout simplement. Je ne savais rien à part ce que j'avais appris en conversant avec elle, pendant les quelques jours que j'avais passés en Bretagne, cet été-là. Après la sieste, on quittait souvent la grande maison de Mamilou, elle et moi, et je poussais son fauteuil à l'ombre des châtaigniers sur le chemin qui menait à la petite maison, désormais réservée aux amis. Sur le fronton en granit de la porte, une date a été sculptée, 1789. C'est une bâtisse simple qui comprend deux grandes pièces, un grenier et une étable transformée en remise. À l'époque où Nono y a emménagé, après son mariage avec Lucien, en 1921, le toit était couvert de chaume et le sol était encore en terre battue. Dans les carnets, j'ai vérifié, l'année de son mariage n'est pas transcrite à l'encre rouge, mais à l'encre violette. J'aimais m'asseoir dans l'herbe adossée au grand chêne. Un jour, je lui avais demandé, sur un ton direct, façon copine :

– Où tu as connu ton mari ?

– C'était un ami de mon frère Joseph. Ils étaient à la guerre ensemble.

– Tu étais amoureuse de lui ?

Elle n'a pas répondu tout de suite. Peut-être trouvait-elle ma question indiscrète, osée ou bien, tout bêtement, était-elle victime d'une de ces petites pertes de conscience qui émaillaient le cours de ses journées. La brise venue avec la marée déposa sur ma peau un goût salé. Noë aboya après une mouche. Mamilou appela pour savoir si tout se passait bien, si on n'avait besoin de rien. Il y eut encore un long moment de silence, et mémé Nono dit :

– Mon père m'a obligée.

J'ai sursauté.

Mémé Nono ne me regardait pas. Mémé Nono ne me voyait pas. Mémé Nono avait remonté le temps. La voix qui était sortie de sa bouche pour dire « mon père m'a obligée » n'avait pas cent ans, mais plutôt vingt. Mémé s'est assoupie et je suis rentrée dans le penty. Au-dessus du lit, j'ai contemplé le portrait des jeunes mariés. Nono était jolie, très jolie même, dans sa robe de velours brodée, ses longs cheveux bruns serrés dans une coiffe de tulle, mais en effet elle ne souriait pas, ni au photographe ni à Lucien avec ses grandes moustaches et son uniforme.

Plus tard, alors que je poussais son fauteuil, j'ai encore demandé :

– Et lui, Lucien, il était amoureux de toi ?

À la manière qu'elle a eue de faire bouger sa tête sous son chapeau, j'ai compris qu'elle souriait. Elle a dit :

– Il avait de l'amitié pour moi.

Mémé Nono était une coquette. Elle me plaisait comme aïeule. Je devais lui plaire aussi. Ce soir-là, alors qu'on était assises sur le canapé devant la télé, elle s'est tournée vers moi et elle a longuement caressé ma joue.

J'ai raconté ce qui m'arrivait à Florian dans une lettre de plusieurs pages, jointe à un message intitulé : *Énigme en héritage*. Pas de réponse. Deux jours sans message, deux jours sans voir apparaître le nom de Florian sur mon écran et j'étais en manque. « E-mail addict ». Un mail n'est pas une lettre, j'avais dû écrire trop long. Il ne savait pas quoi dire, alors il ne répondait rien. Ou bien, il ne l'a pas lu. Tout de même, il aurait pu accuser réception ! Ce qui compte dans le mail, c'est le mail, pas ce qu'il y a dedans. J'ai éteint l'ordinateur en jurant de ne plus l'allumer avant le lendemain soir. Autant faire le vœu d'arrêter de fumer ! J'avais du boulot par-dessus la tête et beaucoup de mal à me concentrer. Je feuilletais mon manuel de philo comme on tourne les pages d'un catalogue publicitaire avant de le jeter à la poubelle. Platon, Aristote, Descartes, Kant, Nietzsche, Kierkegaard, Hegel, Schopenhauer, Spinoza, Marx, Sartre… Les noms ricochaient à la surface de ma pensée. Pourtant, je voulais tout ingurgiter, tout comprendre : la *Rhétorique des passions*, le *Discours de la méthode*, la *Critique de la raison pure*, *Ecce homo*, *L'Être et le néant*. Je ne comprenais rien. Rien de rien. Ces titres ouvraient sur des trous noirs.

Six heures. Au Québec, il est midi. Où est-il ? Que fait-il ? Dans son dernier courriel, Florian racontait le merveilleux été des Indiens. Il pédalait lentement entre les érables sous une pluie de feuilles multicolores, perdu dans la contemplation des rouges, des ors et des bruns, recueillant une feuille par-ci par-là pour son carnet de voyage. Parfois, il s'arrêtait pour prendre des notes ou bien, en quelques traits de fusain, il croquait un écureuil posant sur une branche au soleil, pas effarouché pour deux sous. Florian dit que les écureuils sont gris, de ce côté-là de la planète. J'ai encore regardé ma montre. Il est si présent dans ma tête que je l'entends me parler et que je lui réponds à haute voix. Comme souvent, j'ai attrapé sa photo à deux mains, je l'ai posée sur mon cœur : « Est-ce que tu penses à moi, Florian Seuraine ? Tu me manques. Je t'aime, tu sais… Enfin, j'ai de l'amitié pour toi ! » Les mots de Noémie évoquant les sentiments de Lucien trottaient dans ma tête. De l'amitié ! Qu'est-ce qu'elle avait voulu dire ? Mon arrière-grand-mère et mon arrière-grand-père avaient eu deux enfants. Ils avaient fait l'amour par amitié ? Est-ce que c'est possible, ça ? Je n'aurais pas pu. Tant que je n'avais que de l'amitié pour Florian, je n'avais pas de désir. J'ai pu faire l'amour avec lui quand je suis tombée amoureuse. J'ai encore contemplé le portrait de Florian. Ce sourire me bouleversait. Pas seulement ma tête, tout mon corps. J'ai tremblé. « Florian ! Au secours ! Je te le dis tout net : je suis contre le mariage de raison. La passion, c'est tellement bon ! Qu'est-ce que tu fous ? J'aimerais tellement que tu sois là. On bosserait ensemble. Comme d'habitude, on ne serait pas d'accord. On se chamaillerait. Nos disputes me manquent. Tu te souviens du jour où on s'est battus comme des enfants ? »

C'était chez lui, dans sa chambre, peu de temps avant son départ, on jouait à un de nos jeux préférés : « Tu m'aimerais si… » J'avais ouvert le feu en demandant :

– Tu m'aimerais si j'avais les cheveux bleus ?

– Tu veux te teindre les cheveux en bleu ?

– Réponds à la question ! Tu m'aimerais avec les cheveux bleus ?

– Oui !

– Et si j'avais les yeux jaunes, tu m'aimerais ?

– Ouiiii !

– Et si je mesurais deux mètres, tu m'aimerais ?

– Oh oui !

– Tu m'aimerais si j'étais *conne* ?

Le mot a rebondi comme une balle sur un mur, il a dit :

– Tu es *conne* !

Je me suis jetée sur lui, on a lutté comme des chiffonniers. Un moment, j'ai cru que j'avais le dessus, j'ai exigé :

– Retire ce que tu as dit ou je te mords !

Il a supplié :

– Oh oui, mords-moi !

J'ai éclaté de rire, il a éclaté de rire, nous avons roulé dans les bras l'un de l'autre.

Face au vide cybernétique, je n'ai pas pu rester bien longtemps immobile, impassible, muette. J'ai rallumé l'ordi. Pourquoi se censurer, pourquoi s'interdire d'écrire ? Pourquoi ne pas bombarder le silence d'une pluie de messages, si j'en ai envie ? J'ai des réflexes petits-bourgeois, à chaque mail sa réponse. C'est idiot, je dois écrire comme on aime, sans compter. Ni une ni deux, j'ai décidé d'exporter au Canada la dernière de Bruno, une histoire qu'il a rapportée d'une réunion de travail et qu'il raconte à tous ceux qui passent par la maison. Bruno est très fort pour faire rire, créer le suspense, embobiner son public. Mon beau-père est scénariste et il a des dons pour jouer la comédie. Souvent je me demande qui invente les histoires drôles, d'où elles arrivent, elles ont toujours l'air de tomber du ciel. Bruno a des fournisseurs, on peut même dire des dealers. Tous les quatre matins, il en sort une nouvelle de son chapeau. Dans la maison, le rire de maman fuse, explose et irradie l'atmosphère. Il agit comme un signal. Il avertit que l'histoire nouvelle est arrivée, et tous les locataires du moment déboulent.

Cette fois-là, nous fûmes trois, Maxime, Yasmina et moi, à rappliquer autour de Marie et Bruno, occupés à installer une veilleuse dans la chambre des jumeaux, dont la naissance était imminente. « Qu'est-ce qui se passe ? » « Qu'est-ce qu'il t'a dit ? » « Tu nous racontes ? » Maman nous a regardés et elle a recommencé à rigoler. Sournoise, elle a dit : « Je ne sais pas si elle est drôle ! » Comme on insistait, car il faut insister, ça fait partie du jeu, Bruno a pris un ours en peluche dans un bras, un lapin dans l'autre et il a presque murmuré :

– C'est Adam qui demande à Dieu : « Dis, Dieu, pourquoi as-tu fait Ève si belle ? » Et Dieu répond : « Pour qu'elle te plaise, Adam. » « Bon, dit Adam, mais dis-moi, Dieu, pourquoi tu l'as faite si conne ? »

Là, Bruno a marqué un temps. Il a bien regardé Yasmina puis il m'a fixée. L'air était lourd, presque glacial d'un coup. Bruno a repris :

– Alors Dieu répond : « Pour que tu *lui* plaises, Adam. »

Ça s'est nettement réchauffé. Les filles ont gloussé. Maxime a ricané.

– Bravo, j'ai dit. Ça commence fort, l'éducation des jumeaux !

– C'est vrai, a répété Maxime, ça commence fort !

Maxime était un peu déstabilisé par la venue des bébés. Il avait tendance à se projeter dans le camp des adultes et à cloner ce que je faisais et ce que je disais.

Juste avant de me coucher, j'ai de nouveau cliqué sur envoyer/recevoir en croisant les doigts. Une dernière fois. Je regardais par la fenêtre quand a retenti le précieux bip qui annonce l'entrée d'un message. J'ai retenu mon souffle. Le nom de Florian s'est inscrit dans la boîte de réception. Je pouvais dormir tranquille. Il était là. Il veillait sur mon sommeil.

Objet : énigme en héritage

J'ai hâte que tu me racontes la suite sur mémé Nono. Je te fais un bec comme on dit ici.

3

La vérité sur mémé Nono mit un certain temps à m'apparaître. Le long cheminement qui précéda me rappela le processus de développement d'une photo. Comme dans la chambre noire, des formes claires ou foncées se dessinèrent et des détails flottèrent sans rapport les uns avec les autres. Enfin un lien se créa et l'image s'imposa, avec la force de l'évidence. Avant d'en arriver là, la vie de notre famille fut chamboulée par un événement de taille : la naissance des jumeaux.

Marie accoucha en pleine nuit, le 14 octobre, à deux heures du matin. Sacha s'est pointé le premier, Macha a suivi. Sacha et Macha, il fallait le faire, appeler des jumeaux Sacha et Macha. Ça s'est décidé alors que Marie venait d'apprendre qu'elle était enceinte. Bruno a dit : « Il s'appellera Sacha comme mon grand-père ! » Bruno a des origines russes. Maman a été un peu contrariée que Bruno n'imaginât pas une seule seconde une fille, elle a suggéré : « Et si c'est une fille ? Macha ? » Ce fut les deux. Un garçon, une fille. Des faux jumeaux. Sacha et Macha. Macha et Sacha. Je les enviais. Quelle chance de pouvoir partager avec quelqu'un dès le berceau tout ce qu'on peut découvrir de la vie ! Ils étaient mignons, dodus, jolis. Peu de temps après leur naissance, je suis sortie les promener au square. Une femme sur un banc m'a parlé comme si j'étais leur mère. Ça m'a fait un effet bizarre. Je n'étais pas tout à fait prête. En tout cas, vu le chaos que ça met dans la maison, je n'ai pas l'intention de faire de vieux os dans le coin. L'ancienne chambre de Jibé fut immédiatement transformée en nursery. Comme la mienne était mitoyenne et que je ne supportais plus d'entendre les Cha (c'est comme ça qu'on les surnomme) faire les duettistes en pleine nuit, on m'a déménagée au sous-sol. La pièce n'a pas de fenêtre, seulement un soupirail, mais je m'y sens bien, au calme. Grâce à son accès direct par le jardin, je suis carrément autonome.

Cet accroissement de population eut une conséquence agréable dans la vie de la maison : la présence quasi permanente de Yasmina. Marie a engagé Yasmina à temps plein. J'adore Yasmina. Maxime et moi, nous l'avons baptisée Nanou, du temps où elle était notre nounou. Nanou est ronde avec une peau satinée, des cheveux sombres et des yeux noirs. Elle boit du thé à la menthe toute la journée, et ses vêtements sentent la fleur d'oranger. Sa voix est si harmonieuse que les Cha s'apaisent dès qu'elle leur parle. J'aimais bien me retrouver seule avec elle. Elle me demandait souvent des nouvelles de l'Iroquois. C'est le nom qu'elle a donné à Florian depuis qu'il vit au Canada.

– Tu as des nouvelles de l'Iroquois ? Qu'est-ce qu'il raconte ? Il se plaît là-bas ?

– C'est génial, sauf que je lui manque… Lui aussi me manque. On se manque.

Nanou repassait. Dans la vapeur du fer, ses yeux pétillaient. Elle sourit. Je lui souris aussi. J'étais en train de déballer les nouveaux carnets que je m'étais achetés. Je les avais choisis reliés noirs avec un élastique pour retenir les feuilles et une gouttière où logeait un petit crayon fin. J'en avais pris dix d'un coup et je m'étais assurée que c'était un article suivi.

– Ça te sert à quoi ? a demandé Nanou. Tu écris quoi là-dedans ?

– Des pensées, des réflexions que j'entends, des citations, des choses que je lis.

– Pourquoi tu fais ça ?

J'ai été tentée de répondre : « C'est héréditaire. Mon arrière-grand-mère faisait déjà ça. » J'ai laissé tomber. Yasmina aussi, Maxime est apparu, l'entraînant à la recherche de son sac de sport. Je ne m'étais jamais posé la question du pourquoi. Pourquoi certaines personnes éprouvent-elles le besoin d'écrire et d'autres pas ? Qu'est-ce qu'il y a dans l'acte d'écrire ? C'est évident pour moi. J'aime ouvrir un carnet, prendre un crayon et tracer des mots. J'en éprouve du bonheur. Tout a commencé quand j'étais encore très petite, le jour où j'ai extrait un nouveau mot d'un livre de lecture.

Plus qu'un mot, ce fut une locution adverbiale : *En vain*. J'en avais plein la bouche d'*en vain*. Dans le *Petit Larousse illustré* que Mamilou m'a offert pour l'entrée au CP, j'avais aussitôt découvert que ça voulait dire : inutilement. Et je prononçais *en vain*, dès que je pouvais, en vain. Je trouvais magnifique une phrase qui se terminait par *en vain*. Je trouvais ça beau et mystérieux. Alors, j'ai observé que personne ne le disait dans la conversation. J'entendais des phrases où *en vain* aurait eu sa place, mais on ne le prononçait pas. Mamilou ne disait pas : « J'ai cuit des endives, en vain ; personne n'aime ça. » Nous les cousins, on ne rentrait pas de la plage en racontant : « Nous avons fait un château de sable, en vain, la mer l'a emporté. » Papiguy ne hurlait pas : « Je vous ai dit de mettre vos chaussons, en vain. Vous préférez marcher pieds nus. » *En vain* était un mot qui ne vivait bien sa vie que dans les livres. Ayant fait cette constatation, j'ai ouvert un carnet et j'ai écrit *en vain* et sa définition sur la première page. Depuis, j'ai lu tout ce qui s'offrait à ma vue, dans l'espoir de pêcher d'autres mots inconnus.

Tout au long des années, j'ai amassé un tas de carnets. Quand je les comparais à ceux de mémé Nono, je les trouvais sans intérêt. Avec un nombre, quatre chiffres, une couleur, Nono a su éclairer toute une année, sculpter une parcelle de siècle. Quand je lui en ai parlé, mon père a pensé au travail de Roman Opalka, un peintre d'origine polonaise qui peint exclusivement la suite des nombres de zéro à l'infini. Il inscrit sur la toile la progression des chiffres et, chaque jour, il en éclaircit un peu l'écriture. Ce n'était pas la première fois que j'entendais le nom de cet artiste, mais c'était la première fois que j'avais envie de voir son travail. À quatorze ans, Noémie Kerforo a donc eu l'idée d'un projet artistique auquel elle s'est tenue toute sa vie. Quelle leçon ! En 1917, elle a jeté son dévolu sur un livret relié en cuir rouge et elle n'a jamais changé. Ma mère, elle aussi, utilisait toujours les mêmes albums, d'énormes cahiers noirs reliés pour coller nos photos. Moi, je faisais n'importe quoi. Que penserait mon arrière-petite-fille, à la fin du XXIe siècle, quand elle recevrait mes carnets en héritage. Il était grand temps que je trouve une forme respectable pour contenir mes pensées.

Plus tard, Yasmina me demanda de lui montrer encore une fois les carnets de Noémie. Elle en déposa un au creux de sa main, elle caressa le cuir rouge du bout du doigt et elle murmura :

– Tu en as de la chance. Ça c'est un vrai trésor ! Les années passent, la jeune fille devient une jeune femme, une femme, une femme mûre, une vieille, et elle continue une fois par an à tracer le numéro de l'année. Il y a des guerres, des paix, des naissances, des morts, des mariages, des petits bonheurs et des grands chagrins… Je me demande à quel moment elle ouvre son petit livre pour tracer les chiffres ? Au premier de l'an, le jour de son anniversaire ou bien… ?

– C'est étrange de léguer ça, tu ne trouves pas ? Elle m'a choisie, alors qu'elle a trois autres arrière-petites-filles. Qu'est-ce que tu en penses ?

– Tu es son héritière. Peut-être l'héritière de quelque chose d'inavoué.

– Tu as connu ton arrière-grand-mère, Yasmina ?

– Grand-mère, arrière-grand-mère, mère, je les ai toutes connues. Ce sont elles qui ne me reconnaissaient pas.

– Qu'est-ce que tu veux dire ?

– Dans ma famille, on a commencé à se souvenir de mon existence quand on a su que ma fille avait eu son bac et son permis de conduire. On n'a jamais voulu de moi, j'étais une fille de trop. Pour pas que j'apprenne à écrire mon nom, on ne m'a pas envoyée à l'école. Et j'ai été mariée de force. À treize ans, avec un vieux de quarante ans. Il est venu travailler ici. Et puis il est mort.

Yasmina baissa la voix et, en reposant délicatement le livret dans la boîte, elle ajouta, juste pour elle-même :

– Moi aussi, je pourrais faire des carnets comme ça. J'aime bien écrire les chiffres.

4

Un soir qu'on ne l'attendait pas, Emma s'annonça sur le portable de Marie. Elle voulait venir à la maison projeter le film qu'elle était en train de tourner. Elle avait besoin d'un avis, tout de suite. Avec une caméra numérique, elle avait réalisé des portraits d'une minute, en posant trois fois cette même question simple : qui êtes-vous ? Pour son projet, elle avait rencontré près de deux cents personnes, hommes, femmes, enfants de tous les horizons. C'était fascinant. Parmi eux, il y avait des copains, comme Arthur, Constance, Armelle. Emma ne m'a pas proposé de participer. Je ne comprenais pas bien, mais je ne le regrettais pas car je n'aurais pas su quoi répondre. À la première question, Camille, la grande copine de Maxime, dit : « Je m'appelle Camille, j'ai onze ans. » Puis elle précisa : « Je suis la sœur de Léo. » À la troisième question, elle lança, excédée : « Ça suffit comme ça ! » Toute l'assemblée éclata de rire. Sauf Maxime qui demanda : « Pourquoi vous riez, il n'y a pas de quoi rire ! » Alors, on s'est tous regardés, et on a ri de plus belle.

Soudain Yasmina apparut sur l'écran. Elle était très photogénique. Maman nota avec tendresse que Nanou portait pour l'occasion le pull qu'elle lui avait offert pour son anniversaire. Emma repassa le film, plusieurs fois de suite. Yasmina exprima d'abord cette évidence : « Je suis une femme. » Puis, comme si elle avouait un crime, elle articula : « Je suis analphabète. » Enfin, avec un grand sourire, elle annonça : « Je suis française. »

Plus tard, à table, alors qu'on parlait de la vie de Yasmina, Marie m'a demandé :

– Tu te souviens, la fois où tu lui as servi de guide ?

Je me souvenais. Pour aider Yasmina, ma mère m'avait ordonné de sécher les cours. Tassadite, sa fille unique, était à l'hôpital. Je devais guider Nanou depuis Mégapresse où elle travaillait comme femme de ménage, du côté de Pantin, jusqu'au Kremlin-Bicêtre. Ça me barbait. Je me souvenais que j'avais dit à Marie :

– Qu'est-ce qui te prend de jouer la mère poule ? Nanou n'est pas aveugle.

Ma mère avait rétorqué :

– Elle ne sait pas lire.

Et sa voix s'était enrouée en répétant :

– Tu m'entends, Lily, Yasmina est analphabète.

Yasmina connaissait par cœur le trajet entre chez elle et Mégapresse. À part ça, tout se compliquait, tout devenait une aventure, un défi. En l'accompagnant, j'ai vécu une expérience capitale dans ma vie. Jamais, avant cet événement, je n'avais imaginé le privilège que constitue le fait de savoir lire. Jamais je ne me suis sentie aussi indispensable à quelqu'un que ce jour-là. Je m'entends encore, racontant ma journée à Maxime :

– Tu te rends compte, il y a des mots partout, c'est un vrai handicap de ne pas savoir lire. Et tout le monde se comporte comme si c'était évident, Nanou se fait engueuler dès qu'elle se trompe : « Ben madame, vous ne savez pas lire ! » Dans le métro, elle compte les stations. Et chez elle, c'est Tassadite qui s'occupe des papiers depuis l'âge de six ans.

– Je vais lui apprendre, a dit Maxime. Une lettre par jour, en un mois, c'est réglé, elle connaîtra l'alphabet.

La proposition de Maxime m'a enthousiasmée. C'est vrai ça, pourquoi ne lui donnerions-nous pas de leçons nous-mêmes ? Seulement maman est intervenue. À Mégapresse, le comité d'entreprise avait proposé de lui financer un cours d'alphabétisation, Yasmina avait refusé. On s'est tous demandé ce que pouvait cacher ce refus d'apprendre. Quelle douloureuse blessure ? Quelle secrète souffrance ? Quel manque recouvrait cette violente peur de l'échec ?

Le lendemain de la soirée avec Emma, ma mère frappa à ma porte. Elle n'avait pas mis les pieds dans ma chambre depuis le jour de mon déménagement. Les jumeaux avaient presque deux mois. Elle m'a trouvée en train de feuilleter les carnets de mémé Nono.

Le film d'Emma m'avait secouée. Elle était drôlement ingénieuse et active, Emma ! Quand elle avait une idée dans la tête, elle allait jusqu'au bout, rien ne l'arrêtait. Alors que moi j'avais du mal à mener deux choses de front, mes études et un projet personnel. Je commençais juste à mettre au point un graphique destiné à analyser la fréquence de l'utilisation du rouge et du violet dans les carnets de Nono. Apparemment, il n'y avait rien de prémédité dans le choix des encres, aucune régularité. J'avais aussi scanné la petite lettre qui accompagnait mon héritage et je jouais à l'agrandir. Marie s'est assise sur le lit. Elle découvrait mon nouvel univers. Des tissus réchauffaient les murs et de vieux tapis couvraient le sol en béton. C'était vivant et chaleureux. Je m'y sentais chez moi. J'étais bien. Ça lui a plu. On s'est souri toutes les deux. J'ai supposé qu'elle avait quelque chose à me demander et qu'elle n'osait pas. Pour engager la conversation, j'ai dit :

– Regarde, j'ai fait un agrandissement de l'écriture de mémé Nono.

Elle a froncé les sourcils.

– L'écriture de qui ?

– Tu vois bien ! Le mot là, sur l'écran. C'est celui qui accompagnait les carnets, dans le paquet.

Elle s'est levée. J'étais assise à mon bureau. Elle s'est collée à mon siège. Elle fixait l'écran. J'ai senti son souffle dans mes cheveux, sa voix murmura :

– Ma chérie ! Ce n'est pas l'écriture de mémé Nono. Mémé Nono ne savait pas écrire. On en a encore parlé hier soir avec Emma, à propos de son film sur Yasmina. Tu étais partie ?

Je les avais tous laissés sur le coup de onze heures, pour aller relever mes e-mails.

J'ai éclaté en sanglots.

Elle m'a prise dans ses bras et elle m'a doucement bercée. Alors, comme si on m'apprenait un accident qui venait de se produire, j'ai crié :

– Non, je ne veux pas. Pas elle !

Noémie ne savait pas écrire. Le petit mot qui accompagnait les carnets n'avait pas pu être tracé de sa main. Noémie ne connaissait pas son alphabet. Elle avait dû dicter à quelqu'un. Là, sur mon bureau, les syllabes saignaient. Face aux carnets abandonnés hors de leur boîte, j'ai tremblé. Chaque année, Nono avait dépassé la douleur d'être inculte en retraçant les seuls signes qu'elle avait pu apprendre. Sur chacune des pages, symbolisé à l'encre rouge ou violette, jaillissait un flot de peines éprouvées, de difficultés à vivre, d'affronts subis. J'ai considéré mon héritage autrement. Les petits livres ne me faisaient plus rêver. Je ne les supportais plus. Je ne pouvais plus les voir. J'ai tout rangé dans la malle. Et je me suis assise dessus. À ce moment-là, sous mes vêtements, dans ma chair, à l'intérieur de mes cellules, j'ai ressenti intimement le manque de celui qui ne sait ni lire ni écrire, le manque de celui qui ne peut pas déchiffrer, le manque de celui qui vit en exil dans sa propre langue. Désormais, chaque fois que ma vue était en contact avec un beau texte, j'étais émue aux larmes. J'étais bouleversée en pensant à celui ou à celle qui ne le lirait jamais. Je pleurais sur ces tonnes de romans dévorés avec passion et qui m'avaient tenue éveillée une partie de la nuit, je pleurais sur l'histoire de ces personnages qui avaient changé ma vie et qui me tenaient compagnie comme des amis, je pleurais sur mes poèmes favoris, ceux qui jouaient leur petite musique à des moments sensibles, je pleurais sur les noms de tous ces auteurs que j'avais encore à découvrir.

Chez nous, partout dans la maison, de la cave au grenier, sous toutes ses formes, l'écrit affluait, s'empilait, se répandait d'une pièce à l'autre, se posait là où c'était possible, même sur la table de la cuisine ou sur le tapis du salon, calant un fauteuil ou soutenant un vase. Lettres, livres, journaux, magazines, publicités, sous toutes ses formes, l'écrit s'aventurait à la conquête de nos esprits, s'entassait sur les marches de l'escalier, stagnait sur un coin de bibliothèque, mourait dans les corbeilles à papier ou bien suprême destin, attendait dans les cabinets l'heure de nos intestins, là où Monsieur de La Rochefoucauld voisinait avec Lapinot. L'écrit me donnait la nausée. Je faisais une overdose.

Les e-mails affluaient par rafales dans mon ordi. Je ne les ouvrais plus. Florian bombardait ma boîte de messages. Je ne répondais pas. J'étais paralysée. Enfin, par pitié, j'ai réalisé l'état d'inquiétude dans lequel il devait être, j'ai expédié un mot sibyllin : *Je suis là. Je te raconte tout bientôt.* Un samedi après-midi de pluie et de déprime, j'ai craqué un billet de vingt et j'ai acheté une carte de téléphone.

Je ne voulais pas de témoins. Dans la cabine de la place des Pigeons, je me suis confiée à Florian jusqu'au dernier centime. Là-bas, au Canada, il neigeait et c'était le matin.

Je lui ai dit ce que la famille savait sur l'enfance de Nono : sa mère était morte en la mettant au monde. Son père, fou de chagrin, avait tout quitté – sa maison, sa famille, son atelier de charpentier. Il avait confié le bébé nouveau-né à des cousins éloignés et il était parti sur les routes, s'arrêtant là où on lui donnait de l'ouvrage. Très vite, il n'avait plus envoyé d'argent, ni de nouvelles. On le croyait mort. Alors dès l'âge de six ans, la petite Noémie avait été forcée de travailler comme domestique pour payer sa pension. Elle n'avait jamais été à l'école. « C'est vrai quoi ? À quoi ça sert l'école quand on est pauvre et qu'on est une fille ? » a ponctué Florian. Et j'ai souri. On a embrayé sur l'égalité, les droits de l'homme, la révolution, Marx et le marxisme, Freud et la psychanalyse… Réfugiée dans la voix de Florian, je me sentais mieux. Beaucoup mieux. Libérée. Le malheur de Noémie K. n'appartenait pas seulement à ses descendants, il appartenait à l'Histoire.

À cinq heures, la nuit tomba d'un coup, le crachin trempait le petit habitacle en verre, je ne voyais plus dehors. Florian parlait toujours. Il racontait. Je rêvais.

J'étais loin.

J'étais avec Florian à Tadoussac, notre canoë glissait silencieusement sur l'eau sombre et glacée vers le banc de plancton où paissaient les baleines.

J'étais avec Florian au cap Tourmente, et il me tendait les jumelles pour observer les vols d'oies sauvages.

J'étais avec Florian dans les Laurentides pour une course de motoneige. Les chemins étaient verglacés et je serrais mes bras autour de sa taille.

J'étais avec Florian et nous nous promenions à ski de fond. Il faisait moins trente et j'avais froid au nez. Froid aux dents.

Je n'étais pas avec Florian. Il m'avait donné rendez-vous à la cabane à sucre et l'odeur de la mouffette me faisait fuir à toutes jambes.

Avant de raccrocher, Florian a lancé : « Écris ! Écris-moi. J'adore comme tu écris. »

Je n'avais jamais réalisé avant à quel point j'aimais la voix de Florian. Elle était comme ses bras, enveloppante, chaude, rassurante. J'avais toujours adoré les voix. J'avais aimé la voix de ma mère quand elle me lisait des histoires le soir avant de m'endormir. Dès que j'avais su lire, j'avais lu à haute voix, tout et tout le temps, même le générique des émissions de télévision. L'été de mes huit ans, alors que j'étais en vacances chez Mamilou, mémé Nono m'avait sollicitée. Chaque matin, elle m'invitait à lui lire les gros titres du journal et elle choisissait l'article qu'elle voulait entendre en entier. Puis on passait à la météo et aux annonces des obsèques. Des fois, elle apprenait la mort de quelqu'un qu'elle avait connu, alors elle me racontait sa vie. Un jour, elle me demanda :

– Tu aimes ça, lire, hein ? Qu'est-ce qu'il y a dans tes livres ?

– Des histoires.

– Quelles histoires ?

– Des histoires ! Des histoires pour les enfants. Par exemple, des histoires de Matilda.

Et de ma poche, j'ai extrait un livre. *Matilda*, le roman de Roald Dahl. Je l'avais à peine entamé. J'ai repris à partir du début, à haute voix. Jamais je n'avais été écoutée avec autant d'attention. Noémie était émerveillée par ce qu'elle entendait, ce mélange d'invraisemblable et de vérité. Ses yeux avaient pétillé. Elle me fit plusieurs fois relire cette phrase : « *Ils avaient un fils appelé Michael et une fille du nom de Matilda, et considéraient cette dernière à peu près comme une croûte sur une plaie.* »

– Une croûte sur une plaie, avait-elle marmonné.

Et je continuai :

– « *Une croûte, il faut s'y résigner jusqu'à ce qu'on puisse la détacher, s'en défaire et la bazarder. M. et Mme Verdebois attendaient avec impatience le moment où ils pourraient se défaire de leur petite fille et la bazarder, en l'expédiant de préférence dans le comté voisin ou même plus loin.* »

Et Noémie avait répété aussi le mot « bazarder ». « Une croûte sur une plaie. » « Bazarder. »

J'ai dévisagé mon arrière-grand-mère et, non sans hésitation, j'ai demandé :

– Ta maman ne te lisait pas d'histoires quand tu étais petite ?

Elle répondit :

– Je n'avais pas de maman. Elle est morte en me mettant au monde.

Puis elle ajouta pour elle-même :

– J'étais une croûte sur une plaie.

À ce moment-là, je me suis représenté la chute, le gadin, la gamelle, le vol plané vers l'hématome du corps entier et l'immersion dans le flacon géant d'Hexomédine, avant la croûte totale.

Les mêmes mots aujourd'hui résonnaient différemment. La violence de la métaphore employée par l'écrivain creusait un gouffre dans mon esprit. Si sa mère avait été vivante, Nono serait allée à l'école. Or sa mère était morte en la mettant au monde. Noémie avait été privée d'amour et par conséquent du plaisir d'apprendre. Orpheline et inculte. Ça n'a jamais été un secret de famille. Mémé Nono ne savait ni lire ni écrire. Je le savais. Je l'avais toujours su. La mémoire est une chose étrange. Comment ai-je pu occulter cette information, et pourquoi ?

5

Le premier trimestre prit fin un vendredi de décembre à cinq heures. Avant de rentrer à la maison, j'ai fait un détour par le centre-ville, ses vitrines prétentieuses, ses guirlandes d'occasion et ses sapins mal enrubannés. J'avais la goutte au nez et je méditais sur mes notes frôlant la moyenne supérieure. Je suis passée par l'Alhambra, j'ai attendu devant un chocolat, personne de la bande n'est venu. Même pas Arthur. Il fallait que je trouve un cadeau pour mon petit frère. Je n'avais pas de sous et pas d'idées. Chaque année, l'anniversaire de Maxime inaugurait les festivités de Noël. L'occasion cette fois pour maman d'inviter papa, son ex, à la maison et de lui présenter les jumeaux. Mon père n'était pas tout à fait remis de son divorce, il n'avait pas encore refait sa vie, comme on dit. Ce soir-là, je l'ai entendu souffler à l'oreille de Marie : « C'est fou ce que les jumeaux te ressemblent, même le garçon ! » En refermant la porte sur lui, maman a soupiré : « Il ne changera donc jamais ! » Quelques jours plus tard, le 24 décembre, notre merveilleuse nouvelle famille recomposée émigra chez mes grands-parents, à Kerivoal. C'était comme ça, depuis mon commencement. Une année sur deux, Mamilou et Papiguy avaient le bonheur de nous gâter. Une année Majorel, une année Blachon.

Mamilou déposa tout de suite des livres dans les berceaux des Cha. Elle avait appris à lire à des générations d'enfants. Elle ne se lassait pas de l'émerveillement qu'elle avait ressenti, tout au long de sa carrière, à suivre les petits dans l'apprentissage de la lecture. Elle n'avait jamais connu d'échec. À la moindre erreur, elle nous reprenait. Mémé Nono aussi faisait des fautes de français qui agaçaient beaucoup Mamilou. Elle se trompait de genre pour des mots très courants. Elle disait: «J'ai laissé le tricot sous *le* télévision.» Alors Mamilou s'emportait, surtout quand on était là, nous les petits-enfants, elle hurlait: «S'il te plaît maman, fais un effort, *la* télévision.» Un jour, je devais avoir six ou sept ans, j'ai affronté Mamilou, j'ai dit: «Arrête de faire la maîtresse avec tout le monde, mémé Nono est ta mère quand même, elle sait ce qu'il faut dire.» Mamilou est sortie très vite sous prétexte de chercher du bois. Mémé Nono s'est concentrée sur ses aiguilles à tricoter. Papiguy m'a considérée avec un drôle de sourire.

Cette fois, j'ai profité de mon séjour à Kérivoal pour fouiller dans les armoires à souvenirs où j'ai déniché quelques portraits de Nono jeune et moins jeune, et âgée et vieille. Mamilou a mis l'accent sur une photo de pique-nique où on la voyait bébé sur les genoux de son père. Lucien tenait tendrement sa jeune femme par le cou. Assis à côté de ses parents, Marc, le frère aîné de la petite Louise, faisait le pitre devant l'objectif. Cette photo représentait le bonheur familial tel que Mamilou ne l'avait jamais connu. Son père était mort l'hiver qui avait suivi. Elle le vénérait. «C'était quel genre de couple, tes parents? Tu as une idée?» La question m'a tout simplement échappé. Je l'ai immédiatement regretté. Mamilou s'est figée, perplexe. Puis elle a dit: «Ils s'adoraient, je crois. Elle a tellement pleuré après. J'ai passé mon enfance au cimetière.» Noémie et Lucien étaient-ils tombés amoureux l'un de l'autre après les noces? Un mariage de raison qui se transforme en mariage d'amour! Son père lui avait trouvé un garçon gentil, ami de son frère. Pourquoi ne l'aurait-elle pas aimé? Tout à fait possible! Il avait une bonne tête, pépé Lucien! «Il paraît qu'il était très drôle et Marc mon grand frère, qui avait hérité de lui, était un vrai clown», poursuivit Mamilou. Après cette déclaration, ça ne faisait plus aucun doute pour moi, Lucien et Noémie s'étaient aimés. Après tout, les mariages de raison valent sûrement bien ces prétendus mariages d'amour qui se terminent par un divorce sept ans après. J'en ai bavé avec mes parents. Je sais ce que c'est.

Quand quelques jours plus tard on s'est mis en route pour Montmouton, la berline – qu'on appelle le vaisseau spatial – était pleine à ras bord, et une malle bourrée de cadeaux bravait le vent sur la galerie. Histoire de mettre un peu de suspense sur les routes, Météo France a offert la neige à volonté. En arrivant, on a découvert avec émerveillement un jardin plus blanc que blanc, et je me suis amusée avec Maxime comme une gamine à bâtir un igloo pour loger Bruno, maman et les jumeaux. D'un Noël à l'autre, la famille à laquelle on échappe manque. Ce soir-là à table, on a raconté à Bruno les Noël magnifiques passés dans la famille de notre père, à la montagne. Une année, bon-papa, déguisé en Père Noël et conduisant un traîneau à chiens chargé de cadeaux, s'était arrêté devant la maison, dans la nuit glacée. J'avais douze ans, Maxime cinq. Quand bon-papa lui avait tendu son paquet enrubanné, mon petit frère avait murmuré, tout intimidé: «Merci monsieur Noël.» On s'en souviendra toute notre vie. Quelle charmante émotion! Maman aussi en était encore toute remuée. Dans le jeu des familles, je me suis gardé pour moi le petit coup de fil échangé avec bonne-maman Blachon, ce 25 décembre: «Mamilou doit être contente de vous avoir tous! Il fait beau? Tu as été gâtée, ma chérie? Tu es où? Sur la plage?... Il pleut? Tu es malade? Tu as peut-être mangé une mauvaise huître! J'ai entendu dire que les fruits de mer n'étaient pas bons cette année. Nous? Ça s'est bien passé, oui. Bon-papa a tiré un feu d'artifice. Et là, il y a de la neige et du soleil, et tes cousins sont sur les pistes. Qu'est-ce que tu dis? Tu préfères Noël au Cairn! Chut, ma chérie! Toi aussi tu me manques. Embrasse tout le monde pour nous.»

Janvier sent le neuf, il est lent comme un début de roman. C'est le dernier janvier de ma vie de lycéenne. L'année prochaine, je serai ailleurs, dans une autre vie, libre des entraves scolaires et familiales, adulte. Je n'ai plus peur de la philo. Ça me passionne au contraire. On a abordé Freud et, le matin, je note mes rêves dans mon carnet. J'analyse la vie de famille, surtout. Les jumeaux ont sur Maxime un effet yoyo. Un soir, mon frère s'affale sur les genoux de sa mère en suçant son pouce, le lendemain, il s'attife en jeune sur le point de sortir sa petite amie. Il est jaloux de Sacha et de Macha. La jalousie le submerge parfois comme la fièvre, sans raison. «Comment tu les trouves?» me demande-t-il alors avec un air de dégoût. «À chier, je réponds. Je propose qu'on les noie.» Alors il me regarde et on rigole. Moi aussi, j'ai été jalouse de Maxime. Tout le monde dans la famille aime à se rappeler le jour où j'ai téléphoné à Mamilou pour lui proposer d'échanger Maxime contre Noë. Et elle a refusé, préférant son chien bien sûr. Maman est débordée, fatiguée, comblée. Comme il y a des appartements témoins, ma mère est une femme témoin. Témoin, au bout de trois générations, qu'une femme peut prétendre à tout : super maternité, super responsabilités, super amour. De ce point de vue-là, je suis tranquille, je n'ai plus rien à prouver, elle a fait le boulot. Maintenant, je comprends d'où elle tire son énergie de vouloir toujours plus, plus d'indépendance, plus d'accomplissement personnel, plus de bonheur. Plus que sa mère. Plus que sa grand-mère.

Je ne traînais plus le nez au vent, en quête d'aventures singulières. Je ne m'interrogeais plus sur mon avenir. Je ne râlais plus contre les profs. Je ne me plaignais plus du travail à fournir. Je jouissais de ma dernière année de lycée et, tout ce qu'il m'était donné d'apprendre, je l'offrais moi aussi à Noémie K. Mon arrière-grand-mère me servait de balise, de phare, de guide. Chaque fois que je rentrais dans ma chambre vannée d'avoir ramé contre une mère cinglée, un petit frère taré et un beau-père à la masse, je sentais le regard aigu de Noémie clignoter dans la tempête, je l'entendais penser : « Crois-moi, mon petit, n'importe quelle famille bien névrosée vaut mieux que pas de famille du tout. » Bien sûr, elle ne pouvait pas dire « névrosée », ça ne faisait pas partie de son vocabulaire. Toquée peut-être ! « N'importe quelle famille bien toquée vaut mieux que pas de famille du tout. » À mes moments perdus, j'écrivais ce qu'elle m'inspirait et, quand ça me paraissait digne d'être lu, je l'envoyais à mon lecteur préféré, Florian. Ce n'était pas pareil que d'écrire dans mes carnets, là j'écrivais pour partager l'expérience d'une vie que j'imaginais à partir de presque rien. J'avais ouvert un dossier intitulé « Noémie K. ». Après l'avoir lu et relu, j'expédiai mon premier texte :

Noémie K.

En 1917, Noémie K. avait quatorze ans. La guerre piétinait. Les hommes suaient la mort dans les tranchées et le front était loin. La jeune Noémie ne se demandait pas chaque matin comment elle s'habillerait pour aller au champ. Elle tombait de son lit clos dans ses sabots et elle avalait le lait chaud directement au pis de la vache. Sur la lande de Kerun, où elle emmenait paître le troupeau, elle ne passait pas des heures, adossée au menhir, à dévorer des romans. Non, elle brodait avec son crochet à picot des fleurs de laine pour faire un couvre-lit. Et quand elle arrêtait de fredonner *didedoup* ou *labousig ar hoad*, des berceuses bretonnes qu'elle avait apprises à la veillée, elle rêvait au petit carnet qu'elle avait repéré chez le papetier de la rue Kerhéon, pas loin de la cathédrale. Le petit carnet relié de cuir rouge, qu'elle irait s'acheter avec ses économies en cachette de tout le monde, par crainte des quolibets. Depuis la mort d'Alfred, le valet, à Verdun en février 1916, puis celle du maître en avril, c'était Noémie qui conduisait le char à bancs. Et sur la route de la foire, elle adorait pousser les chevaux et faire enrager la maîtresse qui s'accrochait en jurant à ses paniers d'œufs et à son bidon de lait.

« Qu'est-ce qui a bien pu motiver cette impérative nécessité de posséder le petit carnet ? » m'écrivit Florian immédiatement après. Malgré ces kilomètres qui nous séparaient, Florian et moi, nous étions très proches. Parfois, je pensais à quelque chose et je recevais un mail de Florian qui parlait de la même chose. J'avais le sentiment que nous n'avions jamais été aussi liés.

Un soir, alors que j'essayais de trouver une réponse à son message, Arthur a frappé au carreau. En apercevant sa tête de jeune premier dans la porte vitrée de ma chambre, j'ai tout de suite eu envie de rire. Il tenait un bouquet à la main. Un grand bouquet composé par un grand fleuriste avec des grandes fleurs pour une grande occasion.

– C'est pour moi ?

– Oui, enfin non !

– Pour Valentine ?

J'adorais appeler Valentine cette jeune femme que je ne connaissais pas. Valentine, à cause de la Saint-Valentin. En fait, elle s'appelait Éléonore. Arthur sourit. À force de tenter de s'excuser auprès de sa prof de solfège, il était tombé amoureux d'elle. Il rêvait toutes les nuits de lui caresser la tête.

– Ça m'a coûté une fortune. Je voulais le lui laisser devant sa porte avec un petit mot. Je monte les étages timidement, le souffle court. Voilà que je me fais doubler par un gus qui escalade au galop, un bouquet de rien du tout à la main. Elle ouvre, et je l'entends lui sauter au cou.

– C'est peut-être son frère ?

– Tu crois ?

Arthur, rassuré, repartit livrer son bouquet.

Arthur appartenait à notre bande. Même si on le critiquait Florian et moi, même si on se moquait de lui, on l'aimait. On l'aimait avec ses défauts, ses faiblesses, ses qualités, ses dons. On l'aimait. Je me suis demandé si mon arrière-grand-mère avait des amies, là-bas sur sa lande. Des amis, des copains, des copines, des potes, avec qui elle s'amusait, elle rigolait, elle discutait. Forcément que oui, tout le monde a des amis. C'est surtout à l'école que j'ai rencontré les miens. Sauf peut-être Samia. Avec Samia, on est devenues amies lorsqu'on s'est retrouvées dans le même stage de photo organisé par la mairie. C'est elle qui m'a appris à faire des tirages. Elle a quitté le lycée en seconde en même temps que sa famille et elle a vécu de petits boulots en attendant de vendre des photos. Cette année, elle a gagné le concours de la Fnac qui l'a propulsée au rang des futures stars. Son ambition : devenir photographe de guerre. C'est moi qui ai présenté Samia à Emma. La photographe et la reporter. J'ai toujours aimé assister à la naissance d'une amitié entre deux personnes que j'aime. Emma a tout de suite été emballée par son talent. Ce fut réciproque. Elles ont projeté de partir ensemble au Moyen-Orient.

Quand Emma a voulu savoir comment nous nous étions connues, Samia a répondu : « Ça a très mal commencé. Ça s'appelle comment le contraire d'un coup de foudre ? »

On devait avoir treize ou quatorze ans. Yasmina nous avait demandé à toutes les deux de venir l'aider à organiser une fête pour l'anniversaire de Tassadite. Quand je suis arrivée, Samia était seule dans l'appartement. On s'est passées en revue. Samia était voilée, moi à moitié dévêtue. Chacune des deux représentait une agression pour l'autre. Pour rompre le silence, j'ai lancé :

– Tu es à George-Sand ?

– À Marie-Curie, dit Samia.

– C'est marrant, dans le coin toutes les écoles ont des noms de femmes.

– George Sand, c'est une femme ? a demandé Samia.

J'ai haussé les épaules. Deux jours avant seulement, j'avais appris que c'était un écrivain, une révolutionnaire. J'ai raconté qu'elle s'habillait en homme et qu'elle fumait le cigare. Samia ne s'en est pas laissé conter, elle a crié :

– Tu trouves ça bien, s'habiller en homme et fumer le cigare ? Tu trouves ça bien toi de copier les hommes ?

L'air était chargé en électricité. Avec un coup de menton vers son voile, j'ai lâché :

– Tu n'as pas chaud ?

Mon pantalon glissait sur mes hanches. Mon pull remontait sur mes côtes. Aussitôt, elle répliqua, en fixant mon bidon :

– T'as pas froid ?

On s'est plantées l'une en face de l'autre. Mentalement, on jouait à « tu me tiens, je te tiens par la barbichette ». L'une de nous explosa de rire. Je prétendais que c'était Samia, et Samia racontait que c'était moi.

6

Je posais la question à tout le monde : « Qu'est-ce qui lui est passé par la tête ? Pourquoi Noémie a-t-elle eu envie de ce petit carnet ? »

– La mort d'un être aimé, peut-être, suggéra mon père lorsque j'ai soulevé le problème devant lui. Elle n'a pas perdu un frère à la guerre, à ce moment-là ?

J'avais rendu visite à Bernard dans son atelier, rue de Bagnolet, là où il ne peignait plus depuis plus d'un an. Depuis que mon oncle, son frère aîné, s'était tué dans un accident d'escalade.

– Regarde ce que je fais depuis la mort de Philippe !

Et il a ouvert un énorme cahier, couvert d'écritures, de dessins à l'encre, d'aquarelles.

– Qu'est-ce que c'est ?

– Le livre de mon frère, j'appelle ça. Des pensées, des souvenirs, des visions qui m'envahissent.

J'ai feuilleté au hasard et je suis tombée en arrêt devant le portrait d'un garçon d'une dizaine d'années, portant dans ses bras un animal. J'ai interrogé mon père du regard.

– Philippe a toujours eu une passion pour les animaux. Enfant, il voulait être vétérinaire. Un jour dans la forêt, il a trouvé un chevreuil blessé. La pauvre bête avait une entorse. Il l'a ramenée, il lui a posé une attelle, il l'a bandée. On l'a hébergée plusieurs semaines et puis, dès que le chevreuil a été capable de gambader à nouveau, il a décidé de le relâcher. J'avais six ans, je ne voulais pas perdre l'animal auquel je m'étais attaché. J'ai supplié Philippe de le garder. Je criais : « Les chasseurs vont le tuer en septembre, ça n'a servi à rien de le soigner. » Philippe répondit, intraitable : « Il faut qu'il accomplisse son destin de chevreuil. Au moins maintenant, il a autant de chance de s'en sortir qu'un autre. »

Noémie avait un frère : Joseph Kerforo. Mamilou avait confirmé. Il était beaucoup plus vieux qu'elle. Une dizaine d'années. À la mort de leur mère, il avait été placé chez les Pères. Il en était sorti pour aller à la guerre. Joseph n'était pas mort en 1917 mais beaucoup plus tard, en 1930. Les éclats d'obus qui avaient déchiré ses poumons à Verdun avaient fini par avoir sa peau. En 1917 cependant, il avait écrit à Noémie, cette petite sœur qu'il ne connaissait pas. Il lui avait envoyé une carte postale qui le représentait, photographié avec trois autres poilus. Le texte ne manquait pas d'humour. Il disait :

Petite sœur, le plus beau des quatre, celui avec la pipe, la moustache la plus longue et l'uniforme le moins sale, c'est ton frère, Joseph. C'est un gars qui a de l'avenir, pense à lui dans tes prières.

Noémie n'a jamais oublié cette carte qu'on lui avait lue une fois ou deux, le seul courrier qu'elle reçût jamais de son frère et qu'elle garda toute sa vie. Chaque fois qu'elle racontait ces années-là, elle récitait les mots de Joseph, si bien que Mamilou les répétait aussi quand on parlait de la guerre.

« Quand est-ce que tu as eu envie de faire des carnets, toi ? riposta ma mère quand je lui posai la question. À quelle occasion ? Tu te rappelles ? » Puis elle dit : « Ce n'est pas l'été où tu étais amoureuse de Théo ? » Je lui adressai un direct de l'œil. D'où tenait-elle cette information ? Est-ce que par hasard elle aurait lu mes carnets ? Elle se trompait, bien sûr. J'avais ouvert mon premier carnet bien avant. Mais il me servait surtout à recueillir des mots nouveaux, à recopier des phrases. Je n'y avais encore pas relaté de choses personnelles. C'est vrai que l'amour donne envie d'écrire. Ma mère avait raison, j'avais été troublée par Théo et j'avais essayé de décrire ce que je ressentais.

C'était l'été de mes douze ans. Le soir au coucher du soleil, je traînais sur la grève à l'heure où notre voisin, Théo Pennrose, venait faire galoper son cheval. Je revoyais comme si c'était hier sa mèche blonde volant sur ses yeux verts, son blouson en daim et son allure de seigneur. J'étais assise sur la dune. Je regardais Théo suivre le soleil qui tombait dans la mer. Même s'il m'avait repérée, il ne se serait pas détourné de sa route. Il avait vingt ans, moi douze. Un jour, pourtant, la chance me sourit. Un tracteur qui ramassait le goémon fit une fausse manœuvre et le cheval effrayé s'enfuit, laissant son cavalier, le cul dans le sable. J'ai pu rattraper l'animal et je l'ai ramené. J'avais profité de mon avantage pour défier Théo, en plantant mes yeux dans les siens. Il m'a gentiment remise à ma place avec un «Bravo, petite fille!».

La petite fille pâlit de dépit. Il l'aida à refaire face:

– Qu'est-ce que tu fais seule, sur la grève, Lily Talvern?

Là-bas, au bout du monde, j'étais une Talvern, comme tout ce qui vivait sur les terres de mon arrière-grand-père.

– Je cherche un galet en forme de cœur.

Il avait souri. J'avais rougi. Pourquoi est-ce que j'avais dit ça? À peine les mots «galets en forme de cœur» étaient-ils sortis de ma bouche que j'avais eu envie de les ravaler. Ça m'était venu parce que, cet après-midi-là, ma tante Gaëlle m'avait fait l'honneur de me montrer son meuble à coquillages. Un meuble de boutiquier dans lequel elle classait ses coquillages, par espèces, bigorneaux tigrés, couteaux, chapeaux chinois, amandes, pétoncles, boutons de culotte, verre poli. Dans le plus grand des tiroirs, elle rangeait les galets en forme de cœur. Elle m'avait dit: «C'est comme les trèfles à quatre feuilles. Quand tu te promènes, ouvre bien les yeux, j'aimerais bien avoir un cœur Lily.» Car, sur chacun des galets, était tracé le nom de celui qui l'avait apporté. Et parmi la montagne de prénoms familiers ou inconnus, j'avais repéré qu'il y avait un cœur Théo.

Orage, le gentil camarguais à la robe blanche, s'impatientait. Théo posa mon pied dans l'étrier, il me balança sur la selle, il se cala derrière moi et nous rentrâmes au pas en papotant, et de Gaëlle et de son meuble à coquillages. Quand on se sépara devant notre barrière, il lança:

– Au revoir, adorable Lily!

Je n'en avais pas dormi de la nuit. Pour m'apaiser, j'avais raconté ce qui m'arrivait dans mon carnet.

Comment savoir si Noémie était amoureuse en 1917, et de qui? En attendant de trouver une piste, j'ai demandé à Yasmina ce qu'elle en pensait. Les jumeaux avaient pris leur bain et absorbé leurs petits pots, ils babillaient. On a embarqué chacun le nôtre et on les a couchés. Marie et Bruno étaient au théâtre, Maxime chez un copain. Je faisais baby-sitter pour la soirée. J'essayais de retenir Yasmina le plus longtemps possible.

– Mange un morceau avec moi, Nanou !

– Tu trouves que les journées ne sont pas assez longues ?

– Il faudra bien que tu te nourrisses chez toi, et personne ne t'attend.

– Qu'est-ce que tu en sais ?

– Tu as un amoureux ?

Elle haussa les épaules. Elle dit :

– Non.

Et elle s'est assise en face de moi dans la cuisine. Nous mangeâmes un reste de tagine, et j'ouvris une bière à la santé de Florian. Je n'aimais pas vraiment ça, mais j'en buvais quelquefois en souvenir de mon ami. J'adorais le regarder se verser une cannette dans un verre, faire couler le liquide mordoré très doucement pour contenir l'effet de la mousse. J'ai voulu brancher la conversation sur les amours mystérieuses de Nono, Yasmina m'arrêta net.

– J'ai réfléchi, dit-elle. Je pense que ce qui a poussé Noémie à écrire les dates dans un carnet, c'est bien plus important qu'un amour de jeunesse.

Qu'est-ce qui pouvait être plus important que l'amour ?

– Ne me regarde pas avec ces yeux-là, a dit Nanou qui lisait dans mes pensées. Ton arrière-grand-mère a ouvert le livre de sa vie en 1917.

Je ne comprenais pas ce qu'elle voulait dire. Elle a continué sur sa lancée :

– Pour une raison ou pour une autre, Noémie s'est sentie libre, ou bien elle a décidé de le devenir.

– Libre de quoi ? Elle n'avait pas de famille.

– On peut être prisonnier de ce qu'on n'a pas. Moi par exemple, j'ai longtemps été prisonnière de la douleur d'avoir été rejetée à la naissance. Prisonnière d'un abandon. Je ne suis pas totalement guérie, mais je vais mieux.

Je n'osais pas lui demander depuis quand.

– J'ai coupé le cordon quand on m'a donné la nationalité française. J'ai choisi un pays qui m'a choisie aussi. J'ai donné à ma fille une mère française comme elle. Je me souviendrai toujours du jour où j'ai reçu le papier. Je connais la lettre par cœur : *J'ai le plaisir de vous faire savoir que vous êtes française depuis le 27/11/1992. En effet, votre nom est inscrit dans le décret n° 23 portant naturalisation et réintégration, signé à cette date et publié au Journal officiel du 28/11/1992.* Je n'oublierai jamais ces phrases, ni le nom d'Alain Balard, le sous-directeur des naturalisations qui a signé la lettre. Tu sais quoi ? Tous les ans, avec Tassadite, je fête l'anniversaire : du jambon arrosé d'un verre de vin rouge. Et Tassadite joue au Loto avec les dates. Pour l'instant, elle n'a rien gagné. Au fait, c'est Marie, ta mère, qui m'a aidée à faire les démarches.

Grâce à Yasmina, j'ai alors senti palpiter le cœur de Noémie. Et dès qu'elle a été partie, j'ai allumé mon ordi.

Noémie K./ suite

Les sabots de la jeune Noémie claquaient avec entrain sur le pavé. Juste avant d'entrer dans la boutique du papetier de la place au Beurre, elle a lissé son tablier, arrangé sa coiffe, et elle s'est mordu les lèvres pour leur donner du rouge. Elle savait exactement ce qu'elle voulait : un livre minuscule, un porte-plume et deux flacons d'encre. Et combien ça coûtait, car elle n'avait pas un sou de plus. De retour à la ferme de Kerbellec, elle a prestement sauté du char à bancs et elle a couru vers son lit clos, cacher son trésor sous le gros traversin rempli de balles d'avoine. Jamais elle n'aura été si heureuse d'emmener les vaches au champ de Talgoat que le lendemain de ce jour-là. Elle s'est assise au pied de son menhir, et tandis que les bêtes broutaient le bouton d'or et l'herbe jeune, elle a étalé son petit matériel. Elle n'avait pas le droit à l'erreur. C'était la première fois qu'elle tenait un porte-plume entre ses doigts habitués à traire, à travailler la terre ou à cueillir. Elle avait depuis longtemps photographié dans sa tête le dessin des chiffres sur le calendrier, puis elle s'était entraînée à les tracer dans le sable mouillé de la plage de Kervel. 1917 : un bâton, un rond avec une queue de cuillère tordue, encore un bâton, et puis une faux avec la lame en l'air. Sur la toute première feuille de papier blanc, dans son premier carnet rouge, très précautionneusement, elle a copié les chiffres. Son cœur battait, ses joues étaient rouges. L'exaltation qu'elle ressentait était proche de celle de l'alpiniste qui s'apprête à planter son drapeau au sommet d'une montagne encore vierge. Enfin, elle arriva au bout. Elle avait réussi. Elle éprouva un bonheur intense. Elle contempla longuement son œuvre. Dès que l'encre fut sèche, elle ferma le petit carnet et l'enfouit dans sa poche. Puis elle le ressortit, pour le contempler à nouveau. Son pouce et son index étaient tachés d'encre. Elle aurait tellement aimé aller à la ville, exhiber ses doigts rouges à la vue de tous les passants. On lui demanderait : « Tu t'es blessée, montre-moi tes mains. » Et elle répondrait : « Non, ce n'est rien, c'est de l'encre. C'est juste parce que j'ai écrit. Moi, Noémie Kerforo, aujourd'hui, j'ai écrit, dans mon carnet. »

7

Je travaillais beaucoup et, quand j'avais un moment de libre, je donnais un coup de main à ma mère. Les jumeaux prenaient une sacrée place. Cette semaine-là, Yasmina était en vacances, Bruno en voyage, je me demandais ce qu'aurait fait Marie si je n'avais pas été à la maison.

On changeait les Cha, elle Sacha, moi Macha. Quand Maxime demanda :

– Dis, maman, qui tu préfères, Sacha ou Macha ?

Elle répondit :

– Comment peux-tu me poser une question pareille, je suis leur mère, je les aime tous les deux à égalité, comme toi et Lily.

– Je croyais que j'étais ton préféré ? dit Maxime avec un soupçon de déception dans la voix.

Et pour que l'embarras de Marie soit total, j'ajoutai :

– C'est vrai ça, je croyais que c'était Maxime ton préféré ?

Ce n'était pas la première fois qu'on jouait à taquiner Marie. Souvent, elle s'embarquait dans un grand discours sur l'amour parental, cette fois, elle s'est fâchée, elle a lancé :

– Je vous déteste tous les deux pareil. Ça vous va ?

– Moi je préfère Macha, a ajouté Maxime.

On l'a regardé, maman et moi. Il a répondu goulûment :

– Je préfère les nourrissonnes, les pouponnes, les filles quoi.

Ça devait être la préadolescence qui le travaillait. Au premier abord, rien ne distinguait les deux petits mammifères. L'un souriait, l'autre aussi. D'habitude Marie les habillait différemment mais, ce soir-là, ils portaient le même pyjama.

Maxime ajouta :

– Macha m'envoie des signaux.

Maman et moi, on s'est regardées. Des signaux. Macha envoyait des signaux à Maxime. Ces moments où nous blaguions tous les trois, maman, Maxime et moi, étaient devenus rares. J'ai eu par anticipation la nostalgie de notre vie de famille. J'ai réalisé que c'était sans doute ma dernière année à la maison. Je ne partagerai pas l'enfance des jumeaux, je n'assisterai pas à la crise d'adolescence de Maxime. Quand les Cha auront mon âge, j'aurai trente-quatre ans. Qu'est-ce que je serai devenue ?

C'est la question qu'on se posait tous dans la classe. Qu'est-ce que tu veux faire après le bac ? L'avenir. Le devenir. Sur le seul mur encore blanc de ma chambre, j'avais écrit à la peinture noire cette citation de Nietzsche : « Deviens ce que tu es ! » Ça me plaisait énormément comme formule et, chaque fois que je passais devant le miroir, je plissais les yeux et je murmurais : « Miroir, miroir, réfléchis, dis-moi qui je suis, je t'en supplie ! »

Rien que dans la bande, il y avait tous les cas de figure : Cédric aspirait aux grandes écoles, Centrale ou Polytechnique ; Constance projetait de s'installer à la campagne avec des chevaux, de monter un manège ; Armelle cherchait à apprendre un métier qu'on peut exercer partout, peut-être coiffeuse, car elle envisageait de vivre à l'étranger. Arthur avait, depuis tout petit, consacré sa vie à la scène, il serait musicien ou rien. Emma, c'était clair, elle avait déjà commencé, elle était journaliste. Joël voulait être riche, très riche. Il ne savait pas encore tout à fait comment s'y prendre, mais il avait décrété qu'à trente ans il aurait sa société. On s'était retrouvés au Paris-Hanoï, un restau vietnamien où bossait notre copain Léo. Soudain, Constance s'est tournée vers moi :

– Au fait, tu as eu des nouvelles de Florian, ces jours-ci ? Il ne répond pas à mon mail.

– Il est à New York.

– Le veinard ! a soufflé Arthur.

– Il veut toujours faire… *logue* plus tard ? a demandé Joël.

Les autres ont ri. En seconde, Florian voulait être entomologiste. En première, il hésitait entre archéologue et météorologue. Cette année-là, il parlait de s'inscrire en ethnologie.

Ce qu'il aimait c'était chercher, étudier. Je ne connaissais personne de plus observateur que lui et en même temps de plus distrait.

– Et toi Lily, tu as une idée ? a demandé Constance.

Je cherchais ma vocation. En attendant, j'avais prévu de m'inscrire en fac de lettres ou en hypokhâgne. J'ai répondu :

– Après le bac ? Je veux passer mon permis de conduire, et partir avec Florian sur les routes.

– On pourrait aller en Italie, a dit Arthur. Qu'est-ce que vous en pensez ?

– Je préfère le nord, c'est plus exotique, la Finlande, la Norvège, a dit Constance qui s'opposait toujours à Arthur.

– Pourquoi pas les pays de l'Est ? a proposé Armelle. La famille de Florian n'est pas d'origine polonaise, du côté de sa mère ?

– On ferait mieux d'aller au Canada, a dit Cédric. Tel que je le connais, Florian a déjà tout exploré. Il fera un guide formidable.

– Et si on louait un bateau ? a suggéré Joël.

– Je vous trouve un peu collants, j'ai dit.

Ils se sont tous regardés. Et Arthur a répété en geignant :

– Lily nous trouve collants, nous, ses amis de toujours. Quelle ingrate ! Heureusement, Florian nous aime, lui, on lui manque tous.

La bande lui manquait, il me l'avait écrit. Il faudrait peut-être que je change mes projets. C'était un peu égoïste de vouloir l'avoir pour moi toute seule. D'ailleurs moi aussi, je les aimais tous. Pourvu qu'on reste amis toute la vie ! Ils avaient raison, ce serait bien de faire un voyage ensemble. Ça pourrait même devenir un rituel. Chaque année, on se retrouverait quelque part, même si la vie nous séparait. Voyager, partir en voyage, Florian adorait ça, monter dans une voiture, dans un train, dans un avion. Le moment où ça bougeait. Ce serait sûrement un grand voyageur. Grâce au métier de son père, il avait déjà vécu dans plusieurs pays étrangers. Juste avant de prendre l'avion pour New York, il m'avait écrit :

Je ne comprends pas les gens qui n'éprouvent jamais cette impérieuse envie de partir, de rompre avec le quotidien, de découvrir d'autres univers, d'être tout simplement ailleurs. Le temps non plus n'a pas la même durée quand on est en voyage. On peut vivre en quelques heures des aventures et des émotions qui n'arriveront pas dans toute une vie au même endroit.

Florian prétendait qu'il fallait vivre le jour de son anniversaire en mouvement. Depuis qu'on se connaissait, il avait chaque année une idée nouvelle pour me fêter le mien. Pour mes quinze ans, on était dans un bus à touristes à Paris. Pour mes seize ans, il m'avait donné rendez-vous sur l'étang de Kheur, il avait loué un pédalo, arrivé au milieu du plan d'eau, il avait sorti de son sac à dos un gros petit gâteau et planté dedans une bougie qui chante. On ne sortait pas encore ensemble, et je n'imaginais pas deux secondes que ça arriverait un jour. Quelques mois plus tard, j'étais jalouse dès que Florian me parlait de Maud, de Marion, de Betty, les nouvelles copines qu'il avait rencontrées à Montréal.

À Pâques, j'ai convoyé les Cha chez Mamilou, pendant que Marie et Bruno s'offraient des vacances, seuls en amoureux. Ils avaient besoin de se retrouver. Généreux, ils m'ont réservé des billets d'avion. Je n'aurais sans doute pas tenu le coup cinq heures de suite dans un train avec ces phénomènes : ils couinaient, ils remuaient, ils communiquaient tous azimuts. J'ai vu le moment où j'allais en perdre un dans les turbulences. Par chance, le chef de cabine s'est précipité et l'a rattrapé de justesse. Le vent était tellement fort que le pilote a dû s'y reprendre à plusieurs fois avant d'atterrir. Papiguy n'était pas à l'aéroport et j'avais une tonne de bagages, évidemment. En rallumant mon portable, j'ai compris qu'il y avait un problème : cinq messages. La tempête avait arraché un arbre, juste devant le garage. Mamilou me suppliait de prendre un taxi. Il n'y en avait plus qu'un dans la ligne, j'ai foncé avec mon barda. Les Cha avaient besoin d'être changés d'urgence. Toutes ces émotions les avaient vidés. Je ne sentais pas la rose. « Ils sont combien ? » demanda le chauffeur, avec une grimace vers les jumeaux. Je voyais bien qu'il aurait préféré la fille derrière avec son petit caniche. Mais il n'avait pas le droit de refuser. Il se lamenta tout le long du trajet, par les petites routes de bocage si dangereuses mais si désertes qui menaient au hameau des Talvern. À l'arrivée, j'ai poussé un soupir de soulagement. Hélas, Mamilou était au bord de la crise de nerfs et Papiguy la menaçait de divorce. La tempête avait coupé le courant, compromettant la cuisson du dîner. Une bougie avait mis le feu au papier peint. Papiguy avait vidé l'extincteur dans le salon. On a passé toute la soirée à récupérer. Il a plu encore pendant deux jours puis le ciel s'est calmé. Deux jours sans électricité. Quelle galère ! Papiguy n'arrêtait pas de pester. Au hameau, on était toujours les derniers secourus. Même la chaudière au gaz était branchée sur le courant. On n'a eu ni eau chaude ni chauffage. Je ne parle pas du chauffe-biberon, de la bouilloire, de la cafetière, du lave-vaisselle, du mixeur, de l'aspirateur, de la radio, de la télé, et même de mon portable que je n'ai pas pu recharger. « C'était comme ça quand on était gosses », ont dit mes grands-parents avec un drôle de sourire. « Pourquoi vous souriez ? j'ai demandé, les mains plongées dans l'eau de vaisselle froide. Il n'y a pas de quoi se vanter d'avoir été préhistorique ! » En fait, on ne sera jamais assez reconnaissant à l'EDF pour son rôle dans l'émancipation de la femme ! Et je leur ai servi la phrase fétiche de Marie en la reprenant à mon compte : « J'ai deux passions : Arthur Rimbaud et Arthur Martin. »

Les Cha n'avaient pas six mois qu'ils voyageaient, alors que leur arrière-grand-mère avait vécu un siècle sans jamais quitter son village. Plus je les voyais grandir, plus je me sentais investie d'une mission, comprendre le message que Noémie m'a légué, pour ensuite le leur transmettre, ainsi qu'aux autres membres de la famille. La biographie des gens se résume souvent en quelques mots, des mots qui résonnent pendant des générations. Des mots qui ont l'ampleur d'un continent, la profondeur du mystère, l'écho du temps. Dans notre famille, il y a le mot Guernesey. On parle souvent d'aller à Guernesey. Et une fois par an au moins, mon oncle Bastien arme son voilier et met le cap vers les îles Anglo-Normandes. Il pourrait quitter le port pour descendre vers le sud, non, il remonte vers le nord, comme s'il ne pouvait pas faire autrement. J'ai souvent fait la traversée avec lui, à bord du *Skréo*. Il y a des photos plein les albums de Mamilou : moi accrochée à la barre pendant que Bastien prend un ris. Cette fois-là, on avait reçu des paquets de mer dans la gueule. J'ai une tête de déterrée dans mon ciré. Sur une autre, je remontais une ligne qui sert à pêcher à la traîne. Avec mon cousin Loïc, on prenait les mesures d'un maquereau géant, on était fiers comme des petits bancs. Sur un autre cliché, on voit Cora, Loïc et moi en tricot rayé sur un rocher à Jersey. C'est le rocher des Proscrits sur la grève d'Azette, là où Victor Hugo rencontrait des réfugiés politiques français. La croisière, cette année, était programmée pour le week-end de Pâques. Mon cousin Loïc faisait partie de l'équipage. Pourtant, j'hésitais encore à les accompagner.

Mamilou m'a chaudement encouragée à partir :

– Ça te fera du bien ! Un grand bol d'air pour attaquer la dernière ligne droite avant le bac.

Justement à propos de bac, je n'étais pas en avance dans mes révisions, surtout sur le programme d'histoire-géo. J'aurais sans doute résisté à la tentation si Mamilou n'avait pas ajouté :

– Depuis que tu as reçu ses carnets, je pense constamment à la vie de mémé Nono. Elle avait ton âge quand elle est revenue de Guernesey.

Revenue de Guernesey ! Noémie avait dix-sept ans en 1920, quand elle était rentrée de Guernesey. La date avait été écrite à l'encre rouge. Pour revenir, il faut partir. Quand est-elle partie exactement ? Comment ? Avec qui ?

Pourquoi est-ce qu'on ne me disait jamais rien dans cette famille ? Comment ça, je le savais ! D'où je l'aurais su ? C'est fou le nombre d'informations importantes qui habitent ma mémoire incognito. Tous ces verrous qu'il faut débloquer. Qu'est-ce que j'avais encore en moi comme manie, comme défaut, comme qualité, comme caractère, comme obsession, comme rêve, qui pouvait me donner des nouvelles de mon ancêtre ?

Je n'arrivais pas à y croire. Noémie Kerforo, une fille pauvre, illettrée et sans famille, émigre à Guernesey. Dans quel but ? Ce serait en Amérique encore, mais à Guernesey.

Je lui ai fait répéter.

– Tu es sûre ?

Mamilou était sûre. Sa mère n'avait fait qu'un voyage dans sa vie : Guernesey. Un voyage qui avait duré plus de deux ans. Ce n'est pas rien, deux ans. Elle y avait appris à parler anglais. Et ça aussi je le savais, car le français de Nono était truffé d'anglicismes, qui nous faisaient beaucoup rire. En fait, elle avait appris l'anglais avant le français. Mine de rien, mon arrière-grand-mère était trilingue : breton, anglais, français. Ça ne me disait pas pourquoi elle avait choisi Guernesey. Si elle a appris la langue de Shakespeare, ce n'est sûrement pas comme élève, dans une *public school,* un de ces fameux collèges anglais qui font envie à la terre entière. Mamilou s'est interrompue pour s'occuper des Cha, puis elle a préparé un dîner pour huit. Après avoir servi la tisane, alors que Papiguy, Bastien, Gaëlle, Cora et Loïc étaient vautrés devant la télé, nous avons repris notre conversation, toutes les deux, dans la cuisine.

Dès 1917, à l'époque où elle avait commencé ses carnets, Noémie avait décidé de s'en aller. N'importe où. La guerre ne finirait sans doute jamais. Elle ne reverrait pas son frère vivant. Quant à son père, personne ne pouvait dire s'il était encore de ce monde. Ici, rien ne la retenait. Depuis la disparition de son mari à la guerre, la maîtresse de Kerbellec était devenue folle. Avant, elle était seulement méchante. Noémie ne l'aimait pas. Ce ne serait pas pire ailleurs. Quand l'occasion s'est présentée, elle n'a pas hésité. Un marin qui revenait de Guernesey l'a avertie qu'un couvent recrutait des lavandières. Elle s'est embarquée aussitôt. Elle avait une quinzaine d'années.

Que s'était-il passé ?

J'ai eu une nuit agitée. Mon ordinateur me manquait, le contact avec Florian aussi. Finalement au petit matin je me suis endormie après avoir rempli quelques feuillets. Avec Mamilou, on avait veillé tard.

Sa mère lui racontait quelquefois, lorsqu'elles se promenaient sur la plage de Sainte-Anne, qu'elle y avait été surprise un jour à l'heure du rayon vert en compagnie d'un jeune vicaire et que ça avait fait scandale. Noémie avait dit : « Je n'avais que quatorze ans et nous ne faisions rien de mal. L'abbé Adam essayait juste de m'apprendre les lettres de l'alphabet. »

Et voilà l'histoire, telle que Mamilou et moi nous l'avons reconstituée, et telle que je l'ai écrite cette nuit-là.

Noémie K./ suite 2

À la paroisse, Noémie Kerforo était connue. L'abbé Adam était attentif à la justesse de sa voix de soprano et il aimait la vivacité de son regard. Il savait aussi que la vie n'avait pas été facile pour elle. Son frère était au front et elle n'avait jamais eu de nouvelles de son père. Un soir, la petite frappa à la porte du presbytère. Elle demandait à être reçue d'urgence en confession. Sur les talons du prêtre, elle entra fébrilement dans l'église. Dès qu'elle fut installée dans le confessionnal, l'abbé l'invita à parler. Elle était un peu essoufflée, enfin les mots sortirent de sa gorge.

Elle avoua avoir commis un péché. Un gros péché, précisa-t-elle. Car enfin, elle n'avait jamais ressenti autant de plaisir. « Ça prouve bien que c'est un immense péché, n'est-ce pas ? » L'abbé s'impatientait. Il la pressa de s'exprimer. La suite le laissa sans voix. Il n'avait jamais été confronté à ce genre d'aveu. Au séminaire, il n'avait jamais entendu parler d'un cas pareil.

Noémie lui raconta comment elle avait économisé sou après sou pour acheter un petit carnet de cuir rouge, dans lequel elle venait d'écrire les chiffres de l'année. Elle avait fait ça en secret et elle en avait conçu un si grand plaisir qu'elle demandait à Dieu de lui pardonner.

Le jeune prêtre était tout remué, il lui donna l'absolution, contre une dizaine de chapelet. Il sentait qu'elle n'aurait pas compris s'il l'avait renvoyée sans pénitence. Deux heures plus tard, la petite était toujours là, agenouillée devant le chœur, les mains jointes.

L'abbé lui rendit quelquefois visite sur la lande. Il était tellement ému par son désir d'apprendre qu'il décida de lui donner des leçons. Mais où ? Il lui faudrait un tableau, des craies ?

« Je sais, dit Noémie. Allons à la plage ! C'est là que j'ai répété l'écriture des chiffres. Avec un bâton dans le sable mouillé, ça va très bien. »

Et les voilà partis.

Et sur le sable, l'abbé traça la première lettre : A.

A comme…

Il regarda la petite Noémie. Elle dit : « Ça ressemble à un escabeau ! »

Aussitôt, elle ôta ses bas de laine et ses sabots. Elle tenait sa jupe légèrement relevée, et sa coiffe volait au vent, libérant ses cheveux. Dans le sable avec son pied droit, elle dessina le A.

« A, comme quoi ? » demanda l'abbé, attendri.

Et, comme elle ne répondait rien, l'abbé prononça le mot qui lui vint à l'esprit. Il dit : « A comme Amour, Dieu est Amour. »

Dans le regard de Noémie, il lut la désolation d'une enfance sans amour. Aucune bonne fée ne s'était penchée sur le berceau de cette petite-là. Aucune présence aimante, jamais. Ni le matin quand elle frissonnait dans l'aube naissante, ni le soir quand elle rentrait apeurée d'une longue course sur la lande noire. Noémie dévisagea l'abbé. C'était trop pour elle, un mot pareil. « Qu'est-ce que ça veut dire ? Est-ce que tout le monde connaît ce mot-là ? Est-ce que c'est un grand mot avec beaucoup de lettres ? »

Et l'abbé traça le mot sur le sable mouillé. Elle en fit le tour, elle s'écarta pour mieux l'examiner, elle compta les lettres, elle mit ses pieds menus dans le A, puis dans le M, puis dans le O, puis dans le U, puis dans le R. Elle joua avec les traces comme une enfant à la marelle. Elle caressait le mot des yeux pour le graver à tout jamais dans sa tête. Elle sourit. Elle respira un grand coup et elle entreprit de le recopier.

Après chaque lettre, elle s'arrêtait, attendant de l'abbé une approbation. Le A était parfait, elle continua, grisée. C'était la première fois qu'on la complimentait pour quelque chose. Elle copia le M, le O rond comme un ballon, le U en fer à cheval, le R. Elle avait écrit un mot complet. Elle n'en croyait pas ses yeux. Elle voudrait écrire, et écrire encore. Couvrir la plage de mots. L'abbé lui prit la main et fit la ronde avec elle... L'allégresse lui montait à la tête. Elle sautait en criant : « A comme amour. B comme baiser. C comme caresse. D comme douceur. »

Et les voilà surpris.

Pris sur le fait par la maîtresse de Kerbellec qui s'imagina que la jeune fille était en train de détourner l'homme de Dieu de sa vocation. On appela le curé qui sanctionna. L'abbé fut déplacé dans une autre paroisse et Noémie regagna sa lande, honteuse d'une faute dont elle était innocente.

Ce fut sa première et dernière leçon.

Noémie Kerforo n'avait pas quitté une vie dure pour une vie meilleure. Elle n'avait pas pris une année sabbatique. Tout au long de la traversée, j'ai pensé à elle. Est-ce qu'on a plus de courage quand on n'a rien à perdre ? Dans le bateau qui l'emmenait, à quoi rêvait-elle, qu'espérait-elle ? Quelle idée se faisait-elle du pays qu'elle allait aborder ? Naviguait-elle sur un chalut comme la *Jeanne-Yvonne* de Trébunec, le copain de Papiguy ? J'ai frissonné, j'ai relevé le col de ma vareuse et j'ai enfoncé mon bonnet sur mes oreilles. Le vent était régulier, j'avais pris mon quart depuis un moment, le bateau fendait l'eau noire et ma main ankylosée se figeait sur la barre. Il ne fallait surtout pas que je m'endorme ou que je perde de vue mon cap, cette lumière qui perlait dans la nuit froide et iodée. Qu'est-ce que Nono pouvait savoir de Guernesey ? Est-ce qu'elle avait seulement entendu parler de Hauteville House, la maison de Victor Hugo que nous visitions presque à chaque fois ? Est-ce qu'elle avait entendu parler de cet écrivain qui avait décrit l'enfance de Cosette, toute pareille à la sienne ? Alors qu'on approchait de St Peter Port dans le matin, comme si c'était la première fois, mon regard a percé la brume, découvrant les toits pointus, serrés les uns contre les autres sous le fort médiéval de Castle Cornet. C'est là qu'elle avait débarqué. À vingt kilomètres des côtes normandes. Elle n'avait pas eu le temps de grimper jusqu'à la tour carrée, de faire les boutiques, ou de s'attarder devant une chopine dans un des pubs, car sister Mary-Mary l'attendait. Une fausse bonne grosse à cornette, qui maugréait d'impatience parce que Noémie ne comprenait pas plus l'anglais que le français. Elle souriait pourtant, Noémie, mais son sourire ne charma pas la religieuse. Alors, juchée sur la charrette qui l'emmenait vers sa nouvelle vie, elle s'abîma dans la contemplation du printemps qui festoyait sur cette campagne, fleurissant les vallons de jardins enchanteurs.

Avec la roseraie, les buis taillés, la glycine qui courait sur les arcades du cloître, le couvent ressemblait à un paradis. C'était un enfer. Une *laundry* (une laverie) qui s'occupait du linge de toutes les familles de l'île, en exploitant des jeunes filles pauvres qui s'engageaient comme des garçons vont à l'armée, pour apprendre un métier. La règle était implacable. Noémie en eut le pressentiment. Elle regarda avec angoisse la lourde porte du couvent se refermer sur elle.

8

Pourquoi Noémie n'est-elle pas partie en Amérique ? Sa vie aurait sans doute été meilleure.

« Tais-toi ! m'a écrit Florian. Si Noémie avait émigré aux États-Unis ou au Canada, elle ne serait jamais revenue. Elle ne se serait pas mariée avec ton arrière-grand-père, donc ta grand-mère ne serait pas ta grand-mère, ta mère ne serait pas ta mère, et toi tu serais une autre. On ne se serait jamais rencontrés. Qui serais-tu ? »

Ça m'a fichu le vertige. Qu'est-ce que c'est que le destin ? On naît tous avec des données : un capital génétique, un contexte historique et familial, un facteur chance. Avoir un destin, qu'est-ce que c'est ? Et le libre arbitre dans tout ça ?

« Tu crois que je peux décider de ne plus aimer Éléonore ? » avait demandé Arthur, un jour que je lui conseillais de renoncer à sa prof de solfège.

Je n'avais pas su quoi répondre.

Est-ce que moi-même je choisissais d'aimer ou de ne pas aimer ?

Avant, Florian et moi, nous étions de bons amis, et j'étais persuadée que c'était pour la vie. L'amitié s'est transformée en amour. Ça m'est tombé dessus, je suis tombée amoureuse. Quand j'y pense, c'est ce qui est sans doute arrivé à Noémie ! Après la noce, Lucien l'a portée dans ses bras pour franchir le seuil de leur maison, il a refermé la porte sur eux et il a dit : « Nous sommes chez nous. Tu es mon amie et je ne t'obligerai jamais à faire ce que tu n'as pas envie de faire. Ici, tu es libre. Je te laisse la chambre et je dormirai dans l'autre pièce. » Tous les matins, il rentrait chez elle, il lui offrait un bol de café fumant et il s'asseyait sur le lit, le temps qu'elle se réveille et qu'elle lui sourie. Un dimanche d'hiver, il faisait si froid qu'elle l'a invité à se glisser sous la couverture, ils ont manqué la messe et, neuf mois plus tard, Marc est né.

– Florian et toi, vous avez de la chance de vous être trouvés, m'a dit Constance, une fois. Moi, j'ai l'impression que je ne rencontrerai jamais l'amour.

– Qu'est-ce qui te fait dire ça ? Tu es sortie avec un tas de gars depuis un an.

– Et je n'en ai rencontré aucun.

– C'est dommage que tu ne sois pas amoureuse d'Arthur, j'ai dit.

– Ça ne va pas ! Je ne suis pas du tout son genre. On n'a aucun point commun. On n'arrête pas de se disputer. Tu n'as pas remarqué ?

– Si, justement !

– Quoi, justement ?

Elle m'a regardée, pensive, puis elle a ajouté.

– C'est impossible. Il est trop petit.

– Trop petit ?

– Plus petit que moi !

– Et tu trouves que c'est un motif suffisant pour passer à côté de l'amour ?

– Arrête, Lily ! Arthur est amoureux d'Éléonore.

J'ai arrêté.

J'avais de la chance. J'aimais le garçon qui m'aimait. J'étais née dans un pays libre, dans une famille aisée, à une époque où il n'y avait pas de guerre, j'avais la possibilité de faire des études. Oui, vraiment, j'avais de la chance, beaucoup de chance, maintenant je le savais. Dans sa jeunesse, Noémie, elle, n'avait pas eu de chance. Elle était jolie, intelligente et en bonne santé. À la mort de sa mère, elle aurait pu être confiée à des gens gentils qui l'auraient aimée et peut-être adoptée. Elle avait échoué chez des Thénardier qui l'avaient traitée comme une esclave. Quand elle s'était enfuie pour Guernesey, elle aurait pu être recueillie par des religieuses qui lui auraient donné l'instruction à laquelle elle aspirait. Elle était tombée sur des matonnes obsédées par la propreté et l'ordre moral. Les bonnes sœurs ne lui avaient appris ni à lire ni à écrire. En sortant de là, elle parlait couramment anglais. Elle savait parfaitement s'occuper du linge en anglais, faire bouillir, laver, frotter, rincer, étendre, ramasser, plier, repasser, amidonner, rapiécer, repriser, broder. Elle aurait pu se faire engager comme femme de chambre au service d'une lady, dans une grande maison du Royaume-Uni et accéder à une meilleure vie par la porte de l'office. Elle était revenue au pays.

Quelqu'un était venu la chercher. Pour une fois que sa famille se souvenait d'elle. Qui était-ce ? Son frère ? Non, son père. Jules Kerforo.

Noémie K./ suite 3

Noémie étira soigneusement les draps en lin sur l'étendage, derrière le réfectoire. Sa tâche achevée, elle vola quelques minutes pour regarder faseyer les toiles blanches. Elles lui faisaient penser à la voilure d'un bateau bout au vent. Un jour, elle s'embarquerait pour une nouvelle vie ! Comme c'était bon de rêver ! C'est alors que sœur Mary-Mary surgit, l'attrapa par le bras et lui ordonna de rejoindre sœur Bridget au parloir avec ses affaires, toutes ses affaires. Noémie n'en crut pas ses oreilles.

– Mes affaires ? Je suis renvoyée ?

– Ton père t'attend !

– Mon père ! Quel père ?

Elle ne pouvait rien tirer de sœur Mary-Mary, elle fila empaqueter ses vêtements, et surtout, elle dégagea de sous son matelas le petit sac en tissu qui contenait les carnets, le porte-plume et les bouteilles d'encre. Elle serra dans ses bras ses amies et camarades de chambre, et avec un nœud dans la gorge, elle marcha vers le parloir. Ses semelles claquaient sur les dalles du cloître. Une dernière fois, elle embrassa des yeux le merveilleux jardin, dont le spectacle l'avait si souvent consolée de la rudesse du labeur. Son père l'attendait. Quelle image s'était-elle faite de son père ? Qu'est-ce que ça voulait dire pour elle, un père ?

L'homme avait une cinquantaine d'années. Il était encore leste mais, sous son chapeau, on devinait un visage marqué et des yeux fatigués. Dix-sept ans après la mort de sa femme, alors qu'il avait fini d'épuiser son chagrin sur les routes de France comme compagnon charpentier, il s'était souvenu qu'il avait une fille. Une fille en âge de s'occuper d'une maison. Il projetait de s'installer dans une petite chaumière sur la route de Keranguily, et ils habiteraient ensemble, le père et les enfants, Noémie et Joseph, le fils aîné, qui était rentré de la guerre, bien amoché.

Et Noémie apparut. Et Noémie sourit.

Comment était-ce possible ? Une revenante ! L'homme saisi d'effroi recula de trois pas. Il fut tenté de s'enfuir. Trop tard. Sœur Bridget leur claqua la porte au nez.

Noémie était le portrait craché de sa mère, Adélaïde. Le même visage mat bien dessiné, les mêmes petits yeux vifs, les mêmes cheveux épais et noirs, les mêmes fossettes de chaque côté d'une bouche charnue. Le même sourire.

À nouveau, Noémie sourit à son père.

Il se détourna pour pleurer.

Elle resta interdite à le regarder. Elle ne savait pas quoi faire, ni quoi penser. Elle n'avait jamais eu de parents à consoler.

1920. La date était tracée à l'encre rouge dans le précieux carnet qu'elle conservait secrètement, tel un talisman. Rouge, la couleur par excellence, la couleur du sang et du feu, le signe de la force et de l'énergie, de la fécondité, mais aussi le symbole du danger et de l'interdiction. Elle avait dix-sept ans, son père, cet inconnu, était venu la sortir du couvent. Elle se sentait libre, peut-être bien qu'elle était heureuse.

Le voyage de retour fut chaotique. Ils avaient perdu l'un et l'autre leur langue maternelle. Elle parlait plutôt anglais, lui surtout français, ils avaient du mal à communiquer en breton. La difficulté à trouver les mots cachait leur trouble. Elle aurait bien aimé savoir pourquoi il avait mis tant de temps à venir. Elle aurait aimé aussi qu'il lui racontât sa mère, cette femme qu'il avait pleurée si longtemps. Et pourquoi avait-il confié l'innocent bébé qu'elle était aux cousins de Kerbellec ? Tous ceux qui connaissaient Marie-Angèle Colpo savaient qu'elle n'aimait pas les enfants et qu'elle était méchante ? Où était sa grand-mère, Jeanne Le Grandic ?

La maison de la route de Keranguily était petite, mais elle l'aima tout de suite. Elle s'y sentait chez elle. Pour la première fois de sa vie. Elle l'arrangea à son goût, et tout autour elle créa un jardin, un merveilleux jardin comme ceux de Guernesey, dans lequel elle mêlait les fleurs, les légumes, et les plantes exotiques quand elle en trouvait. Les Kerforo avaient une petite chienne, Follette, et des poules, les rousses, ses préférées, des lapins aussi, deux vaches pour le lait et un cheval, Achille. Joseph s'était fait beaucoup d'amis à la guerre, qui venaient respirer le bon air de la mer. Noémie inaugura le premier bed&breakfast de la Cornouaille française. Oui vraiment, 1920 fut une belle année. Noémie aimait l'aube. La douce violence qu'on se fait à soi-même pour se sortir des draps, enfiler un vêtement, remplir un grand bol de café, et regarder poindre le soleil. À la naissance du jour, le cerveau est comme une bonne terre qui se laisse travailler sans peine. Les leçons mûrissent et les idées germent. J'ai du plaisir à apprendre, à muscler ma mémoire, à entraîner la pensée logique, à discipliner l'esprit qui a tendance à vagabonder.

Noémie aimait l'aube au printemps. Le printemps était sa saison préférée. Elle aimait croquer le radis avec la toute petite feuille qui le rend digeste et dans le compotier renifler la fraise qui exhale sous un filet de vinaigre. Elle aimait voir la clématite s'enrouler sur la grille du jardin, assister à l'explosion de la pivoine et mesurer l'angélique, partie de rien et qui prend taille humaine. Comme moi, elle aimait marcher pieds nus dans l'herbe après la pluie et suivre l'arc-en-ciel.

À sept heures, j'ai pris une douche en essayant d'alterner le chaud et le froid. Je ne sais pas si c'est ce qu'on appelle une douche écossaise, en tout cas, je ne réussis pas encore à rester aussi longtemps sous le froid que sous le chaud. Ce que j'aime par-dessus tout, c'est m'asseoir dans le bac et tenir le jet au-dessus de ma tête très longtemps, sentir l'eau glisser sur ma nuque, sur mes épaules, sur ma colonne vertébrale. Un jet tiède, évidemment.

Juste avant de partir, j'ai consulté mon courrier électronique. Je regardais si Florian était là. En général, il était au rendez-vous. Ce jour-là, il avait travaillé très tard, il aimait la nuit.

Objet : Quand est-ce qu'on chatte ?

On croyait être sortis de l'hiver, mais une tempête de neige vient de gâcher l'arrivée du printemps. J'ai travaillé très tard. Je me couche. Je disserte sur le désir et sur la mort. Je me suis souvenu que c'était l'anniv de la mort de Nono. Je T'M.

Mwaxe

Objet : Demain six heures pour toi ?

Je te serre dans mes bras, Twaxe. J'en suis sûre maintenant : Nono a choisi de mourir au printemps. A +

9

J'avais une obsession : respecter le programme de révisions que j'avais établi. Il est conseillé de prévoir large, la vie est imprévisible. Je venais de finir d'ingurgiter une tablette de chocolat noir à l'orange et le traité de Versailles. Je me faisais une récré. Les pieds en plein milieu du manuel d'histoire, j'admirais mes Converse roses toutes neuves, prêtant l'oreille aux bruits qui me donnaient des nouvelles de la famille. Les jumeaux piquaient une crise. En général, si l'un des deux commence à crier, l'autre suit. Yasmina psalmodiait en arabe pour essayer de les calmer. Une porte claqua, sûrement celle du bureau de Bruno qui enviait de plus en plus ma planque au sous-sol. Mon portable se mit à gazouiller quelque part sous la tonne de bouquins qui encombrait mon immense table à tréteaux. C'était bonne-maman Blachon, ma grand-mère paternelle, qui voulait savoir si j'avais des nouvelles de mon père. Je n'en avais pas.

– Comment ça, tu n'en as pas ?

– Il ne m'appelle jamais.

– Tu sais bien qu'il déteste le téléphone. Tu crois qu'il m'appelle, moi ?

– Tu es sa mère ! Maman aussi, elle m'appelle tout le temps.

– Ma chérie, j'ai fait un mauvais rêve. Il ne va sûrement pas bien ! Je te demande d'aller voir.

J'avais d'autres chats à fouetter, mais j'ai eu pitié de bonne-maman. Plus le temps passe, plus je comprends pourquoi ma mère a divorcé. Il faut se le faire, mon père. Et depuis la mort de son frère, il a comme qui dirait un pet au casque. Le voisin m'a ouvert le portail et j'ai rangé mon vélo contre le tas de bois. Il n'y avait aucun signe de vie du côté de l'atelier de papa. J'ai poussé la porte. Une abominable odeur m'a tordu le nez. Un mélange de tabac froid, de fruit pourri et de vomi. Un escadron de mouches obèses bourdonnait au-dessus de l'évier. Il aurait quand même bien pu s'acheter un lave-vaisselle ! Rien ne me dégoûte plus au monde que la vaisselle sale de la veille. Un nombre impressionnant de bouteilles vides m'indiquait qu'il y avait eu fête au village. Ces derniers mois, mon père s'est fait une bande de nouveaux potes, des desperados, proscrits de la route et sûrement aussi revenus de la vie. Bernard cuvait son chagrin avec eux. Après leur départ, il s'était allongé tout habillé sur son lit où je l'ai trouvé. Je lui ai donné une heure pour reprendre conscience.

Une heure durant laquelle j'ai lavé, essuyé, nettoyé, vidé, balayé, rangé. La verrière prenait l'eau, et ses meilleures toiles étaient en train de s'abîmer. Je me suis souvenue qu'un jour quelqu'un avait demandé à Maxime : « Ton père est peintre en bâtiment ? » Il avait répondu : « Non, il est peintre en atelier ! » Ce que je voyais n'avait plus aucun rapport avec l'atelier impeccable d'autrefois. Bernard a enchaîné deuil sur deuil. C'est un homme en chantier. Un nouvel amour pourrait peut-être réparer le chagrin, mais quelle fille tomberait amoureuse d'un type complètement défait ?

La machine à café glougloutait joyeusement lorsqu'il est sorti de sa niche. Au regard guimauve qu'il m'a jeté, j'ai senti qu'il y avait erreur sur le casting. Je ne pouvais pas prévoir à quel point il se trompait de film. Soudain, je l'ai entendu crier :

– Marie, mon amour, tu es revenue !

Marie, ma mère. Voilà qu'il me prenait pour ma mère. Marie qui est remariée avec Bruno depuis trois ans. Marie qui a mis au monde les jumeaux, Sacha et Macha.

Ça m'a fait un drôle d'effet.

J'ai évité l'inceste de justesse. Il s'est ramassé sur le carreau. Bien fait, j'ai pensé. J'ai rempli une bassine et je lui ai jeté un paquet de flotte à la tête.

– Moi, c'est Lily, j'ai dit. Si tu veux me revoir, tu as intérêt à changer de vie !

Bonne-maman venait d'avoir de ses nouvelles quand j'ai appelé quelques heures plus tard. Elle était à moitié rassurée. Ma visite a dû créer un électrochoc dans la tête de Bernard. Je n'ai pas tenté de casser sa baraque auprès de sa mère, je suis restée très vague sur la météo de la rue de Bagnolet. J'avais honte.

Je n'ai rien raconté non plus à Samia qui voulait le rencontrer parce qu'elle cherchait des ateliers d'artiste à photographier pour un journal de déco. J'ai esquissé un sourire maigrelet quand elle m'a téléphoné pour dire :

– J'ai vu ton père, il est génial. Il m'a montré son travail, on a passé un moment exceptionnel. Quel artiste !

– Il t'a parlé de moi ?

– Oui, il dit que tu ne l'appelles jamais.

C'est la meilleure. En plus, il est amnésique. Samia vibrait sous le charme du vieux, elle a ajouté :

– J'ai promis que je viendrais avec toi lui montrer mes photos. Je pourrais faire un portrait de vous deux.

J'ai été nette.

– Je n'aurai pas le temps. J'ai le bac.

La seule personne à qui je me suis confiée, c'est Papiguy, qui est passé par la maison avec Mamilou en rentrant d'un petit voyage en Italie. On leur avait donné la chambre de Maxime qui du coup campait dans la mienne. Papiguy est descendu faire un brin de causette, voir si tout allait bien. Maxime lisait une BD sur son futon, moi je classais mes mails.

En passant devant une photo de Bernard avec nous deux, Papiguy a dit :

– Comment va votre père ? Ça fait longtemps que je ne l'ai pas vu.

Maxime s'est levé et il est sorti.

– Qu'est-ce qu'il a ? a demandé Papiguy.

– Il a que papa débloque complètement.

Et je lui ai raconté. Bernard n'avait quasiment pas vu Maxime depuis son anniversaire. Il ne téléphonait pas, rien. Et pour ajouter au portrait, j'ai décrit l'atelier et ma descente aux enfers.

J'ai crié :

– Il est égoïste !

Papiguy a murmuré :

– Ton père est malheureux, Lily.

Puis il a pris ma main dans la sienne et il a dit :

– Dans chaque être humain, il y a un enfant qui pleure sur une douleur enfouie. Le deuil a ravivé des souffrances qui l'emprisonnent quelque part, dans un autre âge de sa vie. Il faut l'aider à reprendre sa place de père.

– Comment ?

– Ne l'abandonne pas.

– C'est lui qui nous abandonne !

– Ne le laisse pas faire. Sois généreuse. Amène-lui Maxime. Ça leur fera du bien à tous les deux.

Partout où nous avions habité j'avais vu, accroché au-dessus du bureau de maman, le même petit tableau à l'huile représentant une jeune fille assise sur un muret face à la mer. Je l'avais toujours vu, je ne l'avais jamais regardé. Jusqu'à ce dimanche de mai où, alors qu'elles buvaient le café dans le jardin, Mamilou a demandé à Marie :

– Tu l'as toujours le petit tableau de mémé Nono ?

Bruno, Maxime et Papiguy s'excitaient devant un match de foot à la télé. Les Cha ronronnaient dans leurs berceaux. J'étais en train de lire *Le Monde* pas loin au soleil, j'ai levé les yeux. Marie a reposé sa tasse et s'est servi un deuxième café. Oui, elle possédait encore l'objet en question.

– Est-ce que tu me ferais une faveur ? J'aimerais le récupérer. Je te le rendrai le jour où je partirai.

Marie a immédiatement précisé qu'elle n'était pas pressée de le récupérer. Quand Mamilou parlait de son départ, on savait tous qu'il ne s'agissait pas d'un aller-retour pour Louxor, Venise ou Delhi.

– Quand tu me l'as donné, tu t'en fichais complètement ; il était dans une malle au grenier.

– C'est vrai, mais tu sais, ça me ferait du bien de l'avoir sous les yeux.

Je me suis mêlée à la conversation.

– C'est quoi ce tableau ?

Toutes les trois, on est montées sous les toits où Marie possède une petite pièce qu'elle appelle son placard à pensées. Le tableau était là. On ne distinguait que lui sur le mur rose indien tapissé de pense-bêtes, de citations, d'images, de listes de commissions ou de choses à faire, de factures ou de vieux cartons d'invitation.

– Tu ne trouves pas que Lily lui ressemble ? a murmuré Mamilou.

J'étais très excitée. Je voulais tout savoir.

– C'est où ? C'est quand ? Qui est-ce qui a fait ça ?

Mes grands-parents sont repartis. Mamilou a embarqué la pièce à conviction. Avant, je l'ai photographiée, agrandie, imprimée. Au dos du tableau, écrits au crayon sur le bois du châssis, sont tracés les mots : *Morgat 1920. To my friend Nono. R.L.*

Lors de la dernière soirée que Mamilou passa avec nous, je me suis emportée.

– R.L. Tu ne sais pas qui c'est ? Tu es sûre de ça ? Enfin quelqu'un d'intéressant dans la vie de ta mère, et tu n'en as jamais entendu parler ! Tu fais un blocage ou quoi ?

Mamilou était chamboulée. Marie vint à son secours.

– Tu n'en fais jamais toi, des blocages ?

Je me suis excusée. Quand ma mère racontait ses flirts de jeunesse, ça m'énervait, moi aussi. Je trouvais ça impudique. La dernière fois qu'elle avait remis ça, j'avais lancé :

– Tu n'as pas de copines ?

J'étais incapable de me souvenir du nom du gars avec qui ma mère avait failli se marier quand elle était lectrice à l'université de Chicago. Tant pis pour la fille de ma fille ! Elle ferait comme moi, elle inventerait. R.L., c'était vraisemblablement les initiales d'un nom anglo-saxon ! Une rencontre faite à Guernesey. Un homme ! Un amant !

Je m'égarais volontiers dans la contemplation de la centenaire, son chapeau de paille vissé sur son crâne clairsemé, son visage sillonné de rides, et j'essayais de superposer des images de Nono de plus en plus jeune, jusqu'au portrait de la jeune fille sur son muret. Je remontais le temps. Un jour, j'ai fait une description du tableau pour Florian et j'ai joint ma littérature à un mail intitulé : *C'est quoi une vie ?*

Noémie K. / suite 4

Noémie n'est pas comme sur les quelques photos qui existent d'elle jeune, en robe de velours, tablier brodé et coiffe de tulle. Elle a l'allure des Parisiennes des années 20, robe courte, long collier de perles, turban dans les cheveux, et une écharpe au vent à la Isadora Duncan. Noémie K. est transformée. Le genre à accompagner Lacoste à Rolland-Garros, pour applaudir Suzanne Lenglen. Le genre à s'habiller chez Patou, le genre à danser le charleston dans un salon Arts déco, le genre à se passionner pour le mouvement dada, à aimer le jazz et le cinéma, le genre à discuter du dernier prix Goncourt donné à Marcel Proust. Noémie, sur cette petite huile, sans valeur picturale, a le genre Années Folles. Elle fume une cigarette à bout doré et loin à l'horizon lui sourit un avenir ensoleillé.

Florian a répondu dans la seconde :

Objet : c'est quoi une vie?

Ce n'est pas seulement ce qui a été. C'est aussi ce qui nous a manqué, ce qu'on a raté, ce à quoi on a rêvé.

Tummanques.

Florian

Objet : qui est R.L. ?

I miss you too. Trouve-moi un patronyme anglais.
Lily

10

Je déteste les gens qui disent que le bac, ce n'est rien, juste une formalité, un rituel de passage. Je déteste ceux qui disent qu'ils l'ont eu les doigts dans le nez sans se fouler. Je déteste ceux qui me disent que rater, ce n'est pas grave. Bien sûr que si, c'est grave. Je ne suis pas le genre à tout savoir à moitié, ni à tout savoir tout court. Je suis le genre à rabâcher ce que je sais à la perfection et à carrément faire l'impasse sur une petite partie du programme. Le genre roulette russe. Le genre à se donner une chance d'échouer. C'est pathologique. Je ruminais tout ça dans le 76, quand il s'arrêta devant la pharmacie, au coin Charonne-rue de Bagnolet. De l'autre côté de la rue, j'étais chez mon père. J'allais chercher Maxime. Je les ai tous les deux surpris en train de dessiner un bouquet de pivoines et quelques pommes, artistiquement disposés. Papiguy avait raison, ils se faisaient du bien l'un à l'autre. L'atelier avait repris bonne figure. Le désordre était méticuleux. Un Bernard en forme c'est un Bernard maniaque. Il a un rapport essentiel avec la lumière, il ne supporte aucune trace sur les vitres. Mon père avait fait ses carreaux. Quelque chose aussi avait changé dans sa relation avec moi. Il me regardait attentivement. Il me traitait avec délicatesse. On n'avait jamais reparlé de ce qui s'était passé. Non seulement je ne l'avais pas abandonné, mais j'étais revenue m'excuser. C'est difficile de compatir à la souffrance de quelqu'un, mais on peut comprendre que le mal-être fausse la perception du monde et les relations aux autres. Le jour où j'ai dit à mon père : « Je sais que tu souffres », j'ai eu l'impression de lui mettre un pansement.

Maxime était content de ses retrouvailles avec papa. Son père lui avait manqué tout cet hiver. Assis à côté de moi dans le bus du retour, il m'a raconté son week-end. Soudain, au milieu du récit, il a lancé :

– L'année prochaine, tu pourras habiter chez papa ?

Je l'ai regardé avec curiosité.

– Pourquoi je ferais ça ?

– Il n'aime pas vivre seul.

Je n'ai pas répondu. Qu'est-ce que j'aurais pu répondre ? Je ne vais quand même pas quitter ma mère et sa nursery pour faire gouvernante chez mon père ! C'est étrange les relations père-fille, surtout quand la fille n'est plus une enfant et que le père ne vit plus avec la mère, mais tout seul, comme dans mon cas. On parlait de nos pères, l'autre jour avec les copines, Emma, Armelle et Constance. Emma a dit : « J'adore quand mon père essaie de me séduire, mais je ne supporte pas qu'il me traite comme une conquête. » « Moi, a dit Constance, ce qui m'horripile chez le mien, c'est quand il se plaint que je ne me soucie pas de lui, que je ne prends pas de ses nouvelles, que je ne m'intéresse pas à sa vie. Il faut tout le temps qu'il m'explique ses problèmes de boulot, ou qu'il se vante de ses petits succès. » « Le pire, a ajouté Armelle, c'est le père qui te confond avec sa meilleure copine et qui te fait des confidences intimes. Tout ça parce qu'il est mal à l'aise, dès qu'il se retrouve en tête à tête avec toi. » Non, ce n'est pas évident, les relations père-fille. D'ailleurs, moi aussi, j'ai du mal à me situer. L'autre jour quand le voisin s'est plaint de Bernard et du tapage nocturne qu'il occasionnait, j'ai réagi comme si c'était mon fils et que j'étais responsable. L'année dernière, il est sorti avec une fille avec qui je me sentais constamment en rivalité. D'un autre côté, quand mon père joue les patriarches et qu'il se mêle de me donner des conseils sur comment mener ma vie, c'est insupportable. Quelques mois plus tôt, il m'avait conseillé de faire du droit, prétendant que je n'étais pas du tout artiste. J'ai eu immédiatement envie de m'inscrire aux Beaux-Arts. Mais l'obscène par excellence pour moi, c'est quand Bernard pense tout haut que je devrais m'habiller ou me coiffer comme ma meilleure copine, parce qu'il la trouve sexy. Non, pas question ! Je ne m'installerai pas chez mon père. J'ai fait une prière. Que Bernard trouve une fiancée avant la fin de l'été !

Le jour où je quitterai la maison, je ne sais pas où j'irai m'installer. Je ne sais pas ce qui me manquera le plus. En tout cas, Maxime me manquera énormément. Malgré la différence d'âge, on est très complices, lui et moi. On l'a toujours été. Dans le bus, sur le trajet du retour, il a entrepris un casting, à la recherche de la future fiancée de papa. Ni trop vieille ni trop jeune. Ni trop belle ni trop moche. Ni trop grosse ni trop maigre. L'air intelligent. Gentil. Look plutôt artiste, comme lui. Ressemblant à maman. Ne lui ressemblant pas du tout. On mettait des notes à chaque personne de sexe féminin qui apparaissait à l'arrêt. À Ville-la-Grange, une très jeune femme noire est montée avec un bébé dans le dos. Maxime a dit :

– Ça doit être douillet là-dedans ! Tu as des souvenirs de quand tu étais bébé, toi ?

Aucun souvenir. Maxime n'a pas attendu ma réponse, il a poursuivi :

– Camille croit à la réincarnation, et toi ?

Voilà autre chose. Camille croyait à la réincarnation. La réincarnation, quelle réincarnation ? J'ai dévisagé mon petit frère avec une certaine inquiétude. J'ai demandé :

– Qu'est-ce que font les parents de Camille ?

– Sa mère est voyante et son père médium. Je blague, Lily. Son père est ingénieur et sa mère infirmière. De toute façon, ça n'a rien à voir avec ses parents. En plus, Camille pense qu'elle s'est trompée de famille.

Mon frère et sa copine n'ont pas douze ans. Mais ils ont eu des vies avant la vie, eux. Il a insisté :

– C'est vachement bien la réincarnation.

– Tu connais des réincarnés ?

– Sacha et Macha ! Sacha, c'est Philippe. Et Macha, c'est Nono.

– T'en as parlé aux parents ?

– Je ne suis pas fou.

– Il n'y a que moi qui suis au courant ?

– Toi, moi et Camille.

– Donc, quand on se réincarne, on reste dans la même famille et dans le même sexe. Tu ne voudrais pas être une fille, toi, dans une autre vie ?

Maxime n'était pas du tout tenté. Je me suis expliquée :

– À la place de Nono, je me serais vite glissée dans le corps de Sacha et j'aurais laissé Macha à Philippe.

– Pourquoi ?

– Par esprit d'aventure. Pour voyager. Pour comprendre pourquoi toi tu n'as pas envie de changer de sexe !

– Bon d'accord, c'est rigolo. Sacha, c'est mémé, et Macha, c'est tonton.

Ce soir-là, on s'est portés volontaires pour leur donner le bain. Franchement, on s'est bien amusés avec Macha et Sacha, maintenant qu'on sait qui ils sont vraiment. Ça change tout.

Pendant que je délirais avec Maxime, Florian avait fantasmé sur les amours de Nono avec Robert Lobby. C'est Florian qui a trouvé le nom correspondant aux initiales R.L. Rapport quantité mails, le prétexte avait fourni un max de mots. Au bout d'une dizaine d'échanges, on s'est décidés pour Robert Lobby. Il l'imaginait, bel Américain roulant en Torpédo, parti à la conquête de l'Ouest européen sur les traces du poète Max Jacob. Son automobile était tombée en panne et, heureusement, Robert avait rencontré Noémie qui l'avait secouru et avec qui il avait eu une grande conversation, vu qu' elle parlait si bien anglais. Coup de foudre. Blablabla. J'ai à peine lu la suite, tellement je trouvais ça artificiel. Comment lui dire sans le froisser qu'il faisait fausse route ? Pendant que je réfléchissais, un autre mail de Florian est apparu dans la boîte :

```
Objet : Robert Lobby
Où t'es ? Tu ne trouves pas mon texte super ?
```

Il ne peut pas se contenter de me lire. Au secours ! Noémie est à moi. C'est mon ancêtre. C'est mon histoire. De quoi se mêle-t-il ? Il m'énerve tout à coup. Calme, Lily ! Calme. C'est un jeu. Florian. Je l'adore.

J'ai cherché une réponse ! Vite ! Et j'ai trouvé.

```
Objet : Lobby or not Lobby
Hélas, R.L. est une femme !
```

Une femme. J'en avais eu l'intuition en surprenant Marie et Yasmina dans le salon, en train de se déguiser. R.L. était une amie. Elle venait d'un autre pays, d'un autre milieu, elle peignait comme on prend des photos. Et les vêtements de Noémie étaient les siens. Elle parlait anglais avec Nono. Morgat, 1920. L'idée était née ce jour-là, en rentrant de chez papa, Maxime sur les talons. Il y avait du charivari à la maison. Ça se voyait et ça s'entendait depuis le jardin. Le salon était sens dessus dessous. Les Cha ronronnaient sur le tapis. Rien ne les gênait. Ni la musique de jazz, ni l'odeur de la cigarette, ni les fringues qui remplissaient les fauteuils. Ça se marrait. Ça rigolait là-dedans. Sur la table, une collection de Polaroïd attestait que le défilé était commencé depuis longtemps. Marie dans le rôle de la styliste en vogue, un pinceau de maquillage derrière l'oreille, et Yasmina en mannequin vedette.

Pieds nus dans une robe longue d'une belle simplicité, les cheveux noirs et brillants, nattés jusqu'aux reins, les yeux soulignés de khôl, Yasmina surgit de derrière un paravent et marcha autour du salon, avec un immense détachement. On aurait juré une princesse berbère. Marie applaudit. Elle braquait son appareil en criant : « Bouge pas ! » Yasmina s'arrêta et fixa l'objectif, esquissant une moue de couverture de magazine. Puis elle se retira et je suivis le mouvement gracieux de son corps, elle bougeait comme si elle avait fait ce métier toute sa vie.

– C'est quoi ce souk ?

Elles se sont regardées comme deux gamines prises en faute. Le carrosse de Yasmina se transforma en citrouille au moment où Marie répondit :

– On fait des essayages. Pour aller au mariage du neveu de Yasmina. Tu sais, Mehdi, l'avocat.

Alors que je descendais l'escalier de la cave pour rejoindre mon camp retranché, j'ai entendu Maxime dire à Nanou :

– Tu es super belle, Nanou !

11

J moins 10. Le regard perdu sur la ligne bleue du bac, je ne voyais plus rien ni personne. J'étais dans l'état de concentration du joueur de foot au moment du penalty. Dans la maison, le mot d'ordre était : « Moins fort ! Lily travaille. » Nanou tentait de me gaver, mais Marie veillait à l'équilibre nutritionnel, comme un entraîneur sur son poulain. Florian et moi, on avait mis l'amour en congé. Sur le Net, la ligne France-America était coupée et question portable je ne laissais plus sonner que les SMS. Ce fut donc par texto que j'appris qu'il y avait 100 € à gagner pour qui accepterait de remplacer Léo au Paris-Hanoï, où il était serveur le samedi et le dimanche. L'annonce tomba au moment où Bruno m'expliquait que, pour se reposer, il n'y a rien de mieux que de changer d'activités. J'ai accepté. J'ai passé une bien étrange soirée.

Le bras amarré à l'arrêt de bus, je lisais la correspondance de Rosa Luxemburg. Je m'étais passionnée pour la vie de cette socialiste révolutionnaire. Au début, elle m'avait sans doute attirée à cause de son nom. N'a-t-elle pas les mêmes initiales que l'artiste du tableau, la copine de mémé Nono ? En tout cas, depuis sa prison, la Rosa écrivait de bien belles lettres à son amie, Sophie Liebknecht. J'ai levé des yeux embués d'émotion. Le 76 n'arrivait pas. J'étais tentée de me rouler une cigarette, ça fait immanquablement venir le bus, mais il faut la jeter avant de monter, et je n'aimais pas gâcher. J'étais de plus en plus nerveuse, car je ne pouvais pas me permettre d'être en retard, pour un premier jour dans un boulot. Par miracle, une voiture a freiné à mes pieds. Une vitre s'est baissée, et une belle tête mal rasée a lancé :

– Je vous emmène quelque part ?

J'ai ouvert la portière et j'ai très simplement donné l'adresse comme à un taxi. Je ne sais pas ce qui m'a pris. L'inconnu m'a déposée rue de Charonne, devant le restau. En me lâchant à destination, il a juste dit :

– Vous étiez émouvante, plongée dans votre lecture.

Je n'ai pas cherché à prolonger ce moment, lui non plus. J'aimais ces rencontres sans lendemain, qui vaporisent un peu de magie sur la peau de la vie.

Les murs tapissés de paille étaient couverts de photos noir et blanc du Vietnam, et les clients avaient des gueules d'intermittents, d'aventuriers, d'étudiants. Jeunes ou vieux, ils avaient la même dégaine. Pour la majorité d'entre eux, ils débarquaient de la fac, du cinoche ou de leur piaule, pour explorer le menu et se rassasier dans une ambiance amicale. Le patron m'a collé un bandana noir dans les cheveux et un tablier autour de la taille. Je prenais beaucoup de plaisir à me glisser d'une table à l'autre, à prendre les commandes, à porter les bols de bo-bun ou de soupe corail, les montagnes de nems et de menthe fraîche, les bières chinoises. J'écoutais les conversations, souvent on me prenait à partie, je donnais mon avis, je me faisais de nouveaux potes. Un couple s'est installé, j'ai encaissé une table de quatre, et je suis venue prendre la commande.

Je les connaissais.

Je les connaissais même très bien. Mais je n'étais pas préparée à les croiser ici, car chaque fois que je pense à eux, je les situe en Bretagne pendant les vacances. Lui, c'était Théo Pennrose, elle, Pénélope, sa cousine et mon amie d'enfance.

– C'est drôle, a dit Pénélope. On parlait de toi, il y a un instant.

Hasard. Bizarre.

Mon histoire avec Théo se résume à très peu de choses, juste cette aventure sur la plage, le jour où son cheval s'est échappé, quand j'avais douze ans et lui vingt. Toutes les fois que nous nous croisons, nous l'évoquons. Il ne se passera sans doute rien d'autre. Ça suffit pour développer une réelle tendresse entre nous. Depuis que la différence d'âge s'estompe, Théo se plaît à caresser l'image de cette petite fille amoureuse du jeune homme.

Avec Pénélope, nous avons été inséparables. Petites, on ne se quittait pas de l'été. Du matin au soir, on jouait. Après, on n'en finissait pas de se raccompagner l'une chez l'autre. Maintenant tout était différent. Elle avait passé le bac l'année dernière, et je savais qu'elle s'était inscrite dans un cours de théâtre, pas loin de chez mon père, mais nous ne nous fréquentions plus. On se croisait de temps en temps. On échangeait régulièrement nos numéros de portable. On ne s'appelait pas. Avec Théo, je partageais un seul souvenir qui grandissait dans mon cœur, avec Pénélope j'en avais des milliers qui s'effaçaient.

Théo et Pénélope… Moi aussi, j'ai pensé à eux. Depuis que j'étais sur les traces de Noémie K., je me suis souvent demandé ce qui me gardait à distance de Pénélope. Elle que j'ai aimée comme une sœur.

Le restau s'est vidé. Je recomptais une addition sur le coin du bar. Mes doigts exhalaient la coriandre et la menthe. Mon oreille traîna du côté des Pennrose. Je captais des bouts de phrases. On y discutait de ma famille. Soudain, j'ai eu le thorax encombré et les yeux brouillés. Je me suis sentie épuisée. Au bord de l'effondrement. J'étais si mal en point que le cuistot attentif m'a tendu un bol de thé vert. Dès que le liquide brûlant m'eut ravigotée, un souvenir émergea de mon inconscient…

C'était l'été, on jouait au cirque sur le portique, juste derrière chez mémé Nono : Lily et Pénélope, artistes associés. J'ai vu une image : Pénélope en haut de la corde à nœuds, moi sur le trapèze, la tête en bas. Puis, une autre image : toutes les deux allongées dans l'herbe, en short et pull marin.

Une voix a lancé :

– Si on jouait à faire une fugue comme la fille dans le journal ?

– On irait où ?

– Dans la cabane de pêche de grand-père Hector.

– Je vais dire à mémé Nono qu'on s'en va.

– Ça ne va pas ! Si tu la préviens, c'est plus une fugue. On va écrire une lettre. On laissera une lettre.

– Impossible.

– Bien sûr que c'est possible.

– Mémé Nono ne sait pas lire.

Horrifiée, Pénélope a dit :
– Analphabète.
J'ai pris le mot pour une insulte. J'ai crié au bord des larmes :
– Non, elle n'est pas bête.
Pénélope a tourné les talons, elle est montée sur son vélo et elle s'est enfuie. En pédalant, elle a crié plus fort que moi :
– Je ne joue pas avec une arrière-petite-fille d'analphabète !
Voilà donc ce qui s'était passé. Voilà donc la scène qui avait mis fin à notre merveilleuse amitié. Voilà donc les paroles traumatisantes que j'avais fait disparaître, que j'avais enfouies, que j'avais oubliées. Pendant toutes ces années, j'ai oublié la dispute, l'objet de la dispute, les circonstances de la dispute.
J'ai tout oublié.
Et pour tout oublier de cette scène, j'avais dû effacer de ma mémoire que mémé Nono ne savait ni lire ni écrire.

Les derniers clients s'en allaient. J'étais une opérée du cerveau en train de sortir de l'anesthésie. C'est à peine si je distinguais le sourire de Pénélope. C'est à peine si j'entendais Pénélope dire, sa main sur mon bras :
– J'habite à côté. Tu viens. Je voudrais te montrer quelque chose.
Je ne pouvais pas la quitter sans lui avoir parlé. Je l'ai suivie.
Pour les quatre-vingts ans d'Hector, la famille Pennrose avait eu l'idée de faire un livre avec son journal. Un vrai livre relié, en quatre-vingts exemplaires.
– Avec un ordinateur et une photocopieuse, ce n'est pas très compliqué, m'a expliqué Pénélope. Le gros boulot, c'est de taper les textes. L'écriture de grand-père, c'est un gribouillis illisible.
Dans ses mémoires, Hector Pennrose racontait beaucoup sa guerre, la Seconde Guerre mondiale. Il avait seize ou dix-sept ans et il faisait partie du maquis de Kermoisan, fondé par son père. Au détour d'une phrase, il parlait de Noémie K. Ce n'était pas très clair. Il mentionnait néanmoins que Noémie avait été capturée par les Allemands, et torturée.
– Tu sais quelque chose, là-dessus ?

Pénélope se trouvait face à un tas de documents écrits qu'il fallait déchiffrer, classer, interpréter, moi je devais remplir des cases vides à partir de rien, une date par-ci, une bribe par-là. Elle m'a raconté les gros cahiers d'Hector, je lui ai décrit les carnets de Nono.

Chacune guettait le moment où l'autre mettrait sur le tapis le motif de notre séparation. Je me suis jetée à l'eau. C'était tout chaud.

Et j'ai découvert que, pendant toutes ces années, Pénélope n'avait jamais pu oublier ce moment de notre vie, que j'avais moi totalement annulé. Elle s'en souvenait comme si c'était hier. Elle s'en souvenait à tout bout de champ. Elle s'en souvenait trop. Il lui avait appris à se méfier des mots.

Ça résonnait fort, tous ceux-là reliés ensemble : « Je ne joue pas avec une arrière-petite-fille d'analphabète. » Au moment où ils ont jailli de son cerveau, elle n'en avait pas estimé le sens ni la portée. Ça a fait mal pour elle aussi, très mal. J'étais capable de me l'imaginer. C'était comme une blague, un jeu, un défi. Elle se revoyait ramasser son chandail, relever son vélo et partir, persuadée que j'allais la suivre. Persuadée que j'allais la rattraper. Persuadée que j'allais la faire tomber, et qu'on mimerait un combat de cape et d'épée. Mais j'avais reçu la phrase en plein cœur. J'étais brisée, humiliée, paralysée. Je me sentais rejetée, exclue, indigne de notre amitié.

Je lui avais manqué. Elle m'avait manqué.

En exprimant ce que nous avions vécu et ressenti, en parlant encore et encore de ce que cette souffrance avait tissé dans nos personnalités, nous avons commencé à soigner notre blessure. Elle pourrait peut-être se cicatriser. Notre amitié était en convalescence. Cette nuit-là, je suis restée chez Pénélope et nous avons dormi ensemble dans le même lit, comme les deux enfants joyeuses d'alors. Cette nuit-là, nous avons choisi d'avancer à nouveau la main dans la main, dans l'histoire qui liait nos deux familles.

12

« Alors Lily, c'est le bac ! » Pour la première fois de ma vie, j'étais le centre du monde. Ils avaient les yeux braqués sur moi, mes parents, ma famille, les amis, les voisins, la France entière. Chacun y allait de sa petite histoire. Le copain qui avait oublié sa carte d'identité. La copine qui s'était trompée de bahut. Le copain de copain de copain qui ne s'était pas trouvé sur la liste des candidats. Quand il s'agit de faire monter la pression, ça se bouscule au portillon. À la télé, à la radio, partout dans la presse, les journalistes déclamaient le compte à rebours.

Le lendemain, à cette heure-là, les dés seraient jetés. L'épreuve de philo aurait eu lieu. Mes quatre grands-parents avaient appelé pour me souhaiter bonne chance. J'étais l'aînée des petits-enfants, des deux côtés. L'idée de les décevoir me torturait. Maman soigna ma trouille à l'homéopathie, et Nanou me massa les pieds. Marie aussi avait les jetons. Au dernier moment, elle a craqué. Je l'ai entendue décommander ses rendez-vous pour m'accompagner jusqu'au lycée. Elle n'a fait confiance à personne pour mettre les réveils à sonner. Posés sur une chaise, à côté de mon lit, soigneusement repassés, mes vêtements ont été choisis pour que je sois à l'aise dans n'importe quelle condition climatique. Un petit déjeuner survitaminé m'attendait à la cuisine. Dans mon sac, j'ai vérifié qu'il ne manquait rien : les bons crayons, les bons brouillons, les bons petits en-cas pour faire face à l'hypoglycémie, et le grigri offert par Maxime.

Mon cerveau était au bord du bug et je n'avais aucun moyen de sécuriser tout ce que j'avais emmagasiné. Il était trop tard de toute façon. Juste avant de me coucher, j'ai cliqué sur ma boîte à mails.

Je serais sortie de l'épreuve à l'heure où Florian entrerait dans la salle d'examen du lycée français de Montréal. Son message s'est pointé à la seconde où le mien disparaissait.

```
Objet : merdum for tomorrow!
Je t'aime et puis je… fume. Mwaxe
```

Ça s'est bien passé. Je ne me suis pas jetée sur le premier sujet qui me donnait envie de gamberger : « Le bonheur est-il affaire privée ? » J'ai très froidement analysé ce que je pouvais tirer de convenable avec le deuxième, sur la liberté. Au bac blanc, un sujet très approchant m'avait rapporté 15. Je possédais la matière, je n'avais plus qu'à adapter le raisonnement. Je n'ai pas paniqué et j'ai eu le temps de bien relire ma copie et de corriger les fautes. Lors du dernier cours, notre prof nous avait présenté sa collection de perles, en écriture SMS. À éviter ! Les autres épreuves se sont succédé sans complication particulière. En sortant de la salle d'examen, je me sentais assez sûre de moi. Mais à mesure que le temps passait, je commençais à douter. Plus que quelques jours avant le verdict. J'avais besoin de me distraire, de me changer les idées.

Pénélope m'a invitée à son spectacle de fin d'année. J'y ai entraîné Arthur. En me laissant à la porte de chez moi, tout en claquant deux bises sur mes joues, il a murmuré :

– Merci, c'était vraiment sympa. Ton amie a une personnalité intéressante. Comment s'appelle-t-elle, Pénélope comment ?

Le lendemain, quand j'ai appelé Pénélope pour lui dire tout le bien que je pensais de sa manière de jouer et de bouger sur la scène, elle a demandé :

– Et ton copain… ton ami, ça lui a plu ?

Non seulement, je lui ai répété les paroles d'Arthur qui s'y connaît en théâtre, mais j'en ai rajouté. Dans la conversation, j'ai trouvé à propos de lui rappeler que je sortais avec Florian, et qu'à ma connaissance Arthur était libre. Puis, mue par une inspiration soudaine, j'ai lancé une invitation :

– Je t'ai dit qu'Arthur est musicien ? Guitariste. Il veut que j'assiste à son audition après-demain, tu viendrais avec moi ? On pourrait se donner rendez-vous un peu avant, j'ai des questions à te poser sur mémé Nono, ton grand-père Hector, Mamilou, tout ça.

Elle a tout de suite été d'accord.

Le conservatoire de musique est bâti au milieu d'un square. Au-delà, c'est un no man's land, la zone. Il n'y a pas un seul bar où deux filles en mal de confidences peuvent avoir envie de se poser. Tout en marchant, nous parlions de nos familles. On a mis à jour notre album commun, en classant les personnages : les intouchables, les folkloriques, les vedettes, les gentils, les méchants… On cadrait large, flou ou serré selon nos affinités, et il y avait ceux qu'on noyait dans le groupe. J'ai découvert que nous avions les mêmes avis sur plein de gens et que Pénélope n'avait jamais cessé de s'intéresser à moi. Régulièrement, elle faisait une petite visite à Mamilou et elle prenait de mes nouvelles. Je me suis souvenue à l'occasion que Mamilou aussi me tenait au courant des événements qui survenaient dans la famille Pennrose. C'est par Mamilou que j'ai su que Pénélope avait eu son bac, qu'elle était partie six mois en Angleterre avant de choisir le théâtre, qu'elle avait obtenu un petit rôle dans un téléfim, tourné dans la baie des Trépassés.

Mon cœur a bondi quand Péné a dit :

– Tu ne sais pas la meilleure. Figure-toi que j'ai failli rencontrer ton Florian.

Je ne pouvais pas y croire : une de ses cousines canadiennes est copine d'une copine de Florian.

– Tu es sûre ? Mon Florian ? Florian Seuraine ?

– Non, pas ce nom-là.

J'ai respiré.

Ça m'aurait fait de la peine de constater que le monde est petit. Le monde n'est pas petit. Il est immense et plein de surprises. Le monde est grand, très grand, mais la France est minuscule. Pénélope ne connaissait pas Florian, elle connaissait Samia et elle lui a sauté au cou. Presque toute la bande était venue applaudir Arthur. Et Samia a mitraillé avec son nouvel appareil numérique.

Les élèves sont passés les uns après les autres en commençant par les plus jeunes, sur la scène du conservatoire. Arthur fut exceptionnel. La salle lui a fait un triomphe. Après l'audition j'ai plaqué tout le monde sous un faux prétexte et je suis rentrée dans ma tanière. Il y faisait plus frais que dehors. J'ai pris une douche et j'ai enfilé un peignoir sans prendre le temps de me sécher avant. Il y avait urgence, il fallait que j'écrive. Pénélope avait bien avancé dans la lecture des mémoires de son grand-père. Elle m'a donc confirmé que mémé Nono avait fait de la résistance. Et qu'elle a risqué sa vie pour sauver celle de son ami Jean Pennrose, le père d'Hector, l'arrière-grand-père de Théo et Pénélope. Ça s'était passé en juin 1944, entre le 5 et le 6 juin. Noémie K. avait été arrêtée, traînée à la Kommandantur, torturée. Dans ses petits carnets, la date 1944 était tracée à l'encre rouge.

Noémie K./ suite 5

Un bruit de bottes derrière la porte, et le cauchemar a commencé. Mon Dieu, où est Louise ? Encore au fond du jardin, en train de parler aux arbres ! Noémie serra les dents. Les uniformes verts mettaient sa maison sens dessus dessous en hurlant. Elle se boucha les oreilles. Mais elle écarquilla les yeux en découvrant la figure de la petite Louise collée aux carreaux. De toutes ses forces, son regard la supplia de s'enfuir.

Le ciel crachait des bombes sur la côte ouest. Sur l'ancien château des Keran, le drapeau allemand claquait nerveusement. Des soldats couraient dans tous les sens, déménageaient des documents, remplissaient des camions. Au premier étage, ligotée sur une chaise, Noémie soutenait le regard de l'Oberleutnant Behrens. Il souriait. Pour l'instant, il jouait simplement avec la lettre de dénonciation. Il la tenait sous le nez de sa prisonnière. Il la lui lisait, avec un accent bourré de consonnes :

« Méfiez-fous t'elle, elle n'est bas ze qu'elle baraît. Elle barle anglais. »

Noémie pensa à sa vie. Elle avait une quarantaine d'années. Elle était veuve. Seule avec sa fille Louise. Marc, son fils aîné, avait disparu l'année précédente avec le train qu'il faisait sauter. Lucien Talvern, son mari, était mort en 36, des suites de ses blessures de 14. Joseph Kerforo, son frère, les avait définitivement quittés en 1930. Elle avait tout enduré. Elle pouvait encore subir le pire. Si elle ne revenait pas, Jean Pennrose élèverait Louise. Ils en avaient parlé ensemble, un jour après la mort de Marc. D'ailleurs, elle ne reviendrait pas. Elle savait qu'elle ne sortirait pas de là vivante. Elle ferma les écoutilles et elle pria.

L'Oberleutnant était sidéré devant ce petit bout de femme. Elle avait une tête en granit ! Il lui avait tout dit, il lui avait tout fait, elle n'avait pas bronché. Étanche comme un sous-marin. À aucun instant elle ne s'était défendue.

À aucun instant elle n'avait essayé de dire qu'elle n'avait pas pu traduire quoi que ce soit, ni ces documents-là, ni d'autres. À aucun instant elle n'avait été tentée de sauver sa peau en révélant qu'elle ne savait ni lire ni écrire.

Un éclair a traversé ses petits yeux sombres. Elle se sentait en paix avec elle-même. Elle avait choisi. Elle avait choisi de mourir pour sauver la vie de Jean et de plein d'autres. C'était lui l'auteur des traductions en breton de tous les documents qui arrivaient de Londres. C'était lui, l'instituteur qui, pour éviter qu'ils ne tombent entre les mains de l'ennemi, convertissait les renseignements dans cette langue de chouans et de pirates. Elle l'avait aidé bien sûr. De temps en temps. Jean aimait tellement lui faire croire qu'elle était savante, elle aussi ! Finalement, elle partait contente. Accusée d'avoir lu, écrit, traduit ! Accusée d'être une femme instruite, cultivée, savante ! Accusée d'être une femme libre qui met son savoir au service de la liberté ! Quel cadeau la vie lui offrait ! Elle avait si souvent rêvé d'être cette femme-là !

Noémie pensait mourir pour sauver Jean. C'est Jean qui a sauvé la vie de Noémie. Mamilou s'est parfaitement souvenue de ce jour-là. Elle avait neuf ans. Elle m'a décrit sa course folle jusque chez les Pennrose. (Jean avait pris la place du père qu'elle n'avait pas connu. Hector était comme un grand frère.) Mamilou s'est parfaitement souvenue de la tête de Jean quand elle lui a raconté ce qui se passait chez les Talvern. Il a crié : « Oh non, pas elle ! » Jean Pennrose savait que le débarquement aurait lieu à l'aube. La guerre était finie. Il a rôdé autour de la Kommandantur. Il ne supportait pas d'entendre crier Noémie. Les bombardements embrasaient la nuit. Dans un éclair, il a même cru apercevoir son beau visage ensanglanté. Il ressentait les coups et les brûlures de cigarettes dans sa chair. Il n'en pouvait plus. Il était sûr qu'elle ne parlerait pas. Il était certain qu'elle n'avouerait rien. Il a pesé le pour et le contre, et il a pris sa décision. Une heure avant que l'information ne soit officiellement diffusée, Jean Pennrose a donné un coup de téléphone. Il a prévenu que les Américains avaient débarqué. Ça n'a pas traîné. Jean ne faisait que confirmer l'intuition du commandant. L'ordre a été donné de lever le camp. Les Allemands se sont littéralement envolés, abandonnant Noémie. Au petit matin, par le chemin creux, derrière la haie d'aubépine, la petite Louise a vu apparaître Jean portant dans ses bras sa maman défigurée.

Pendant que Mamilou me parlait, je me faisais mon idée sur Jean Pennrose et ses relations avec Nono. Il est mort en 1981. En 1981, Noémie K. a arrêté ses carnets. J'ai été tentée de répéter à Mamilou le scénario qu'on a imaginé, avec Pénélope. Jean et Noémie étaient tous les deux veufs. Noémie depuis 1936, Jean depuis 1925. Ils étaient voisins, Hector et Marc avaient grandi ensemble. J'avais demandé à Péné :

– Tu crois que mon arrière-grand-mère et ton arrière-grand-père… étaient… amants ?

Elle avait dit :

– Je vais cuisiner Hector, crois-moi, s'il sait quelque chose, je le saurai aussi.

Avec Mamilou, je me suis tue sur le sujet, par pudeur. À n'importe quel âge, un enfant préfère croire que son père n'a aimé que sa mère et réciproquement. J'ai seulement demandé :

– Tu as su qui a dénoncé mémé Nono ?

La vie de Noémie ne m'a pas longtemps distraite. Mes angoisses ont repris le dessus. De nuit blanche en nuit blanche, l'heure des résultats était pour demain. Et si j'étais hors sujet ? J'ai passé ma copie à la moulinette critique. Je n'aurais peut-être pas dû faire cette réflexion trop personnelle à cet endroit-là, ce n'est pas justifié ! Je ne peux pas m'empêcher de donner mon avis. M. Gaudiveau me l'a pourtant dit plusieurs fois : « Attention, Lily, méfiez-vous de vos impulsions ! » Est-ce qu'un correcteur a le droit de saquer un élève simplement parce qu'il n'est pas de son opinion ? L'autre jour, à la terrasse du Grand Café, je regardais un prof corriger des copies. Je l'ai vu s'énerver sur une feuille, la taillader au stylo rouge, l'enfouir rageusement sous la pile, et se commander un alcool qu'il a bu d'un trait avant de passer à la suivante. Et si c'était la mienne ? Je me repassais les épreuves les unes après les autres, en boucle. À l'oral d'anglais, l'examinateur m'a dit de soigner mon intonation. En histoire, je me suis plantée sur une date, je me suis trompée de mois. Heureusement, j'ai des points d'avance avec le français. Est-ce que je pourrai encore regarder Florian dans les yeux, s'il a une mention Très Bien et que je suis collée. « Arrête de te faire du mal ! m'a dit Samia. Viens avec nous ! J'ai donné rendez-vous à Constance et à Armelle au hammam, j'ai quelque chose à vous montrer. »

Je crois que je n'ai jamais ressenti une telle sensation de propreté. Deux heures à suer, à se frotter, à se masser. On est sorties de là sur les genoux. Décrassées même dans la tête. Avant de partir, chacune de notre côté, vers nos destins – les résultats étaient pour le lendemain matin –, nous nous sommes affalées sur des banquettes devant un thé à la menthe. Alors Samia a extrait de son sac les planches-contacts du reportage sur l'audition d'Arthur. Elle avait fait quelques tirages des meilleures photos. Et un agrandissement d'un cliché, pris au moment précis où Arthur et Pénélope se retrouvaient.

– Qu'est-ce que vous en pensez, les filles ?

– Il y a anguille sous roche, affirma Armelle.

– Je dirais même plus, il y a anguille sous roche, répéta Constance.

Je me taisais. Elles se sont toutes les trois tournées vers moi. Pénélope était ma copine, le dernier mot m'appartenait. J'ai souri, je me suis souvenue de l'expression qu'Emma utilisait pour traduire la même chose :

– Vous avez raison, les filles, il y a limande sous cailloux !

– Je viens avec toi, a dit Marie.

– Moi aussi, a dit Maxime.

– Je mets le champagne au frais, a dit Bruno.

J'étais incapable de résister, je me suis laissé porter. Yasmina n'a pas ouvert la bouche, elle m'a juste lancé un signe de sorcière, qui sait avant tout le monde, parce qu'elle dispose d'informations secrètes.

Ma mère a calé au croisement et a failli emboutir la Renault du proviseur en freinant devant le lycée. Des cris de joie et des sanglots s'échappaient du préau. Mon corps pesait quinze tonnes, je me sentais seule, tellement seule. Maman m'a saisie par le bras et Maxime m'a pris la main.

Un type, le sosie de Bernard, a surgi d'un groupe agglutiné devant le mur des listes. Il souriait. Il a crié dans notre direction :

– MENTION BIEN !

Je me suis retournée. Il n'y a personne d'autre. C'est pour moi. C'est mon père. Papa est venu. Il est là. Il sait déjà.

Je me suis jetée dans ses bras. Il a dit pour cacher son émotion :

– Ce qu'il y a de bien avec un nom comme Blachon, c'est qu'on est en début de liste.

J'ai fendu la foule et je me suis inclinée devant mon nom.

Lily Blachon, mention Bien.

Les portables sonnaient dans les poches. J'ai appelé Mamilou. Papa a prévenu bonne-maman. Marie avait Bruno en ligne qui appelait Jibé et Emma. Maxime trépignait, il voulait absolument qu'on lui donne un téléphone pour faire part à Camille de la bonne nouvelle.

J'étais sur un nuage.

Ça n'a pas duré.

Constance devait se présenter à l'oral de rattrapage. Armelle était collée. Joël faisait un peu la gueule parce qu'il avait mention Assez Bien seulement. Mon bonheur n'était pas total. J'avais envie de rentrer chez moi, boire le champagne avec les miens, envoyer un message à Florian. J'ai lâché ma famille pour suivre mes copains à l'Alhambra. Emma, Arthur, Samia et Pénélope nous ont rejoints.

Je suis rentrée tard. Moulue de fatigue. Mais une angoisse m'a tenue éveillée. Florian ? Je n'avais aucun signe de Florian. Pourvu qu'il soit reçu ! Il a toujours été un élève brillant. Bien plus brillant que moi. C'est lui qui m'a appris à travailler et qui m'a donné le goût de l'étude. N'empêche que, l'année passée, il a raté son épreuve de français. J'étais sur le point de céder au sommeil, quand enfin le mail est tombé :

Objet : mention bien = mention bien

J'arrive le 1er août.

Mwa

13

Dans le train qui nous emmenait en Bretagne à l'anniversaire d'Hector Pennrose, aux environs du 14 juillet, Pénélope imagina tous les prétextes pour brancher la conversation sur Arthur. Elle est attirée par lui, il est attiré par elle, rien ne se passe. Il lui envoie des SMS à tout bout de champ, il n'est jamais libre pour un rendez-vous. Une semaine plus tôt, elle l'a croisé dans une fête avec une autre fille, il n'est pas venu la saluer, il lui a adressé un SMS : *Je T'M bocou*. Pauvre Pénélope ! Elle a le cœur à l'envers. C'est de ma faute tout ça, c'est moi qui lui ai présenté Arthur.

Les Mémoires d'Hector Pennrose sont terminés, finis, reliés, massicotés, prêts pour la dédicace. C'est beau à voir quatre-vingts exemplaires sur une table. La couverture blanche est illustrée d'un dessin à l'encre représentant la maison familiale. Quand j'aurai écrit *Le Roman de Noémie*, je ferai pareil : je fabriquerai un livre et je l'offrirai à ma famille. Hector a prononcé un discours très émouvant pour remercier les uns et les autres de lui avoir concocté une si belle fête d'anniversaire. Puis, alors qu'Hector s'approchait de Mamilou pour l'inviter à valser, Théo est venu vers moi et il a lancé : « Tu me réserves le prochain rock, petite fille ? »

C'est plus tard, au moment où je demandais à Hector de me signer son livre, que j'ai compris. Au moment où, me fixant au fond des yeux, le vieux monsieur a dit :

– Bravo pour la mention Bien ! Mémé Nono aurait été fière de toi, très fière.

J'ai soutenu son regard et j'ai dit :

– Les petits carnets, c'est vous, n'est-ce pas ?

C'était lui. Ça s'était décidé sept ans auparavant. Hector s'en souvenait comme si c'était hier. Mémé Nono lui avait fait une bien étrange visite.

Pour tout me raconter, il m'invita le lendemain à venir prendre le thé avec lui dans le même bureau où il avait reçu mon arrière-grand-mère. Il s'enfonça dans son fauteuil, bourra sa pipe, l'alluma, tassa le tabac avec le bourre-pipe. Un nuage de fumée parfumée titilla mes narines. Pain d'épice ? Clou de girofle ? À l'ouest le soleil entreprenait sa longue descente. En attendant de disparaître derrière l'océan, il enluminait les ajoncs, la bruyère et les rochers de filets d'or, de patine, de cuivre. Il y avait une belle atmosphère dans cette pièce où mon ancêtre était venue me léguer son passé.

Noémie K./ suite 6

Noémie paraissait aussi frêle qu'une graminée dans la brise d'été. Elle avançait à tout petits pas, en s'appuyant sur sa canne. La boîte coincée sous son bras gauche avait déjà manqué glisser plusieurs fois. Depuis le départ de Jean, elle ne venait plus comme avant chez les Pennrose. Elle s'arrêta pour admirer la maison, le rosier grimpant était en pleine floraison. Elle mit son nez dans les pétales ivoire, puis elle appela :

– Hector !

Hector sauta comme un gamin à sa rencontre. Il l'aida à rentrer dans la chambre transformée en bureau. Les murs étaient coffrés de bois exotique.

– Ça a changé ici, dit-elle en s'asseyant précautionneusement dans le fauteuil devant la grande table.

Et, la boîte posée sur ses genoux, elle expliqua ce qu'elle attendait d'Hector. Soudain, il l'interrompit :

– Si je pars avant toi, qu'est-ce qui se passe ?

– Ça n'arrivera pas.

Noémie ouvrit la boîte. Elle lui montra les petits carnets. Le premier était abîmé, il avait été plus manipulé que les autres. D'un sac en tissu, elle sortit un flacon d'encre et un porte-plume.

– Fais-moi un modèle sur une feuille ! Écris ! Je recopierai.

Et elle dicta pour Hector les mots suivants :

– Pour Lily, mon arrière-petite-fille, parce qu'elle tient des carnets, elle aussi. De la part de sa mémé Nono.

Hector fut prié de recommencer deux fois. La première parce que c'était illisible, la deuxième parce que c'était écrit trop petit.

– Tu es bouché, ou quoi ? Un modèle, je te dis. Je veux pouvoir re-co-pier.

Et Noémie resta là tout l'après-midi à calligraphier, lettre par lettre. Comme ses lunettes ne suffisaient pas, Hector l'aida avec une loupe. À la fin, elle dit, admirant tous ces mots ensemble sur le papier :

– J'ai écrit tout ça ! À mon âge, tu te rends compte ! Je suis contente. Je peux partir maintenant. Pourvu que je parte au printemps !

Je me suis assise à la place de Noémie, dans le fauteuil devant le bureau ciré. Là, face à la fenêtre, dans la pénombre qui sentait le foin coupé, j'ai feuilleté le livre d'Hector, avec Pénélope. J'ai été arrêtée par une photo. Je l'avais déjà vue, après la mort de mémé Nono, un jour que Mamilou me montrait ses boîtes à souvenirs. La photo représentait quatre poilus. C'était une carte postale comme on en envoyait du front à l'époque. Une carte que Joseph Kerforo a écrite pour sa petite sœur Noémie. Une carte que Jean Pennrose a expédiée à sa famille. Une carte que Lucien Talvern a adressée à sa mère. On peut tous les trois les identifier. Qui est le quatrième sur la photo ? Hector a allumé une nouvelle pipe et m'a raconté l'histoire, telle qu'il la tenait de son père, Jean :

– Le quatrième s'appelait Marcus Lichtmann. Un Parisien, originaire d'Europe centrale. Ses parents étaient fourreurs. Il avait une sœur, Rosa. Rosa Lichtmann.

Noemie K. / suite 7

Marcus ne se remettait pas de la guerre. Il souffrait trop de ses blessures. Heureusement, il était resté en contact avec ses amis Pennrose, Talvern et Kerforo. Régulièrement, au détour d'une lettre, l'un ou l'autre l'invitait à venir. « Tu verras, ça te fera du bien ! » En 1920, La famille Lichtmann s'installa à Morgat. Ils louèrent la villa Kermorgan, une belle demeure en granit avec vue sur la mer. Et pour s'occuper du blessé et de la maison, ils engagèrent Noémie, la sœur de Joseph. Pour Noémie K. commença en ce mois d'août 1920 l'été le plus insouciant de sa vie.

Immédiatement, Rosa et Nono étaient devenues les meilleures amies du monde. Les deux jeunes filles s'amusaient de tout et de rien, elles se déguisaient, s'inventaient des histoires. Elles aimaient particulièrement les longues soirées à la villa quand Jean, Lucien et Joseph venaient distraire leur ami Marcus, qu'ils se racontaient des souvenirs de guerre ou qu'ils écoutaient du jazz. Souvent aussi, elles partaient se promener bras dessus bras dessous, et pour faire chic sur la jetée, elles parlaient anglais en fumant des cigarettes à bouts dorés. Rosa dessinait et peignait. Un jour, elle installa Noémie sur le muret du jardin devant la mer, et elle fit son portrait :

To my friend Nono, Morgat 1920

Hélas, l'été s'acheva. Les Lichtmann regagnèrent Paris, et Noémie rentra chez son père.

Dans les archives de Jean Pennrose, Hector avait découvert trois lettres de Rosa adressées à Noémie. « Elles sont à toi. Je te les rends, me dit-il, avec une certaine émotion. » Trois lettres ! Enfin j'avais des documents écrits ! Je les ai lues et relues pendant le voyage de retour. J'étais seule. Je n'aurais pas été de bonne compagnie, tellement j'étais absorbée par leur contenu et ce qu'il signifiait. Il me faudra un certain temps pour décrire ce que Noémie a pu ressentir le jour où la voix de Jean Pennrose les a déchiffrées pour elle.

La première lettre était joyeuse, elle date de septembre 1920. Elle a été écrite par Rosa au retour des vacances.

Ma petite Nono,

Comme tu me manques ! Saute dans un train et viens ! Je t'attendrai à Montparnasse. Tu habiteras chez nous. J'ai rencontré une femme formidable, une styliste, un génie. Elle s'appelle Maud. Elle fabrique des vêtements que tu vas adorer. Je lui ai parlé de toi. Elle peut nous prendre dans son atelier. Arrive, Nono ! Qu'est-ce qu'on va s'amuser ! Je te serre dans mes bras.

Ta Rosa

La deuxième lettre était douloureuse. Elle date d'octobre 1920.

Oh Nono,

Si tu savais comme c'est dur ! Marcus est mort. Si seulement tu étais près de moi.

Rosa

La troisième date de 1937. Bien des années plus tard.

Chère Nono,

Comment pourrais-je t'oublier ? Chaque fois que je pense à Marcus, c'est-à-dire tous les jours, je pense à toi et à ce merveilleux et dernier été que nous avons passé ensemble.

Si seulement j'avais pu imaginer pourquoi tu ne répondais pas à mes lettres ! Je serais venue, Nono. Je t'aurais enlevée. Ça me fait si mal de penser que ton père ne te les a jamais données. Tu ne les as jamais eues entre les mains et tu n'as jamais su ce que je te proposais, ni combien tu m'as manqué. Je n'arrive pas à comprendre. Et ce mariage avec Lucien ! À quoi ça ressemble ! Où était Jean ? Et maintenant te voilà veuve !

Par chance tu as tes deux enfants Marc et Louise. J'ai été tellement touchée quand j'ai appris que tu avais appelé ton garçon Marc, en souvenir de Marcus, et Louise, comme maman.

Je pars, Nono. Demain je me marie et je prends le bateau pour New York. Il va y avoir la guerre à nouveau et, à ce qu'on dit, il ne fera pas bon être juif par ici.

Je te serre dans mes bras. Dès que je serai installée, je te ferai parvenir mon adresse.

Ton amie pour toujours.

Rosa L.

Et voilà… Elle n'avait même pas eu vent qu'une lettre de Paris était arrivée. Le facteur était tombé sur Jules, son père, à la buvette de Toulmenod. «Tiens, Jules, une lettre de Paris pour Noémie, ça m'évite de monter jusqu'à Keranguily!» Et Jules de rétorquer avec son sourire ironique: «Tu as raison, facteur, rien ne presse, elle ne sait pas lire, Nono!» Et il avait enfoui la lettre dans sa veste. Mais sur le chemin du retour, il réfléchit. Une lettre de Paris! Qui connaissait-elle à Paris, Noémie? Ça devait venir de ces étrangers avec qui elle avait passé l'été, ces Lichtmann, qui avaient bien tourné la tête de sa fille. Il ne la reconnaissait plus depuis. Elle était rêveuse, absente, et quand il la reprenait sur son travail, elle l'envoyait balader. À longueur de journée, elle fredonnait cette musique de nègres que Joseph adorait aussi, et il l'avait surprise un jour en train de fumer au fond du verger. Pas de doute, cette lettre représentait une menace. Au croisement de Talcoat, il s'assit sur la marche du calvaire et il ouvrit l'enveloppe. Il avait été bien inspiré. Il se signa! Dieu était avec lui. La petite dinde avait prévu de s'enfuir à Paris. Il replia la lettre. Il n'en parla jamais. Il la rangea dans cette petite poche en tissu qui contenait son livret militaire et une lettre d'Adélaïde. Il avait perdu sa femme. Personne ne lui prendrait sa fille. En octobre, quand par hasard il intercepta de justesse la deuxième lettre de Rosa, il eut de nouveau peur. Et si elle venait chercher Nono, la Rosa ! Ce jour-là, il décida de marier Noémie. Parmi les candidats possibles, il y avait surtout Jean Pennrose et Lucien Talvern. Jean venait de partir pour Nantes où il avait été nommé instituteur. Jean et Noémie. Ça crevait les yeux, ils avaient un faible l'un pour l'autre, mais un instituteur avec une illettrée, ça ne peut pas coller. De toute façon, Jules préférait Lucien, il avait des terres, et depuis qu'il était rentré de la guerre sa mère était pressée de le voir marié, même avec une fille sans dot. D'autre part, Lucien n'était pas insensible aux charmes de Noémie. L'affaire fut conclue rapidement avec la famille Talvern. Noémie fut tentée de se rebeller, mais son père lui expliqua qu'elle n'avait pas le choix. Elle avait bien de la chance au contraire que Lucien acceptât ! Quel autre homme voudrait d'une fille comme elle, sans instruction ? Jean ? Jean Pennrose ? L'instituteur qui pouvait avoir toutes les institutrices qu'il voulait ! Quand il apprit les noces précipitées de Lucien et de Noémie, Jean épousa une institutrice en effet. La jeune femme lui donna un fils, Hector, avant de mourir de la tuberculose quelques mois plus tard. Alors, Jean revint s'installer à Kerivoal. En 1937, Jean et Noémie étaient tous les deux veufs. Jean et son fils, Noémie et ses enfants, vécurent toute leur vie à cinq cents mètres l'un de l'autre. Jean demanda plusieurs fois Noémie en mariage, chaque fois, elle refusa. Noémie refusait d'épouser Jean. Pourtant, elle l'aimait, Hector en était sûr. Un jour, Marc les avait surpris dans une attitude qui ne laissait pas de doute sur leurs sentiments. Les garçons n'étaient pas contre cette union. Ils la souhaitaient même. Alors pourquoi ? Par fidélité à Lucien ? Non plus ! À la troisième demande en mariage, elle aurait dit à Jean : « Je ne peux pas prendre le risque de t'en vouloir un jour. » Et Jean de rétorquer : « De quoi m'en voudrais-tu ? » Et là, elle aurait répondu : « De ne pas être ton égale. »

J'ai tendu ma bouteille d'eau minérale vers le portrait de Noémie K. pour lui porter un toast et j'ai dit : « Alors, mémé, qu'est-ce que tu attends de moi maintenant ? » Les familles sont comme des fleuves traversés par des courants qui influencent parfois leur destinée. La mienne avait pris sa source avec Noémie K. sur un sol aride que des amitiés étincelantes avaient profondément irrigué. Mamilou était devenue institutrice comme Jean Pennrose et Marie journaliste comme Rachel Hochstein, la fille de Rosy Hochstein. Mamilou ne connaissait pas Rosa Lichtmann, R.L., elle connaissait une certaine Mme Hochstein, qu'elle appelait « l'amie américaine de maman ». Rosa n'avait jamais oublié Nono. Comme promis, elle lui avait communiqué son adresse à Chicago, où elle s'était installée avec son mari. Chaque année, elle envoyait des nouvelles. Les Hochstein avaient eu une fille, Rachel. En 1950, ils étaient revenus en France et ils avaient séjourné deux semaines à Morgat. J'ai retrouvé la photo : Rosa, Nono, Louise et Rachel sur la plage. Quelque vingt-cinq ans plus tard, lorsque Marie décida de partir étudier aux États-Unis, Mamilou écrivit à Rachel qui l'accueillit chez elle à Chicago. Le lien entre les deux familles ne s'est jamais rompu. Et le fils de Rachel, Alec, est toujours en contact avec maman.

14

Malgré tout ce que j'avais à faire, je me sentais en vacances. C'est vraiment agréable d'être content de soi. Je me réveillais chaque matin en me répétant : je suis bachelière. Les soirs où je travaillais au restaurant, je dormais chez Pénélope ou bien chez mon père. Il allait mieux, bien mieux. Il s'était remis à peindre. Je m'étais inscrite à l'auto-école et je préparais l'examen du code. J'attendais avec impatience le retour de Florian. On avait prévu de passer le mois d'août dans le Vercors. On avait un anniversaire à fêter, rien que lui et moi, au sommet du Veymont. Être ensemble enfin ! Son oncle et sa tante avaient promis de nous prêter la maison, pendant qu'eux-mêmes feraient un voyage au Canada, avec ses parents. J'avais hâte de retrouver nos montagnes, notre hamac, nos soirées auprès du feu. Je l'avais pas mal embêté avec mes doutes. Je ne savais pas dans quelle fac m'inscrire, quelle orientation pour quel genre d'avenir professionnel. Un matin, j'ai lu le message suivant :

```
Objet : n'importe quoi!
Fais n'importe quoi ! Toutes les expériences sont utiles à un futur écrivain.
```

J'ai médité longtemps sur les mots « futur écrivain ». Je n'aurais jamais osé m'avouer que j'avais ce désir-là. Un soir, j'ai repris *Le Roman de Noémie*, abandonné depuis quelques semaines. Je l'ai corrigé, amélioré, pris des notes pour la suite. C'était important pour moi. Il fallait que j'aille au bout de ma rencontre avec Noémie K.

L'année prochaine, une nouvelle vie allait commencer. Ma vie d'étudiante. Pénélope m'a proposé de partager son appartement. Sa colocataire quittait Paris. Je n'ai pas encore donné ma réponse. Mais je suis tentée. Je pourrai travailler au restau pour payer mon loyer. Quand j'ai parlé à Marie de mon projet, elle a eu l'air étonnée, elle a dit : « Je viens de terminer une enquête sur les enfants qui ne veulent pas quitter les parents ! Je m'étais faite à l'idée que tu resterais à la maison jusqu'à l'entrée des jumeaux à Polytechnique. »

Florian arrivait le lendemain matin. Depuis une dizaine de jours, on avait cessé de s'écrire. J'avais le trac. Lui aussi. Mes cheveux ont poussé, et il ne m'a jamais connue avec les cheveux aussi longs. Je les ai lavés, démêlés, brossés. Je les ai nattés, attachés, lâchés, encore nattés. J'ai été tentée de les couper moi-même. Maxime m'a sauvée in extremis de la catastrophe. Il pense que les cheveux qui flottent sur les épaules, c'est ce qu'il y a de mieux pour une fille. J'ai remarqué des ridules au coin de mes yeux, je suis sûre que je ne les avais pas l'année dernière. La crème « contour des yeux » que j'ai fauchée à Marie n'a eu aucun effet. Pire que tout, je pesais trois kilos de plus qu'avant le bac. Ma surcharge pondérale débordait de mon jean taille basse. Y a-t-il un magazine féminin qui a quelque chose à me proposer du genre : un régime en une nuit ? Quelques jours plus tôt, j'avais vendu mes manuels scolaires dans un marché d'occasion. Mais je n'ai pas amassé de quoi acheter la seule robe dans laquelle je me sentirais aussi bien qu'en pantalon. J'ai aussi classé mes notes et débarrassé la bibliothèque de la tonne de documents accumulés pendant les révisions, j'ai même fait la poussière. Mon bureau est nickel, ma chambre aussi. Je cueillais des roses quand Arthur a débarqué. Il n'avait pas prévenu.

– Je suis venu te chercher.
– Pour aller où ?
– À Maison Rose.

Maison Rose appartenait aux parents d'Emma. La petite maison aux volets roses est nichée en pleine campagne à une heure de Montmouton. Avec la bande, on y avait passé des week-ends, organisé des fêtes, c'était notre maison à tous. Emma et Jibé y recevaient ce soir-là. J'adorais cet endroit, j'y avais été très heureuse avec Florian.

– Florian arrive demain matin à Roissy.

– T'inquiète ! Je te ramènerai.

Arthur venait d'avoir son permis. Il conduisait très prudemment. J'ai profité de notre tête-à-tête pour orienter la conversation sur Pénélope. Je lui ai raconté la fête d'anniversaire de son grand-père Hector et notre projet de partager le même appartement. Il m'a demandé :

– Elle t'a parlé de moi ?

– Pourquoi elle m'aurait parlé de toi ?

– Elle est amoureuse de moi !

Pour une fois qu'il ne doutait pas de lui.

– Et toi ?

– C'est la femme de ma vie.

Décidément, je ne comprenais pas Arthur. Il a ajouté :

– Dommage. Je l'ai rencontrée trop tôt. Je suis trop jeune pour sortir avec la femme de ma vie.

Arthur m'a jetée devant la maison et il a fait demi-tour. Il avait oublié d'acheter des cigarettes. Sous la tonnelle, la table était mise et un feu flambait dans le barbecue, pour les grillades. Le jardin descendait en pente douce jusqu'à une rivière où nous nous étions baignés quelquefois. Emma et Jibé nageaient peut-être dans le courant ! J'ai ôté mes chaussures et j'ai foulé l'herbe fraîchement coupée jusqu'à la berge. Devant moi, une poule s'est lancée à l'eau. Je me suis assise pour l'observer en train de traverser juste avant le gué. Ma conversation avec Arthur me tracassait. Qu'est-ce que je vais raconter à Pénélope ? Rentre au couvent et repasse dans dix ans, ce sera peut-être le moment ! Ça veut dire quoi : Je suis trop jeune pour sortir avec la femme de ma vie. Il faut être un peu con pour penser ça. Voilà, c'est ça ! Je vais lui dire : Passe ton chemin, Arthur est trop con pour toi.

J'ai senti une présence. Je n'ai pas bronché. Je ne peux pas croiser le regard d'Arthur après ce que je viens de penser de lui. Je suis en rogne. Voilà un gars qui a été malheureux toute l'année, parce qu'il était amoureux d'une fille qui ne voulait pas de lui. Il en rencontre une qui l'aime et qu'il aime. Et il sort cette réplique insensée : Je suis trop jeune pour sortir avec la femme de ma vie.

Un dos s'est plaqué contre mon dos et, immédiatement, le silence s'est fait dans ma tête. J'avais déjà vécu cette sensation. Mon crâne connaissait ce crâne. Ma nuque connaissait cette nuque. Mes épaules connaissaient ces épaules. Non, ce n'est pas possible ! Je me trompe, il a dit qu'il arrivait demain matin. J'ai l'heure et le numéro de vol dans ma poche. Qui peut se permettre de me faire ça ? Jibé ? Joël ? Arthur ? J'étais sur le point de me retourner lorsqu'une voix familière, si familière, a murmuré à mon oreille :

– Vous attendez quelqu'un ?

J'ai fermé les yeux, et j'ai laissé mon dos se fondre dans le sien. Je n'avais plus besoin de me retourner, je savais que c'était lui. Florian. Il a ajouté :

– Je le connais ?

J'étais troublée. Je frissonnais. Les larmes aux yeux, j'ai articulé :

– C'est l'homme de ma vie.

Les égarements de Lily

« Peut-être notre véritable destin est-il d'être éternellement en chemin, sans cesse regrettant et désirant avec nostalgie. Toujours assoiffés de repos et toujours errants. N'est sacrée en effet que la route dont on ne connaît pas le but et qu'on s'obstine néanmoins à suivre. Telle notre marche en ce moment à travers l'obscurité et les dangers sans savoir ce qui nous attend. »

Stefan Zweig
extrait de la nouvelle *Le chandelier enterré.*

À Soazig, pour son aide si précieuse.

1

Paris, septembre

J'avais quatorze ans lorsque j'ai commencé, j'en ai vingt-quatre aujourd'hui. Ça fait donc une dizaine d'années maintenant que je tiens mes carnets. Ce sont des cahiers à couverture cartonnée noire, que je range dans une mallette en métal. Ils sont tous pareils car je prends la précaution d'en acheter à l'avance. Je n'écris pas à l'encre, ni au feutre ni avec un bic, j'écris au crayon, ainsi je peux gommer. J'ai une écriture petite et serrée, je ne saute pas de ligne. Il m'arrive de mettre en évidence une phrase en repassant dessus au feutre bleu. Quand je parcours les pages quadrillées des premiers cahiers, je trouve en bleu : *L'objet de mes souffrances paraît toujours dérisoire aux adultes de mon entourage.* Ou bien :

Il vaut mieux être belle et rebelle que moche et re-moche. Ou encore cette définition du coup de foudre : *Nous n'avons pas échangé trois mots que je suis possédée par l'irrésistible désir de me blottir dans sa chaleur.* Je mets aussi des numéros aux pages en bas à droite, un chiffre bleu dans un rond bleu. Il y a des carnets complètement remplis, d'autres seulement à moitié. Sur la page de garde du premier tome, j'ai collé une photo de mon lycée, le lycée George-Sand. Il me semble que lorsque j'aurai tout oublié de ce que j'ai appris là, je me souviendrai encore de cette femme écrivain qui a donné son nom à ce bahut de la banlieue parisienne, une bâtisse qui ne lui aurait certainement pas plu.

La plupart des cahiers concernent mes années lycée : seconde, première, terminale. Sur le gros élastique qui relie ceux de la classe de première, j'ai tracé au feutre noir un titre qui en dit long : *La*

Saison des chamailles. Sur la page de garde, il y a une photo de ma bande. Je ne fréquente plus que deux d'entre eux, Arthur et Emma, mais il m'arrive d'avoir envie de retrouver les autres, Constance, Armelle, Cédric, Florian… Entre les deux dernières pages, j'ai scotché une série de photomatons de Florian et moi, et un edelweiss, cette fleur de montagne qui ne pousse qu'à très haute altitude. J'ai presque pleuré en relisant ces mots tracés en bleu : *L'amour, c'est quand seul celui qui t'a fait mal peut te consoler.*

Pour illustrer les carnets de mon année de terminale, j'ai choisi une reproduction d'un petit tableau peint dans les années 1920 et qui représente mon arrière-grand-mère, Noémie. En même temps que je préparais mon bac, j'essayais d'écrire le roman de cette femme qui m'a légué ses carnets. Des petits carnets dans lesquels, elle inscrivait seulement des dates. Ça commence en 1917 jusqu'en 1981. Dans la quête de moi-même qui me pousse continuellement à me livrer sur le papier, mon aïeule est là comme un phare qui brille dans la nuit, et lorsque je suis tentée de tout brûler, c'est elle qui me retient. En fait, quand ça va bien, j'écris mon blog et lorsque ça va mal, je reviens à mes carnets. Les carnets noirs de la confusion des sentiments, de la difficulté d'être, de l'incapacité à choisir ou à aimer. J'ai appris récemment que les jeunes enfants font beaucoup de cauchemars dans les périodes où leur cerveau se développe. Mon histoire avec mes carnets est pareille, quand j'en referme un, c'est un peu comme si je me réveillais d'un mauvais rêve, en général je me sens grandie. Provisoirement, j'ai réussi à répondre à une des quatre questions qui me taraudent en permanence : Qui suis-je ? Qui j'aime ? D'où je viens ? Où je vais ?

Aujourd'hui, j'ai assemblé mes derniers cahiers sous le titre : *Les Égarements de Lily.* Dedans, j'ai glissé un dessin de moi avec une grenouille sur la tête fait par Sacha, et une photo du cairn que j'ai construit chez mes grands-parents, autour du jardin de pierres. Là-haut dans sa montagne aride, ma grand-mère collectionne les cailloux, une passion qu'elle a rapportée d'un voyage au Japon. À un visiteur qui lui demandait quel plaisir elle en tirait, elle a répondu : « Les pierres ne fanent jamais, elles sont là en toute saison. Pourtant, selon la lumière ou ce que j'ai dans la tête, le spectacle qu'elles m'offrent est toujours différent. »

Il y a des jours où j'entrevois le moment plus ou moins lointain, lorsqu'en me relisant, je me ferai cette observation : Si je n'étais pas tombée dans l'escalier, je ne me serais pas cassé une dent, je n'aurais pas fait d'allergie, je ne me serais pas réfugiée chez ma tante, je n'aurais pas travaillé avec elle à l'atelier, je ne serais pas devenue amie avec le voisin… Je n'aurais pas fait ce choix-là et mon destin aurait été autre.

En refermant la valise, une carte de visite s'est échappée. Ma première carte de visite, dessus j'avais gravé : lily.b@lib.fr

Lily B. comme Lily Blachon.

2

Paris, fin juin

M**ardi matin/Métamorphose**. 11 h 19 s'affiche au radio-réveil lorsque je pousse la porte de la salle de bains. Je tâtonne à la recherche de l'interrupteur, la lumière jaillit ! Choc ! Choc de chez choc !

Dans la glace, au-dessus du lavabo, il y a quelqu'un d'autre !

Le pyjama chinois est le mien.

La chaîne en or autour du cou, un cadeau de Mamilou pour mes vingt ans.

Pourtant, dans la glace, au-dessus du lavabo, la fille qui me regarde n'a rien à voir avec ma famille. Elle ne me rappelle personne. Ce n'est peut-être même pas une fille.

À l'intérieur, ça pulse à tout rompre, la peur fait des ravages. Le diaphragme s'est bloqué. Je lutte pour reprendre le contrôle en expirant un grand coup : les intestins sont noués, l'estomac à moitié retourné, les nerfs rongés. Alors, pour donner de l'air, je crie et un flot de larmes brûlantes s'écoule sur des montagnes de joues. Je suis perdue. Mon visage ! Où est mon visage ? Je n'ai plus mon visage. On m'a volé mon visage. Nous sommes si proches, mon visage et moi. J'en connais chaque signe particulier : un grain de beauté sous l'œil droit, une petite cicatrice à la tempe gauche, des fossettes, des taches de rousseur sur le nez. Ma propre mère ne me reconnaîtrait pas ! Comment décrire ce que j'ai devant moi ? Des morceaux de chair en éruption, un épiderme à vif, une énorme boursouflure. La grenouille qui gigote à la place de ma figure me nargue. Je ne peux plus lever les paupières, ni écarter les lèvres ni faire bouger mon nez.

Il faut se rendre à l'évidence : ma journée ne sera pas comme d'habitude. Il y a une première disposition à prendre : téléphoner au Café Chéri(e) pour prévenir que je n'irai pas travailler. Jacques décroche. Je bredouille :

– C'est Lily ! Je ne vais pas pouvoir travailler ce soir…

– …

– … Ma tête est… bizarre.

– Écoute, chérie, tu ne présentes pas les infos en *prime time*. Tu sers dans un bar.

Je n'ai pas la force de lutter. Avec Jacques, le boulot, c'est le boulot. On peut faire copain-copine devant un verre en parlant de cinoche, il n'oublie jamais qui est le patron et qui est l'employée. J'ai pensé : « Comme tu voudras ! » Au moins quand je serai là-bas, Jacques et Juliette seront bien obligés de s'occuper de moi. Alors pour me donner du courage, je me répète : « Quand faut y aller, faut y aller ! » Le corps fonctionne, il est juste engourdi. Ça y est, ça me revient : une fois de plus, j'ai oublié les cachets qu'on m'a prescrits. Je fouille dans mon sac et j'en avale deux d'un coup, persuadée que tout va s'arranger. Quand on n'exécute pas correctement un traitement médical, voilà ce qui arrive ! Je mets un temps fou à sortir la tête de grenouille du pull et à enfiler un pantalon. Je suis tellement à côté de mes pompes que j'évite de justesse de claquer la porte avec la clé à l'intérieur.

Je est *une* autre, et ce n'est pas de moi, c'est de Rimbaud. Dans le métro, les voyageurs m'observent, certains avec dégoût, d'autres avec pitié. Je lis dans leurs yeux : Pauvre gosse ! Pauvres parents ! Je suis pour qu'on puisse contrôler l'ADN, pas vous ? À quoi bon vivre quand on est comme ça ! Elle a un corps pas mal, dommage ! Dans un cirque, peut-être ?

Je descends à la station Belleville. Au carrefour, je croise le Pygmée de la rue Ramponneau, il ne me reconnaît pas, Mme Ha, non plus. Pourtant je mange un jour sur deux chez elle, rue de Tourtille. Boulevard de la Villette, dans la vitrine de La Baie des Anges, le boulanger esquisse un signe de croix, je traverse. La voix de Jacques résonne dans mon crâne : « Tu ne présentes pas les infos en *prime time*. Tu sers dans un bar. » Mon patron veut me voir, il va me voir.

Le café est désert. Je toussote au-dessus du zinc. Jacques est en train d'installer un nouveau fût de bière, son corps vacille. Il ouvre la bouche, mais aucun son n'en sort, tellement il est perturbé. Un peu plus tard, dès que la fascination prend la place de l'effroi, il s'exclame :

– Tu étais si mignonne !

Ça m'achève ! Juliette me récupère dans l'arrière-salle. En séchant mes larmes, elle dit :

– C'est une allergie ! File à l'hôpital Saint-Louis ! Tu fais une réaction à quelque chose. Il est urgent de savoir à quoi. Je vais demander à Kelly de te remplacer. Ça va s'arranger !

Ça va s'arranger ! Ça va s'arranger ! Je me traîne sur le boulevard, hésitant sur la route à prendre.

Trois ados, pétant de santé, sautillent à mes côtés comme après un ballon. Le premier lance :

– Hé madame, c'est quoi votre secret ?

C'est la première fois qu'on m'appelle madame. Je ne vois pas où il veut en venir. Le deuxième précise :

– Il fait trente degrés, vous n'êtes pas au courant ?

Les basketteurs portent des T-shirts immaculés sur leur peau noire. Je suis emmitouflée dans une étole orange, empruntée à Juliette. Je ne sens pas la chaleur, je ne sens rien. Je tiens à peine debout. Le troisième suggère :

– Elle doit avoir la clim, en dessous.

Ils ont filé en rigolant. Sous le châle, moi Lily, je suis triste et je pleurniche : « Maman ! Je veux ma maman. »

Juliette m'a conseillé l'hôpital Saint-Louis, je prends le métro dans l'autre sens. Ligne 2 : direction Nation. Je n'ai plus de défenses immunitaires ni de facultés d'autonomie. J'ai vingt-quatre ans mais une petite fille de huit ans prend les commandes et hurle en moi : « Maman ! Je veux ma maman ! » Retrouver ma famille biologique ! C'est ça l'urgence. Hélas, maman a déménagé à Marseille. Papa ? Papa pas là ! Emmie ? La sœur de papa ! C'est ça, Emmie. À cet instant précis, je décide d'aller mourir chez ma tante Emmie. Ma tante est encadreuse. Je sais que je la trouverai dans son atelier, Villa Riberolle, le dernier atelier sur la gauche, juste à côté de l'antiquaire.

Mardi/Diagnostic. Devant la porte, il y a un jardin de pots : laurier-rose, rose trémière, rose tout court. Je me tords les pieds dans les pavés. Mon Dieu, faites qu'il n'y ait personne, pas de voisin, pas de client, pas d'élève ! J'ai oublié Mona, l'associée. J'ouvre la porte, Mona lève la tête de son établi.

Je défais mon châle, elle hurle :

– Emmmmie !

Emmie accourt. Elle ne m'embrasse pas. Les deux mains jointes sur la bouche, elle me fixe, puis elle me mitraille de questions :

– Comment c'est arrivé ? Tu as vu un médecin ? Tes parents sont au courant ?

Il faut rassurer Emmie, je murmure :

– C'est une allergie.

Mona déloge Vladi du fauteuil près de l'entrée, il s'enfuit en miaulant, je m'effondre à sa place.

Ma tante s'empare du téléphone et compose un numéro écrit à la craie sur le mur. J'entends qu'elle discute avec un médecin. En raccrochant, elle lance :

– Le docteur arrive tout de suite.

Emmie habite au-dessus de l'atelier. Elle m'installe dans la chambre d'amis, une mansarde qui sert aussi de bureau. Au bout du lit sur lequel je m'allonge, il y a un miroir. Calamité ! Ça a empiré et ça me gratte maintenant sur tout le corps. Je suis au bord de la crise d'asthme. Enfin un symptôme connu ! Emmie ouvre la porte, le docteur la suit : un gros ours en costume de velours. Gros Ours affiche un sourire de compassion professionnelle qui tourne comme une mayonnaise dès qu'il est en tête à tête avec la grenouille. Pour se récupérer, il fait le tour de la pièce en quête d'une chaise, il sort de sa mallette de quoi prendre des notes et il s'assoit. Il veut tout savoir : est-ce que quelque chose a changé dans ma vie ? Si je commence à raconter, j'en aurai pour la nuit. Il précise :

– Dans vos habitudes alimentaires ?

Je ne vois pas.

– Je mange presque toujours la même chose, mais je n'ai pas d'habitudes. Juste un budget.

– Produits de beauté, maquillage ?

Comme j'ai la manie de me frotter les yeux, j'ai renoncé au mascara et autres fards à paupières. Pour le maquillage, je possède un crayon à lèvres et je mise beaucoup sur mon sourire. Pour le démaquillage, j'utilise une lotion achetée en pharmacie. Question parfum, je suis à l'Eau de Guerlain, offert pour mon anniv.

– Maladies ?

Enfant, la maladie a fait partie de mon identité, comme un don que j'aurais eu pour le piano ou le dessin. Mes parents annonçaient : Lily est asthmatique. Quand elle voyait ma petite poitrine se soulever anormalement, maman demandait : « Tu es oppressée ? » Alors j'avais droit à toute l'attention de la famille, papa me frictionnait le dos, maman retapait les oreillers et me mouillait le front. La crise montait, montait et puis un matin ça se calmait. J'aurais pu retourner à l'école, mais maman disait : « Je crois qu'il vaut mieux que tu restes te reposer un jour de plus. » J'aimais tout particulièrement ce jour-là.

– Vous prenez des médicaments ?

Il y a une dizaine de jours, je suis tombée dans l'escalier. Je suis tombée sur une dent, l'incisive.

Ça m'a fait un mal de chien. J'ai consulté, j'avais développé un kyste, on m'a prescrit un traitement. Je prends des cachets. Mais depuis que je n'ai plus mal à la dent, j'ai tendance à les oublier.

Je confesse :

– J'ai doublé la dose hier soir. Ce matin aussi.

– Vous les avez avec vous ?

Je présente la boîte. Le docteur parcourt la notice :

– Qui vous a prescrit ça ?

J'ai du mal à parler. Chaque mot me tiraille les mâchoires. Je suis tentée de soulever ma lèvre supérieure pour montrer mon incisive. Ce n'est plus une lèvre. Je bredouille :

– Je suis allée à l'École dentaire…

Je n'ai pas l'occasion de poursuivre. Il décrète :

– Il faut arrêter le traitement tout de suite. Plus rien, vous m'entendez ?

Il s'installe au bureau pour rédiger l'ordonnance. Je fais une allergie au soufre. Une infirmière va venir matin et soir me faire des piqûres pendant dix jours. Lui-même repassera demain voir où j'en suis. Il me fait comprendre que c'est grave, j'ai un autre souci :

– Et ma figure ?

– Question de temps ! Neuf, dix jours. Si vous avez un concours de beauté dimanche prochain, inutile d'y penser.

Gros Ours s'attarde, il prévient Emmie de tout ce qui peut survenir sur un terrain allergique comme le mien : nausées, douleurs abdominales, chute de tension, accélération du cœur, œdème de Quincke et choc anaphylactique. Dès qu'il passe la porte, je me jette sur l'ordinateur d'Emmie. **Allergie** : réaction anormale et excessive d'un organisme à une substance particulière. Les réactions allergiques sont aussi appelées réactions d'hypersensibilité. **Synonyme** : intolérance. Hostilité. Antipathie. Dégoût. Répugnance. Répulsion. Anaphylaxie. **Anaphylaxie** ? Un choc anaphylactique est un choc, parfois fatal, qui suit l'exposition à un médicament.

Je me laisse tomber sur le matelas comme une grenouille sur un tas de terre. L'heure est venue de faire mon testament. À qui vais-je léguer mes carnets ?

Mardi/La fête à la grenouille. L'infirmière sort d'ici. Une jolie souris virevoltant dans une jupette rouge. Des yeux noirs et perçants, un teint de porcelaine, des traits réguliers, d'épais cheveux noirs. Hier je l'aurais trouvée mimi, aujourd'hui je suis tellement mal dans ma peau que toute cette beauté me sort par les yeux. Qu'elle me fasse ma piqûre et qu'elle s'en aille ! Je n'ai pas envie de parler mais elle est du genre communicative à tout prix. Et sous prétexte qu'on est du même âge, elle me tutoie d'emblée :

– Qu'est-ce que tu fais dans la vie ?

– Serveuse dans un bar.

– Tu aimes ça ? Moi, j'aimerais pas du tout.

Jolie Souris pose des questions pour se donner l'occasion d'exprimer son avis. Et la voilà qui se met à décrire le métier par son côté le plus rebutant, l'odeur de bière le matin, le client bourré qui se colle au zinc en racontant sa vie, celui qui cherche la bagarre, celui qui part sans payer, celui qui vomit sur le carreau. Je la regarde armer sa seringue, elle passe à la deuxième question :

– Tu as un petit ami ?

Je fais signe que non.

– Tant mieux ! Il n'aurait pas supporté ! C'est fragile un homme. Mon copain ne m'a jamais vue pas maquillée. Je rentre dans ton état, il retourne chez sa mère. Ça fait peur quand on n'est pas habitué. Si ça m'arrive, je me convertis à l'islam et je me voile immédiatement.

Jolie Souris serre mon bras dans un caoutchouc, passe un peu d'alcool et pique. Au moment où la drogue s'emmêle avec le sang, je ressens une petite douleur et un raidissement du muscle. Piqûre matin et soir, a dit Docteur Gros Ours. Juste avant de se retirer, Jolie Souris demande :

– Tu pourras me montrer une photo de toi, avant ?

Une photo de moi, avant ? Une photo de moi, hier ! La métamorphose a eu lieu en une nuit. À quel moment exactement ça s'est produit ? Mon visage était normal, il est devenu un objet de répulsion. Combien de temps ça a pris ? Hier, j'étais en bonne santé mais je ne le savais pas. Hier j'étais déjà malade et je ne le savais pas. Hier j'étais un Oiseau Sur La Branche.

Hier à la même heure, L'Oiseau Sur La Branche prenait son service au Café Chéri(e). Est-ce que j'aime servir à boire, prendre les commandes dans le brouhaha des conversations, porter les plateaux, débarrasser les tables, laver les verres, essuyer, rendre la monnaie, balayer ? « Quand on ne peut pas faire ce qu'on aime, il faut aimer ce qu'on fait ! » Il faut aimer ce qu'on fait ! Hier j'ai aimé observer un couple qui s'est installé dans le fond. Ils étaient vieux, laids et difformes, mais ils s'aimaient et c'était beau à voir. J'ai aimé leur servir des cocktails, ils fêtaient quelque chose. Je leur ai tellement souri qu'ils m'ont laissé un bon pourboire. Quand j'y pense, c'était peut-être un signe.

« Quand on ne peut pas faire ce qu'on aime, il faut aimer ce qu'on fait ! » C'est le genre de formule qui s'implante dans ma cervelle comme un bulbe dans la glaise. « Il faut aimer ce qu'on fait » : ce n'est jamais ça qui m'a posé problème. Non, hier ce qui me turlupinait, c'était la première proposition : « Quand on ne peut pas faire ce qu'on aime ». J'y ai pensé toute la journée. Faire ce qu'on aime. Je ne sais pas ce que ces mots recouvrent. Faire ce qu'on aime n'a pas de sens pour moi. Je n'arrive pas à me décider. Je n'arrive pas à choisir une direction, une corporation, une profession quoi. Je ne sais pas par quel bout prendre la vie. Je suis submergée de désirs qui s'annulent tous les uns les autres. Je veux vivre une vie fantastique. Exercer une profession passionnante. Rencontrer des gens exceptionnels. Tu parles, Charles ! Comme bagage, j'ai un master en littérature comparée. Ça me permet d'avoir de la conversation, mais ça ne m'ouvre concrètement aucune porte. J'ai fait un Erasmus à Berlin. *Herr Doktor* Schönberg, mon tuteur à l'université, m'offre un poste de lectrice pour l'année prochaine. Là encore, il faut choisir. Dire oui ou non. Prendre cette route, plutôt que celle-là. C'est quoi un destin ? Avoir un destin ? Est-ce que tout le monde a un destin ? Même Lucia, la Roumaine qui mendiait tout l'hiver devant la boulangerie de la rue Saint-Maur ? Un jour, elle m'a confié qu'elle était contente d'avoir trouvé cette place. C'était un bon endroit. Elle arrivait à 8 heures du matin, elle repartait à 8 heures du soir et elle restait immobile toute la journée. Immobile et souriante. Je lui avais demandé : « Tu ne t'ennuies pas ? » Elle avait haussé les épaules, et elle avait dit : « Je fais ce que j'ai à faire. »

Hier, L'Oiseau Sur La Branche avait planifié un rendez-vous pour un casting à la fin de la semaine. C'est Albert qui m'a mise sur le coup : « Une chaîne sur le câble qui cherche une présentatrice pour une émission de mode, ça ne te tenterait pas ? » Pourquoi pas ? ! Hier, j'étais prête à poser sous les spots. Hier je nageais dans le doute, mais j'avais une certitude : j'étais photogénique. Aujourd'hui, ce n'est plus la peine d'y penser, je me décommande.

Hier, à la même heure, je ne savais pas où j'allais dormir. Je venais d'être virée de l'appart où j'ai vécu pendant six mois à Belleville. Une colocation avec une troupe de danseurs. Le chorégraphe à qui appartenait l'endroit est mort subitement, et sa sœur n'a plus voulu de moi. Hier soir à la même heure, je téléphonais à tous mes copains que j'étais à la rue. Romain m'a accueillie. C'est chez Romain que je me suis réveillée ce matin. Je ne reconnaissais rien, je ne savais plus où j'étais : le bureau en bois laqué noir, la bibliothèque en fer, le tableau au-dessus du lit ne me disaient rien du tout.

Hier, j'avais peur de l'avenir, aujourd'hui j'ai peur de moi-même.

3

Deuxième jour

Mercredi / Cri intérieur. Jolie Souris m'a piquée aux aurores, elle était pressée. Docteur Gros Ours est passé un quart d'heure plus tard. Il a potassé mon cas pendant la nuit. Il veut que je fasse un bilan allergologique. « C'est passionnant ! dit-il à Emmie. Selon certains spécialistes, l'allergie serait un "cri intérieur", comme si l'émotion ressortait du corps. Ceux qui font des allergies respiratoires ou des dermatoses comme votre nièce sont souvent des tempéraments angoissés portés vers la fuite. »

Donc mon corps parle et je n'ai aucun contrôle sur ce qu'il dit. J'aurais pu avoir mal à la tête, au ventre, aux muscles, aux os. J'ai mal à la peau. La peau est mon enveloppe. Ce qui me définit. La frontière.

Il y a du grabuge sur la frontière. Mon image est en guerre. Mon image est complètement explosée, comme un champ de mines. Si j'étais une véritable artiste, je brandirais mon téléphone portable et je filmerais. Emmie a pris soin de voiler le miroir au bout du lit, je lui sais gré de cette délicatesse. Quand j'étais petite, ma tante prétendait connaître le nombre exact de mes taches de rousseur, et parfois elle disait : « Tu en as perdu une cette nuit, on va la chercher, d'accord ? » Je suis contente d'être chez elle. Elle au moins se souvient qu'il y a une petite fille sensible, une adolescente rebelle, une étudiante passionnée, une amoureuse, derrière la face de grenouille.

Mercredi/Café Chéri(e). Emmie a sorti la voiture et nous sommes allées au Café Chéri(e) chercher mes affaires. J'aime tout au Café Chéri(e) : les lustres en cristal, le bar en bois de palette peint en rouge avec l'inscription Café Chéri(e) dessus. J'aime le e entre parenthèses de Chéri(e), j'aime les gros tuyaux qui flottent sous le plafond, et même les œuvres qu'Albert expose en ce moment, des tableaux en pellicules tressées. J'aime tout et surtout Jacques et Juliette, qui sont comme une seconde famille pour moi. En traversant la salle avec mes bagages – deux sacs et une valise, que j'avais remisés dans la réserve –, j'ai pourtant la sensation bizarre que je ne bosserai plus jamais là. « Prends ton temps pour te rétablir, a dit Juliette. Ça se passe très bien avec Kelly. »

Lily partie, vive Kelly ! J'ai disparu depuis à peine vingt-quatre heures, je suis immédiatement remplacée et je ne manque à personne. Juliette est très contente de sa nouvelle employée. « Ça se passe très bien avec Kelly. » Les mots ont irrité mon épiderme, là où il est le plus sensible, sous le menton et derrière les oreilles. Pour la petite histoire, c'est moi qui ai présenté Kelly à Juliette. Elle et moi, nous étions colocs. Notons que le coloc n'est pas forcément un ami. Finalement expérience faite, c'est préférable si on n'est pas intimes avant. Le coloc doit être neutre. Ni ami ni ennemi. Tu prends des précautions, tu ne mélanges pas ton linge sale, tu ne te permets pas tout et n'importe quoi. À propos de colocataire, si j'écrivais un guide du coloc ?

La voiture roule au pas boulevard de Belleville. J'ai ouvert la fenêtre en grand, ça sent le narguilé, la menthe, la merguez et le riz.

– À quoi tu penses ? demande Emmie.

Je lui montre les glaneurs et les glaneuses qui font leurs courses dans les poubelles du marché, le grand Peuhl en djellaba bleue, un petit parapluie multicolore greffé sur sa tête, le vieux Juif qu'on surnomme Toulouse-Lautrec, la poupée chinoise qui pédale en costume de princesse.

– C'est sympa ce quartier, a dit Emmie. Tes amis aussi sont sympas. Tu les as rencontrés comment ?

Il y a six mois je rentrais de Berlin et je n'avais rien, ni travail ni logement. Un jour que j'étais assise au bar, à éplucher le journal, Jacques m'a demandé : « Tu cherches un boulot ? J'ai besoin d'une barmaid. » On a un peu discuté et j'ai commencé sur-le-champ. Je maîtrisais le fonctionnement de la machine à café depuis cinq minutes quand Mathieu, un copain danseur, s'est juché sur un tabouret. Il partait en tournée, il m'a proposé sa chambre dans une colocation de la rue Saint-Maur. Dans la vie, tout se fait ou se défait en un clin d'œil. Hier j'ai perdu ce que j'avais acquis. Retour à la case départ, le handicap en plus. Et quel handicap ! Délit de sale gueule assuré.

Je tente d'expliquer à Emmie ce que je ressens, elle demande :

– Tu as des projets ? Pour après ?

La Saab jaune longe le cimetière du Père-Lachaise. Un peu avant d'atteindre l'atelier, je me tourne vers ma tante et je dis :

– Si tu as du travail pour moi, je veux bien vous aider.

Emmie m'observe du coin de l'œil. Son cerveau se rappelle le jour où elle avait proposé de m'apprendre le métier et où j'avais refusé. Elle se gare devant la porte. Mona s'avance pour nous aider à décharger, en ouvrant le coffre Emmie annonce :

– Lily veut bosser avec nous. Qu'est-ce que tu en penses ?

Mona réplique :

– À une condition ! Elle arrête le botox.

Ça ne me fait pas rire.

Mercredi/Mauvais sort. Mona a une réserve de paroles empoisonnées au bout de sa langue fourchue. Ce matin, elle a dit : « C'est quoi ton problème ? Qu'est-ce que tu as dans la tête ? » Autant Emmie est douce, autant Mona est vache. La bonne fée et la méchante sorcière ! À la question : Qu'est-ce qui se passe avec Lily ? La bonne fée répondrait : Lily est victime d'un mauvais sort ! Elle a fait une chute et elle a été transformée en grenouille. La méchante sorcière demanderait : Pourquoi a-t-elle fait une chute ? A-t-elle quelque chose à se reprocher ? Puis la méchante sorcière décréterait : Seul le baiser d'un prince la libérera du sortilège. C'est toujours le même scénario dans les contes. Le baiser d'un prince ! Quel prince ? Pour accepter d'être touchée, il faudrait que je m'aime un peu. Je ne me supporte pas. J'ai eu un mal fou à me peigner, je ne me suis pas lavé les dents depuis deux jours, le reste non plus. Même si je connaissais intimement le prince, je ne me laisserais pas approcher. Même si c'était Florian, l'apparition ! Ah Florian ! Je n'arrête pas de penser à lui en ce moment ! Nous sommes séparés depuis deux ans, mais ce fut mon premier amour et il fait partie de moi. Quand on s'est connus, il avait de l'acné. Nous avons été ensemble de quinze à vingt-deux ans. Un tiers de notre vie ! À l'époque où ça a commencé, je me vivais comme un vilain petit canard, mais à la différence d'aujourd'hui, je n'en étais pas un. Quand j'avais des doutes, je me mirais dans les yeux de Florian, l'effet était magique.

Mercredi/Mal de dent, mal d'amour. Mâcher fait mal. Ça résonne jusque dans mes oreilles. Si j'en suis là, c'est parce que je suis tombée dans un escalier il y a une semaine. J'ai fait un faux pas en descendant à la cave et je me suis fêlé une dent. Comme par hasard, au moment de la chute, j'étais mentalement avec Florian. Je venais d'apprendre qu'il avait fait escale au Café Chéri(e), juste avant de s'envoler pour la Chine. À peine une heure avant que je prenne mon service ! Je l'avais raté. Nous nous étions ratés. Désormais, j'ai la preuve que lui aussi pense à moi.

Quand on vivait ensemble, on était tout le temps fourrés au Chéri(e) – à l'époque nous habitions à deux pas, un minuscule deux pièces, rue Vicq-d'Azir. Le café était notre annexe. Un soir devant un monaco, on a partagé la nouvelle : une bourse dans une université américaine pour lui, un Erasmus en Allemagne pour moi. On se communiquait toujours les informations importantes en dehors de la maison. Nous avions tout de suite été d'accord : qu'est-ce que c'est un an dans une vie ? Ni l'un ni l'autre, nous n'avions le droit de renoncer. Et nous étions partis chacun de notre côté.

Au début, nous nous parlions tous les jours. Sur l'écran de l'ordinateur, Florian m'a montré Tallahassee, la maison coloniale au milieu des chênes à barbe, le rocking-chair sous la véranda. Moi, je lui ai présenté mes colocataires : Morten le Suédois, Yvan l'Italien, Kahina l'Algérienne, Charlie le Frenchie, Susanne l'Autrichienne. Quand j'ai débarqué, tel Don Quichotte, je me battais contre des moulins à vent. Je décrivais à Florian, par le menu, le quotidien dont j'étais l'héroïne. Le jour de mon arrivée, j'avais été à l'origine d'un drame. Avant même de me connaître, les autres m'en voulaient parce que j'avais détraqué le lave-vaisselle. Je m'étais trompée de produit en lisant les étiquettes : anti-calcaire pour lave-linge à la place du liquide habituel. Le deuxième jour, j'avais déniché un rat mort derrière le frigo et Morten l'avait balancé sur le lit de Susanne qui était devenue folle hystérique. Le troisième jour, j'avais failli brûler vive en allumant une clope au gaz de la cuisinière. Le feu avait pris dans mes cheveux. Charlie m'avait sauvée, et Florian avait tenu à lui parler pour le remercier.

Puis, le temps a passé, j'ai été prise par la fac et mes nouveaux amis. Plus ma vie était remplie, moins j'avais de choses à partager. On s'éloignait l'un de l'autre. Le moindre problème technique nous agaçait et nous avions de plus en plus de mal à nous connecter. Le décalage horaire entre la Floride et Berlin servait d'excuse.

Un soir, j'ai raconté ma rencontre avec Sven, Florian a parlé de Lola. On s'est disputés. Florian a dit : « Coupons le cordon. Plus de mail, plus de SMS, rien ! »

Une semaine plus tard, j'ai acheté un canapé-lit tout neuf à vingt euros sur e.bay, à une fille qui partait pour Atlanta. On a pris un café, je lui ai raconté tout ce que je savais sur cette partie des États-Unis. Et rentrée chez moi, j'ai eu envie de renouer avec Florian. Je lui ai envoyé un mail. En réponse, j'ai reçu ce message :

`Objet : dernier mail avant changement d'adresse.`

`Je ne veux plus penser à toi tous les jours. Rendez-vous au Café Chéri(e).`

Nous n'avons pas décidé de nous quitter. C'est la vie qui nous a séparés : la semaine dernière, Florian est revenu au Chéri(e) sur nos traces. J'ai l'intuition que nos chemins vont se croiser à nouveau.

L'intuition ! J'adore le jeu de l'intuition. Souvent je pense à un ami que je n'ai pas vu depuis longtemps, et aussitôt il se manifeste, et je suis émerveillée. En même temps quand mon intuition m'inspire une attitude, je suis capable de faire exactement le contraire. Sauf hier. Hier Juliette m'a dit d'aller à l'hôpital, et j'ai écouté mon sixième sens, la petite voix, qui murmurait : *Va chez ta tante !* Tout à l'heure, j'ai aussi entendu clairement ce qu'il fallait répondre à Emmie quand elle m'a questionnée sur mes projets. En tout cas, j'ai fait une heureuse. Ma tante est tellement contente à l'idée de m'apprendre son métier ! J'ai déjà observé ça, ce n'est pas celui qu'on croit qui donne le plus. Quand j'ai dit à Emmie : « J'ai besoin de toi », j'ai eu l'impression de lui faire une faveur. Il n'y a rien de meilleur que de se sentir utile.

Mercredi/La mémoire est dans la peau. Je viens de faire une expérience. Je me suis allongée, j'ai fermé les yeux et je me suis forcée à oublier mon apparence présente pour opérer un retour dans le passé. Je peux le dire : la mémoire n'est pas dans la peau superficielle, mais en dessous, logée dans des compartiments de la troisième profondeur.

Après un certain travail de concentration, j'ai réussi à faire remonter les sensations qui ont précédé mon premier baiser. J'ai embrassé Florian des milliers de fois. Le souvenir de notre premier baiser est toujours vivace, comme contenu dans une puce magnétique implantée dans le derme. Peut-être parce que c'était le premier baiser de tous les premiers baisers.

Ça s'était produit chez lui, dans sa chambre. On était assis à travailler.

Soudain Florian s'est jeté sur le lit en lançant : « On fait une pause ! » Sans plus réfléchir, je l'ai rejoint. Nous sommes restés l'un à côté de l'autre, sans bouger d'un pouce, silencieux, écoutant la ville : klaxon-chants d'oiseaux-coups de marteau. Ses jeans ont frôlé les miens, mes Nike ont flirté avec ses Adidas. Nous avons résisté tant que possible à la fantastique attraction qui nous projetait l'un vers l'autre. Florian respirait bruyamment. Sous mon pull, mon cœur aussi battait plus vite. J'étais émerveillée par ce qui arrivait : le désir courait le long de mes muscles, jouait avec mes nerfs, chatouillait le creux de mon ventre. Je n'avais jamais éprouvé ça, cette excitation intérieure. La cloche a sonné l'heure. En face, sur le mur, Einstein nous tirait la langue. Alors comme répondant à un signal secret, Florian et moi nous sommes regardés et nos lèvres se sont effleurées. Mon premier baiser ! Les yeux fermés, j'avais l'impression de nager sous l'eau. La cloche a sonné la demie, et nous nous sommes quittés sans un mot. Rien. En sortant de chez

Florian, j'ai ajusté mon walkman sur mes oreilles et j'ai mis à fond la BO de *Pulp Fiction* que j'écoutais en boucle.

Fin de l'expérience. Jolie Souris monte l'escalier quatre à quatre. Elle se plante devant moi et elle m'examine comme un sac de viande. Comment fait-elle pour avoir un teint pareil ? J'ai lu quelque part que certaines Japonaises se servent de leurs premières urines du matin comme onguent. Dans ce cas-là, il est préférable de se nourrir d'algues et de thé vert. Jolie Souris ouvre sa trousse d'infirmière. Elle va encore me dire que je n'ai pas de veine. C'est vrai ! Pendant qu'elle tâte mon bras, je fixe le pan coupé du toit. La pluie s'est infiltrée et a abîmé le plâtre. J'ai envie de gratter, d'enlever la peinture en train de se décoller. Puis mon regard se perd dans les étagères remplies de livres. J'adore les livres. Ils sont tout ce que je possède. Je suis rentrée d'Allemagne avec une cantine pleine que j'ai remisée chez maman, en attendant d'avoir un endroit où me poser. Quand j'aurai un chez-moi, je tapisserai la pièce de bibliothèques.

4

Troisième jour

Jeudi/Doigt de l'ange. Ça démange entre le nez et la bouche, cette zone de la lèvre supérieure qui dessine une petite dépression, juste en dessous des narines. L'œdème de la zone en question a des répercussions sur tout le reste. L'harmonie d'un visage tient à très peu de chose. « Érythème du philtrum », balance Jolie Souris avec l'assurance des belles filles. Ses cheveux sont relevés et je remarque un tatouage sur sa nuque : un microserpent. Mignon !

Je ne pense pas que je descendrai à l'atelier aujourd'hui. Je n'ai pas assez de défenses pour me frotter à Mona. Cette nuit, j'ai rêvé de Sara Sergent. Je ne peux pas oublier Sara Sergent. En CM1, Mme Daviet nous avait mis en rang par deux dans la cour. Je tenais la main de Sara. Soudain je m'étais mise à siffler, à tousser, à étouffer. J'étais oppressée et Sara Sergent avait crié : « Maîtresse, maîtresse, je ne veux pas rester à côté de Lily, je ne veux pas attraper sa maladie. » Dans mon cauchemar, Sara Sergent exigeait mon expulsion du pays.

Emmie a apporté un plateau avec du café et une biscotte à la confiture d'orange. Je lui parle du philtrum et de cette envie de me gratter au sang. Elle s'exclame : « Philtrum ! » Et elle m'apprend que cette petite partie du visage est aussi connue sous le nom de doigt de l'ange. Le doigt de l'ange serait l'empreinte de l'index de mon ange gardien. À la naissance, le bébé crie sa douleur de venir au monde, alors l'ange gardien pose son doigt sur sa bouche pour le consoler : chut ! Si ça me gratte aujourd'hui, c'est peut-être que mon ange a un message à me transmettre. Il veut me rappeler à son bon souvenir. Tout ça ferait partie d'un plan initial, une épreuve que je dois surmonter, pour grandir.

Puisque je ne peux rien faire d'autre, Emmie me propose de regarder *La vie est belle*, le film de Capra. Je le connais par cœur, c'était le film fétiche de Florian. Dans l'histoire, les deux héros : George Bailey et Mary Hatch, au seuil de l'âge adulte, se retrouvent après des années de séparation et ils se rendent compte qu'ils s'aiment, qu'ils se sont toujours aimés. Ils s'embrassent devant une maison en ruine. Puis ils décident de jeter un caillou.

Lui : Il faut faire un vœu et casser un carreau.
Elle : J'aime cette maison, j'aimerais y habiter.
Lui : Pas moi ! Pas même en fantôme.
Elle : C'est quoi ton vœu ?
Lui : Je veux quitter cette ville et parcourir le monde, l'Italie, la Grèce, le Parthénon, le Colisée. Après je ferai des études et je construirai… je construirai des aérodromes, des gratte-ciel, un pont d'un kilomètre. Et toi ton vœu, c'est quoi ?
Elle : Secret.

George Bailey ne quitte pas sa ville pour courir le monde. Les vœux de George ne s'accomplissent pas, jamais. Peut-être parce qu'il est lui-même l'objet d'un vœu contradictoire, venant de celle qui l'aime et qui le retient quand il souhaiterait partir. George Bailey épouse Mary Hatch, ils vivent dans la vieille maison et ils ont de nombreux enfants.

Jeudi/Détecteur de mensonges. Finalement je suis descendue à l'atelier. Emmie m'a montré la resserre où est rangé le matériel. Une de mes missions sera de mettre de l'ordre et de faire l'inventaire.

Mona prétend qu'on s'habitue à tout. Il y a des années, elle s'est réveillée avec un sifflement dans les oreilles qui ne l'a plus jamais quittée. Elle ne l'entend plus, alors qu'au début, cette présence sonore était tellement insupportable qu'elle luttait contre l'envie de se jeter par la fenêtre.

Dans mon cas, c'est différent, impossible d'oublier, à moins de vivre en recluse. Dès que je suis confrontée à l'Autre, je comprends que je ne fais plus partie du peuple des Beaux Bien Portants, les BBP.

Tout à l'heure, Romain est passé rapporter un sac que j'ai laissé chez lui et reprendre sa clé. Je me trouvais au fond de l'atelier. Il a marché vers moi, dès qu'il a détecté ce qui clochait, il a stoppé net.

Il m'a saluée en laissant un espace de sécurité entre lui et la grenouille. Le spectacle de ma figure l'incommodait, ça se voyait. Il était incapable de faire semblant. J'en étais gênée pour lui. Il s'est inquiété :

– Ça va s'arranger ?

Je n'ai pas tenté de le rassurer, j'ai dit :

– On ne sait pas.

Il est parti sans même promettre qu'il prendrait de mes nouvelles. La compassion n'est pas son fort, mais je ne peux pas lui en vouloir. Il est si fragile.

À peine a-t-il tourné le dos que Mona, Méchante Sorcière, y va de son petit commentaire :

– J'espère que tu n'as pas des vues sur ce garçon, il est beau comme un prince mais il ne peut rien pour toi. Il éprouve de la répulsion devant les grenouilles.

C'est quoi aimer quelqu'un ? Il y a quelque temps, Romain m'appelait quinze fois par jour. Il était capable de tout pour coucher avec moi. Ma face de grenouille : un détecteur de mensonges ?

Dans le conte, c'est l'empathie qui amène la Belle à embrasser la Bête. La Belle s'affranchit des apparences et découvre la beauté intérieure de la Bête. Et aussitôt la Bête se transforme en prince, paré de toutes les vertus visibles, pour que leur amour s'incarne. Le grand amour se noue dans l'invisible, puis il s'exprime dans les conversations et les plaisirs du corps. C'est l'origine du coup de foudre. Un éclair et on est tout de suite avec l'autre, ensemble, sur la même longueur d'onde, comme si on se connaissait depuis toujours. J'ai eu ce sentiment-là avec Florian, je ne l'ai pas retrouvé depuis, j'ai la nostalgie de mon premier amour. J'avais une totale confiance en lui. Dans la même situation que Romain, Florian aurait inventé quelque chose pour me faire rire de moi-même.

Jeudi/Image de soi. Pour ma première leçon d'encadrement, Emmie m'a conseillé d'arriver avec une image à laquelle je tiens particulièrement.

Je feuillette mon album. Maman l'a commencé à ma naissance et elle me l'a donné quand je suis partie de la maison. Dedans, il y a des milliards de photos de moi. C'est quoi l'image de soi ? Comment on se voit ? Ce que l'on croit être ? Comment les autres nous perçoivent ? Ce qu'on est capable de faire ? Quel rôle on joue ? D'où on vient ? Par qui on est aimé ? Si j'en crois l'allergie (Mal-a-dit), je suis en conflit avec mon image. Laquelle ?

J'ai dessiné un corps qui me représente. À gauche, j'ai écrit le nom des membres de ma famille qui comptent : maman (Marie, journaliste), papa (Bernard, peintre), Maxime (mon petit frère chéri), Sacha et Macha (les jumeaux du deuxième lit), Mamilou et Papiguy (grands-parents maternels), bonne-maman, bon-papa (grands-parents paternels), mémé Nono (Noémie, arrière-grand-mère), Emmie (tante préférée, sœur de papa). À droite, ceux qui m'ont choisie et que j'ai choisis et qui sont très importants : Florian (premier amour), Emma (amie de cœur), Ian Falk (poète et mentor), Jacques et Juliette (patrons chéris du Café Chéri(e)), Gabriele Köhler (mère élective). Je ne sais pas quoi faire de Bruno (beau-père, mari de maman), ni de Jibé (fils de Bruno appelé frère de cul par opposition à frère de sang, il vit avec Emma). Ils comptent, mais ils n'ont été ni donnés ni choisis. Je les mets en diagonale. Je ne sais pas quoi faire de Sven, mon amoureux berlinois, qui m'a plaquée sans explication. Avons-nous réellement été ensemble ? J'écris son nom dans une bulle. Je ne sais pas quoi faire de mes potes, la maladie me rend parano, j'écris leurs noms tout autour comme une ronde, Albert, Iseult, Arthur, Carolina, Charlie, Morten, Mathieu, Kelly, Romain, Dalva, Lucas, Marilou, Susanne…

Je ne me remets pas de la visite de Romain.

Je croyais qu'on avait une vraie relation. Être à ce point réactif à l'apparence, je n'en reviens pas.

C'est un type qui pense pourtant, il est philosophe. On s'est rencontrés il y a six mois chez Arthur et Iseult. Ce soir-là, autour d'une grosse bobine dénichée sur un chantier, Iseult avait dressé une table avec des assiettes chinoises en fer. Et nous étions six ou sept à siroter des Tsingtaos, en attendant la bassine de pâtes qui fumait sur le réchaud. Les uns et les autres ruminaient leurs difficultés à prendre leur place dans la société. Ce qu'ils pouvaient espérer gagner. Comment trouver des stages. Comment sortir des stages.

Lucas était énervé, il a soufflé :

– On est foutus.

Iseult a enchaîné :

– Tu as raison, il n'y a rien à espérer. Ceux qui travaillent à abattre les privilèges sont tout sauf des révolutionnaires.

Alors Albert a lancé :

– Inventons !

C'est là que Romain est intervenu. Une mèche de cheveux cachait ses yeux, et il avait des pellicules sur sa chemise, mais sa voix de radio de nuit m'a immédiatement conquise. Selon Romain, tant que nous envisageons la vie du point de vue des acquis de nos parents, nous ne serons capables de rien du tout. Romain a fini par dire :

– On ne peut pas couper le cordon.

– Parle pour toi, a lancé Arthur.

Romain a continué :

– Nous avons été voulus par nos géniteurs, comme jamais aucune génération avant nous.

On l'a tous regardé. Il a précisé :

– Leur problème a été de nous aimer, pas de nous nourrir.

Marilou s'est gratté la tête. Je l'ai entendue penser : « Romain n'a sans doute pas été un beau bébé. » Elle m'a souri, je lui ai souri aussi. Lucas dévisageait Romain. Romain a déclaré :

– On parle d'avenir parce qu'on n'a pas de visions.

Il y a eu un silence. Alors j'ai soufflé :

– « Il faut être voyant ! »

– Quoi ? Voyant ?
– Rimbaud…

J'allais développer, j'ai été sauvagement interrompue.

– Tu sais que tu nous les brises avec ton Rimbaud. À quoi tu penses ?

Toute la hargne que Lucas avait contre Romain, il me l'a balancée à la gueule :

– Tu as vingt-quatre ans, pas de maison, pas de petit ami, tu ne sais même pas ce que tu veux faire et tu ne flippes pas ?

Jeudi / Message d'alarme. Est-ce que je suis malade de ne pas être ce que je suis vraiment, malade de ne pas accomplir ce pour quoi je suis faite ? Mon corps m'envoie-t-il un message d'alarme ? Jolie Souris vient de me laisser en cadeau un magazine de santé avec un dossier sur l'asthme et l'allergie. Que peuvent avoir en commun Che Guevara, Elizabeth Taylor, Ludwig van Beethoven, John F. Kennedy et Lily Blachon ? L'asthme. Je me sens moins seule. Cette rencontre au sommet tombe à pic, je n'avais plus aucune estime de moi. Il paraît que l'asthme est lié à un morbide besoin de tendresse. Aurais-je souffert d'un manque ou d'un excès d'amour maternel dans mon enfance ?

Jeudi / Être dans la peau de quelqu'un / Je suis dans la peau de maman. Maman m'appelle plusieurs fois par jour. Dès qu'elle a su ce qui m'arrivait, elle s'est exclamée : « J'en étais sûre. J'ai rêvé de toi dans ton berceau. Quand je rêve de toi dans ton berceau, je sais que tu es en danger. Tu seras mieux à la maison. » Maman voulait venir me chercher.

J'ai d'abord dit oui, et puis j'ai rappelé pour dire non. Je suis bien ici, je me sens protégée et libre. Avec Marie, je suis ou dans l'amour fusion (elle m'adore/je l'adore), ou dans la révolte (elle m'énerve/je l'énerve). Je ne suis jamais simplement là, capable de dire tout doucement : « Tu te trompes, ma petite maman ! Je ne suis pas d'accord avec toi. Je ne pense pas comme toi. Je ne suis pas toi. »

J'ai mis des milliers de kilomètres entre nous, je me suis débrouillée seule, j'ai pensé dans une langue qui n'est pas sa langue, ça n'a rien changé. Nos rapports sont toujours pareils. Je la sens souvent s'exprimer à travers moi, indépendamment de moi, aux moments les plus imprévus. Est-ce parce que je suis une fille ? Est-ce parce que je suis une fille de divorcés ?

Juste après la séparation, j'avais quinze ans, j'ai pris son parti. Peut-être par solidarité féminine, peut-être aussi parce qu'elle se servait de moi pour mener un combat entre son ancienne vie et la nouvelle. Lors des dernières vacances qu'elle a passées avec nous au Cairn, chez bonne-maman et bon-papa, j'ai eu l'impression d'être sa chose. Un matin, je n'étais pas allée skier, et j'avais débarqué pour le petit déj à l'heure où on s'affaire pour préparer le déjeuner.

Comme je quittais la cuisine en laissant sur la table mon bol, les miettes et les pots de confiture ouverts, Emmie a aboyé :

– Lily ! Tu te fiches de ma gueule ! Tu débarrasses tout de suite, ou tu t'en prends une.

J'allais revenir sur mes pas d'un air contrit quand Marie est intervenue, hurlant :

– Tu ne parles pas comme ça à **ma** fille ! Tu m'entends ! Tu n'as pas d'ordre à lui donner. C'est *mon* enfant.

Et elle s'est posée en rempart devant moi comme si Emmie avait eu l'intention de me dévorer toute crue.

Emmie ne m'a plus rien demandé, et je n'ai plus rien donné. Maman avait réussi à fausser les relations que j'avais avec ma tante : « Tu ne parles pas comme ça à *ma* fille. » Après ça, je n'ai plus osé prononcer son nom, ni l'appeler, et quand Emmie se manifestait par un cadeau pour mon anniversaire ou Noël ou la bonne année, je l'acceptais du bout des lèvres, de peur de contrarier ma mère. Lorsque ma tante s'approchait de moi, me touchait ou bien m'embrassait, je sentais Marie en moi se hérisser, et un rictus tordu apparaissait sur mes lèvres. Pendant ce temps-là, Maxime, innocent, continuait à sauter sur ses genoux, à jouer avec elle et à profiter de sa tendresse.

Ma mère avait depuis longtemps déserté la famille Blachon, occupée à séduire celle de son nouveau mari, que je continuais à la représenter dès que j'étais sur les terres de mon père. J'adoptais ses expressions, sa façon de marcher, de jouer avec ses cheveux, de se retirer le soir avant tout le monde « pour retrouver le bon bouquin que j'ai sur le feu ». J'étais elle, tellement elle qu'il arrivait que bon-papa, qui était plus distrait que tout le monde, en oublie que j'étais moi, et m'appelle Marie. « Oh pardon, chérie, s'exclamait-il, avec un grand sourire, j'ai cru voir ta mère. » « Pas grave », je répondais, complice. Car je me souvenais d'avoir entendu Marie dire à une copine : « Le seul que je regrette dans cette famille, c'est mon beau-père. » Le soir, alors que je me morfondais dans mon lit avec un roman d'Emily Brontë ou de Jane Austen conseillé par maman, en dessous de moi, tout le reste de la maisonnée rassemblée autour du feu s'en donnait à cœur joie.

Ils jouaient au jeu du dictionnaire ou des métiers, ou bien Emmie proposait un début d'histoire et chacun devait ajouter un élément. Les éclats de rire traversaient le plafond. Je reconnaissais la voix de Maxime, ivre de bonheur. Et j'étais jalouse. Jalouse de la relation de *mon* frère avec *ma* tante. Une fois, ils m'avaient tellement excédée tous les deux à se faire des mamours à la porte du dortoir, « Bonne nuit ma biche, fais de beaux rêves mon bichon » (leur nouveau jeu), que j'avais demandé à Maxime au moment où il se glissait sous sa couette :

– À quoi tu joues avec Emmie ?

Il s'était retourné vers le mur lambrissé. J'avais ajouté :

– Fais gaffe ! Tu es en train de te faire capter !

Avant de s'endormir, il avait murmuré :

– T'es folle, ma pauv' fille !

Il avait raison, j'étais folle. C'était moi la captive.

Aussitôt rentrée à la maison, en retrouvant maman dans les bras de Bruno, je me suis rendu compte que j'avais gâché mes vacances à défendre une cause qui n'était plus d'actualité. Bruno a demandé :

– Alors, ces vacances à la montagne ?!

Et Maxime a raconté, exalté :

– C'était super ! J'ai fait la descente aux flambeaux. Je me suis planté dans la neige avec bon-papa. J'ai participé à une course de luge.

À cet instant-là, j'ai pathétiquement cherché le regard de maman pour lui exprimer à quel point je m'étais embêtée dans cette famille de merde.

Elle n'a rien voulu savoir. Marie était tellement bien avec Bruno qu'elle s'appliquait à oublier qu'elle avait aimé Bernard, qu'elle avait vécu avec lui, qu'elle l'avait haï.

J'ai réprimé une envie de chialer.

Papa m'est apparu comme un pauvre enfant abandonné par tout le monde et surtout par moi, sa fille. Et dans la nuit qui a suivi, j'ai été en proie à une violente crise d'asthme.

Hier au téléphone, maman m'a passé les jumeaux. Macha a demandé : « Dis, Lily, tu préfères ton côté gauche ou ton côté droit ? » C'est bien la fille de sa mère celle-là, à torturer l'autre avec des questions. C'est fou ce que ça a pu m'angoisser d'avoir à choisir : Qu'est-ce que tu veux manger, de la purée ou des nouilles ? Qu'est-ce que tu veux mettre pour aller à l'école, la robe bleue ou la rouge ? Tu préfères le jardin avec maman ou la piscine avec papa ? Maman ne supportait pas de me voir pleurer. Quand je pleurais, elle pleurait aussi. Quand je piquais une colère, elle me donnait du sirop. Surtout, elle tentait de tout expliquer, tout le temps. Ça durait des heures.

Pourquoi il pleut ? Elle faisait un cours de physique. L'eau de mer qui s'évapore, qui forme un nuage, qui se condense, qui produit de grosses gouttes, qui s'enfoncent dans la terre, qui… Alors je demandais : « Ça veut dire quoi "condenser" ? » Évidemment, une question en entraînant une autre, plus compliquée et plus abstraite, elle en avait eu marre et elle s'était fâchée, et ça s'était terminé dans les larmes. Alors j'étais allée poser la même question à Papiguy qui avait répondu : « Pourquoi il pleut ? Pour arroser les fleurs ! » Ça m'avait totalement satisfaite. Quand j'avais l'âge des jumeaux, j'adorais la maison de Mamilou et Papiguy. Le monde y était tellement plus rassurant. Maman m'y déposait lorsque j'étais malade. J'étais souvent malade. Je ne sais plus quel a été le facteur déclenchant de ma première crise d'asthme : l'émotivité en éruption.

Jeudi/Autoportrait. Je fais face. Je me suis enfermée dans la salle de bains, j'examine la cartographie des plaques d'eczéma : cheville, arrière des genoux, aine, nombril, estomac, thymus, coude… Docteur Gros Ours s'attarde – je me demande s'il n'est pas amoureux d'Emmie. Il m'a appris que la peau est le plus grand des organes : un mètre carré et demi. Heureusement, tout n'est pas à épiler ! L'organe peau pèse trois ou quatre kilos. Les trois kilos que j'ai régulièrement en trop, quand j'affronte la balance. Et si j'ôtais ma tunique de peau ! Selon la Faculté, la peau se renouvelle constamment ! En ce moment, la mienne fait grève. Je suis comme un reptile, je mue. La peau et les poumons, même combat, on respire aussi par la peau. Entre deux maux, je choisis l'asthme. L'asthme trouble seulement les perceptions du monde extérieur. Quand je suis en crise, les motifs du papier peint ou les objets inanimés se mettent à danser au rythme chaotique de ma respiration. « On dirait que tu joues de l'accordéon », disait Maxime quand il était petit. Finie la musique ! Cette fois, c'est mon autoportrait qui anime la galerie.

5

Quatrième jour

V**endredi/Tenir à la peau de quelqu'un/Papa tient à ma peau.** Papa est là et il est bouleversé.

Il m'appelle Malily comme quand j'étais petite, il baise mes cheveux, et caresse mon dos. Puis il harcèle ma tante : Est-ce que Gros Ours est un bon médecin ? Est-ce que ce ne serait pas mieux d'avoir un deuxième diagnostic ? Pourquoi est-ce qu'on ne m'a pas emmenée à l'hôpital ? Et sans cesse, il répète : « Combien de temps ? Dans combien de temps elle va retrouver sa peau de pêche ? » Il téléphone dans tout Paris et il joint un professeur en dermato, copain de copain, qui le rassure. Aussitôt, il revient à mon chevet et il murmure : « Ne sois pas triste Malily, avec les piqûres dans neuf, dix jours, je te promets, tu seras de nouveau ma jolie petite fille. »

Ça ne se lit donc pas sur ma face de grenouille ? Je suis folle de bonheur, je ne suis pas triste. Je découvre que mon père est fou de la chair de sa chair. Enfin il s'exprime ! Ces derniers temps, depuis que j'ai appris qu'il sortait avec une de mes copines, nos rapports étaient plus tendus.

La dernière fois qu'on s'est vus, c'était chez Pipo, un restau italien, métro Philippe-Auguste. Il m'avait invitée à déjeuner. J'essayais de lui expliquer que sans ma rencontre avec Florian, je n'aurais certainement pas eu envie d'étudier. Papa a dit :

– Je l'aimais bien Florian. Je me suis toujours demandé pourquoi vous vous êtes séparés.

J'ai renvoyé la balle :

– Exactement le genre de question que je continue de me poser sur maman et toi.

Bernard s'est raccroché aux branches. Sa voix s'est fêlée :

– Après le divorce, ça m'a beaucoup manqué de ne plus vous avoir dans les pattes, Maxime et toi. Je ne vous ai pas manqué, moi, si ?

Manqué ? À moi ? De ne plus les entendre se disputer ? Je suis passée à autre chose, j'ai demandé :

– Tu étais comment quand tu avais mon âge ? Tu savais ce que tu voulais faire ? Où tu voulais vivre ? Papa a plissé les yeux. Il remontait le temps.

J'ai ajouté :

– Qu'est-ce que tes parents attendaient de toi ?

Je le savais très bien ce que ses parents attendaient de lui. Bonne-maman Blachon disait toujours : « Ton père, il n'en faisait qu'à sa tête. Il était intelligent, doué, on l'imaginait ingénieur ou architecte. Une vraie tête de mule ! Il n'a jamais passé son bac. Il avait un excellent bulletin, il a quitté le lycée trois semaines avant l'examen, pour faire la traversée de l'Atlantique. Qu'est-ce que j'ai pu pleurer ! »

Bernard était très étonné. « Franchement, entre le bac et la traversée de l'Atlantique, il n'y avait pas à hésiter ! »

J'ai été tentée de lui demander ce qu'il attendait de moi, sa fille. Je n'en ai rien fait.

Une chose est sûre, papa et moi, nous avons les mêmes goûts.

Tous les soirs au Café Chéri(e), je guettais le moment où Carolina apparaissait. Elle embrassait les uns et les autres, s'installait au bar et ôtait sa veste en daim. Et pendant qu'elle sirotait son expresso, j'aimais regarder sa longue natte brune onduler sur sa chemise blanche. Je suis devenue amie avec elle d'une seconde à l'autre en parlant de vie et de mort. Elle m'avait confié que son premier amour s'était suicidé, et que depuis, elle ne sortait plus qu'avec des vieux. Elle m'avait dit : « Plus ils sont vieux, plus ils sont accrochés à la vie. » Il y a trois semaines, elle m'a présenté « son vieux ».

Ce jour-là comme d'habitude, j'avais pris mon service à cinq heures et elle avait débarqué à six.

Je n'avais pas le moral, elle allait à une fête.

– Viens avec Romain ! Il a une voiture, il nous ramènera.

Comme je résistais, elle avait soufflé :

– Tu n'es pas curieuse de rencontrer mon vieux ?

Trois heures plus tard, on se garait devant un bâtiment industriel en brique, une ancienne usine à papier transformée en lofts. La fête avait lieu dans un atelier en rez-de-jardin. Les pivoines, les roses et les iris étaient en boutons. Des feux flambaient dans des seaux en béton. Nous étions restés un moment derrière les verrières à suivre les mouvements des invités : ceux qui jouaient au billard, ceux qui accompagnaient le pianiste, ceux qui causaient près d'un buffet champêtre. Il y avait quelque chose de cinématographique dans cet endroit. En rentrant, je m'étais présentée à un Américain à la patte folle qui avait l'air d'être chez lui et il m'avait montré Carolina assise près du foyer. Elle attisait les braises en buvant du vin rouge. Un homme était passé derrière elle et lui avait baisé la nuque. Je m'étais rapprochée. Mon amie s'était exclamée :

– Tu es venue !

L'homme s'était retourné.

– Lily !

– Papa !

Le « vieux » de Carolina est mon père. Quand elle m'en avait parlé, Carolina avait dit : « Il n'a pas les pieds sur terre, mais il est très gentil. » « Il a une belle silhouette pour un type de cinquante ans. » « Il n'y arrivera jamais, il n'est pas capable de se vendre. » « Il n'y a que sa peinture qui compte. »

« Il paraît qu'il a une famille, il n'en parle pas. » Heureusement, j'adore Carolina, sinon je l'aurais détestée follement ! Ce soir-là, j'ai flirté avec Romain en buvant un peu trop. Beaucoup trop. Un peu plus tard dans la soirée, nous nous étions à nouveau croisés papa et moi. Je l'avais regardé suivre Carolina des yeux, à moitié couchée sur le billard. Ses jambes étaient si longues et ses pieds si nus. Bernard m'avait dit :

– Elle est géniale, hein !

Et moi j'avais lâché :

– Je ne savais pas que tu étais pédophile.

Comment je pouvais dire une chose pareille ?!

Ça m'avait aussitôt coupé le souffle. J'avais dû courir me faire un shoot de Ventoline.

Vendredi/Une épine sous la peau. Emmie et papa sont très proches. Un peu comme Maxime et moi. Sur le bureau, il y a une photo d'Emmie à six ans entre ses deux grands frères Bernard et Philippe. Mona, qui ne connaît pas ma mère, dit que je suis le portrait de ma tante. Mon oncle Philippe est mort, il y a cinq ans. Depuis, papa n'est plus le même. Sentimentalement, il fait n'importe quoi. On dirait qu'il a peur de s'attacher, alors il choisit des amours impossibles. Avant Carolina, il sortait avec une Américaine. C'était toujours Barbara qui faisait le voyage, elle s'est lassée.

Emmie prétend que le deuil de Philippe a ravivé chez Bernard une blessure très ancienne, dont il n'arrive pas à se guérir : la première fois qu'il a perdu son frère.

Bernard avait deux ans et demi. Bonne-maman attendait Emmie, et ça ne se passait pas bien, on l'avait immobilisée. Chaque matin, Bernard poussait la porte de la chambre et demandait : « Il est où Philippe ? » Bonne-maman pleurait. Philippe avait été placé dans un home d'enfants. Alors Bernard répétait : « Dis, maman, il est où Philippe ? » Un jour bonne-maman a hurlé : « Arrête ! Bernard ! Arrête ! Je t'en supplie, arrête avec ça ! Je ne supporte plus de t'entendre. » Elle hurlait. Elle hurlait si fort que Bernard, apeuré, n'est plus jamais rentré dans la chambre. Quand on l'emmenait en promenade, il courait après tous les autres garçons de l'âge de son frère : « Philippe ! Philippe ! » Bon-papa disait : « Philippe va revenir bientôt, tu sais. » Et « bientôt » est arrivé. Philippe est rentré à la maison, en même temps que le bébé. Bernard, intimidé et heureux, a couru au-devant de son grand frère pour l'embrasser, celui-ci l'a repoussé. Dans son home d'enfants, Philippe s'était senti abandonné par les siens, à son tour, il abandonnait Bernard. Mais Bernard n'avait pas compris pourquoi il était rejeté, et il en avait conçu une immense souffrance. Bien des années plus tard, à la mort de Philippe, la douleur que Bernard avait ressentie enfant s'était réveillée, et depuis elle torpillait sa vie sentimentale.

Grâce aux confidences d'Emmie, je peux me représenter Bernard comme un petit garçon vulnérable et sensible. Il n'est pas seulement mon père, il est aussi un fils, et un frère. Je me sens plus proche de lui. Quand je lui parlerai de Sven, je sais qu'il comprendra.

Vendredi/Bobos aux genoux. J'ai demandé à Emmie: «Comment j'étais quand j'avais six ans?» Dans le bruit de la machine à café, elle a crié: «Archi fan de Michael Jackson.» Mon home-video s'est mis à fonctionner à plein tube.

Enfance-Extrait/intérieur jour: Lily, debout sur une chaise, avait annoncé: «Je vais vous réciter une poésie.» Les cousins riaient, Mamilou et Papiguy riaient, Aymeric, l'amoureux de Lily, riait. Lily avait crié: «Ce n'est pas drôle, c'est une poésie triste!» Les rires avaient fusé de plus belle. Lily était furieuse. Aymeric, l'amoureux de Lily, avait soufflé: «Ta robe est coincée dans ta culotte.» Lily s'était enfuie et était restée cachée plusieurs heures.

Enfance-Extrait/extérieur jour: C'était la sortie de l'école. Le premier jour de CP. Toutes les mamans attendaient leurs enfants sur le trottoir. Il y avait la maman de Sam. La maman d'Hugo. La maman d'Anna et de Lucien. La maman de Marguerite.

La maman de Simone. La maman d'Ella. La maman de Zaccharie. Le papa de Solal. Il y avait toutes les mamans, il n'y avait pas la maman de Lily. Il y avait Delphine, une amie de la maman de Lily. Delphine criait: «Lily! Lily!»

Lily faisait comme si elle n'entendait pas. Maman avait dit qu'elle viendrait. La maîtresse avait demandé à Lily: «Lily, tu connais cette dame?» Lily avait secoué la tête et s'était cachée derrière la maîtresse. Maman avait dit qu'elle viendrait. Lily ne voulait pas partir avec Delphine. Delphine insistait, elle suppliait la maîtresse de lui donner Lily. Lily s'accrochait à la robe de la maîtresse. Maman avait dit qu'elle viendrait. La maîtresse avait refermé la grille en disant à Delphine: «Je vous en prie, laissez cette enfant tranquille!»

Enfance-Extrait/intérieur jour: C'était la fête des pères. Lily avait dix ans et elle avait offert un cadeau à papa: un rectangle plat enveloppé dans du papier de soie. Papa avait défait le paquet, dedans il y avait un petit tableau peint à l'huile, il l'avait posé sur la cheminée et il s'était intéressé au cadeau de Maxime. Lily avait dit: «C'est moi qui l'ai peint! Tu l'aimes?» Papa avait embrassé Lily.

Lily avait répété : « C'est moi qui l'ai peint ! Tu l'aimes ? » Papa avait ri et caressé les cheveux de Lily. Lily avait insisté : « Tu l'aimes ? » Papa avait dit : « C'est toi que j'aime. » Il avait contemplé le tableau et il avait ajouté : « Même si c'est toi qui l'as peint, Malily, je t'aime ! »

Vendredi/Peau de chagrin. Emmie a sorti ses albums. Je remets à leur place dans l'arbre généalogique tous les membres de la famille Blachon, les uns après les autres, avec une petite étiquette pour chacun : le gentil, le raciste, le riche, l'aventurière, le fâché, le héros, le surdoué, l'handicapé. Je tourne les pages, et papa et Emmie commentent. Soudain, je suis arrêtée par une photo de moi, affalée dans une poussette de bébé. C'était où ? Je porte une salopette rouge et je fais une drôle de tête. Je suis trop grande pour la poussette. Cette photo me met mal à l'aise. C'était quand ? Qui a pris la photo ? Ni papa ni Emmie ne s'en rappellent. Ils sont tentés de passer à autre chose, mais je retiens la main d'Emmie à la même page. Ma poitrine est en feu. Une salopette rouge ! Ça me gratte au niveau du thymus. La photo a été prise le jour de la fête des pères. Immédiatement, je revois le tableau que j'avais offert à papa. Ça lui aurait arraché la gueule, de me dire qu'il trouvait ça bien, que j'étais douée ! J'avais dix ans ! J'avais été oppressée toute la journée. Je ne pouvais pas me traîner tellement mes bronches étaient encombrées. Je m'étais réfugiée dans la poussette de Maxime. Folle de chagrin.

Je leur raconte, papa demande :

– Quel tableau ? Un cadeau de fête des pères !

Ça ne lui dit rien. Il ne s'en souvient pas ! J'insiste, j'insiste encore, il fouille sa mémoire, et soudain il lâche :

– Ah oui, je vois !

Et sans prendre aucune précaution, il lance :

– Je crois que je l'ai jeté quand j'ai déménagé.

Il précise : Ce n'était pas très bien.

Je crie :

– Tu veux dire « à chier » ?

Emmie avale de travers. Bernard fronce les sourcils, ça devient de plus en plus précis :

– Ton petit paysage à l'huile était… sans grâce. Je ne pouvais pas dire que je l'aimais. Je suis peintre. Si tu m'avais écrit un poème, j'aurais été plus indulgent.

Des larmes noient la misérable face de grenouille. Je pleure, je pleure. Papa est désemparé, il dit :

– Je te demande pardon. Je ne voulais pas te blesser.

Je sanglote de plus belle. Je hurle :

– Je suis nulle. Je n'ai aucun talent, personne ne veut de moi. Je n'ai rien fait de ma vie !

Je sais que je dis des conneries, mais je ne peux pas m'en empêcher, j'ajoute :

– Je suis obligée de vivre chez ma tante.

Alors papa se lève, fait le tour de la table, se remplit un verre d'eau, avec l'air le plus désolé du monde, il constate :

– Nulle ! Moche et méchante !

Il insiste très sérieusement :

– Tu es méchante !

Je ne sais plus où j'en suis. Je crie dans un torrent de larmes :

– Je suis malade, d'abord. Je ne suis pas méchante. Tu es dégueulasse !

Emmie et papa éclatent de rire. Finalement moi aussi.

C'est bon comme le soleil après la pluie.

Vendredi/Peau d'Âne. Jolie Souris est très excitée. Elle a croisé papa qui lui a donné un carton pour le vernissage de sa prochaine expo. Pendant qu'elle blablate sur la chance que j'ai d'avoir un père aussi sympa, gentil, séduisant… je fais une fixette sur ses mains. Comment une fille aussi fine et féminine peut-elle avoir des mains aussi grandes et aussi épaisses ? Des mains d'homme ! On dirait une greffe.

Papa a tenu à téléphoner à Maxime. En période de crise, tous les trois, on est soudés comme les doigts de la main. Mon petit frère m'a rappelé l'époque où je l'obligeais à jouer à Peau d'Âne. Du conte de Perrault, je n'avais retenu que le titre *Peau d'Âne*. J'affublais Maxime d'une descente de lit zébrée, et je le lâchais dans la cave qui représentait une forêt pleine de loups. Les loups hurlaient à la mort, il tentait de remonter. Mais je décrétais que l'escalier était une grotte appartenant à une horrible sorcière.

Juste avant de raccrocher, il a dit : « N'oublie pas de faire un vœu ! » Avec Maxime, on avait aussi mis au point le jeu des vœux.

L'un de nous lançait : « Fais un vœu ! » L'autre devait émettre un souhait le temps de compter jusqu'à dix. « Fais un vœu ! Vite ! Dépêche-toi ! » « Attends ! Je ne veux pas me tromper de vœu ! » « Trop tard ! » Le stress dans lequel ça nous mettait ! Celui qui n'avait pas pu exprimer son vœu à temps était carrément désespéré. Comme s'il avait raté la possibilité de communiquer avec un autre monde. Le téléphone sonne dans la troisième dimension, un esprit décroche et personne ne parle. C'est alors que Maxime avait dit : « On devrait toujours avoir trois vœux d'avance, tout prêts dans la tête ! » Oui mais quels vœux ? Il y avait trois catégories de vœux : le petit vœu de base : manger des crêpes ou gagner aux billes. Le vœu moyen : une bonne note au devoir qu'on était en train de faire. Le vœu grave : faire partie de la bande à René Mur, le caïd de l'impasse des Lilas.

Je me souviens parfaitement de la naissance de Maxime. Il est né le jour de la chute du mur de Berlin. Je connais si intimement cette période de l'histoire que je finis par croire que j'y ai assisté en vrai, à la chute du Mur. Le 9 novembre 1989, je portais une robe bleu nuit avec des broderies et j'avais fait une comédie, parce que je voulais mettre un chapeau de paille pour aller à la maternité. Or il pleuvait. Je me revois, examinant Maxime dans son berceau transparent. Je m'extasiais sur ses petites mains, ses petits pieds, ses petites oreilles, son petit nez. Et quelqu'un était entré dans la chambre et avait crié : « Le mur de Berlin est tombé. » J'avais demandé : « Le mur de *Merlin* ? Merlin l'Enchanteur ? » Car j'avais compris : le mur de *Merlin* est tombé. Et puis, je n'avais pas voulu quitter maman. J'avais pleuré pour qu'on me laisse dormir avec elle. On m'avait arrachée de force et j'avais été oppressée toute la nuit.

Vendredi/À fleur de peau. J'ai dormi une heure. Quand je me suis réveillée, papa était parti. Il a laissé un dessin sur la table de nuit. Un nu habillé de fleurs, intitulé *Malily à fleur de peau*. J'ai eu juste le temps de le cacher avant l'arrivée de Jolie Souris.

6

Cinquième jour

Samedi/À la fenêtre. Une journée n'a plus la même durée, un peu comme en voyage, quand on traîne à l'aéroport, déjà mentalement hors du pays qu'on quitte, mais pas encore dans celui où on va. J'ai passé une bonne nuit, pas agitée et sans cauchemar. Je me suis réveillée tôt. Je me sentais mieux. J'ai cru, le temps de croiser mon reflet, que c'était fini, mais non, la grenouille est toujours là, bien installée, et elle n'envoie pas le plus petit signe pour dire qu'elle a l'intention de prendre congé de ma figure. Emmie est partie au marché. L'atelier est fermé. Dehors, le soleil brille, et trois petites filles en bikini et lunettes de soleil jouent à « la plage », leurs bavardages ressemblent à des pépiements d'oiseaux.

La glycine grimpe à vue d'œil. La plante folle s'enroule à la gouttière qui descend le long du mur de brique, elle lance ses tiges, comme des lignes à la recherche d'un endroit où s'agripper, l'une d'elles a jeté son dévolu sur la branche du bouleau qui traverse l'impasse. Lorsque les nouvelles pousses ne trouvent rien où s'accrocher, elles meurent. Mes yeux suivent la trajectoire d'une tige d'un vert très tendre qui tente de se fixer à un fil de fer rouillé le long de la maison voisine. J'adore regarder les intérieurs de l'extérieur. Un homme est assis à un bureau – une longue planche de chêne clair qui court le long d'une verrière –, il lit. Un chat noir ronronne à côté de lui sur la table. L'homme fume la pipe. Soudain le téléphone sonne, il marque un petit temps avant de décrocher, il ôte ses lunettes, échange quelques mots et raccroche, puis il se lève, marche, joue avec un tasse-pipe, se sert un mug de thé, fouille dans les étagères à la recherche d'un livre, qu'il met de côté. Il s'assoit et plonge à nouveau dans la lecture du manuscrit, la feuille de droite passe à gauche. Il lit très lentement. Il est totalement dans ce qu'il lit. Son recueillement est beau à voir.

Samedi/La peau des mots. Du marché, Emmie a rapporté un bouquet de lilas blanc et des légumes pour le minestrone, une recette qu'elle a héritée de son ex-mari, Claudio, un Italien. Je propose de l'aider à éplucher, elle me renvoie dans ma chambre, de peur que je fasse une réaction aux végétaux. Pourquoi pas une allergie aux couleurs ou aux mots ?

Juste avant de claquer la porte, je pose ma question : Qui est le voisin ? J'apprends que l'homme qui lit est éditeur, il publie une revue de poésie qui s'appelle *La Peau des mots*. Je connais cette revue.

J'y étais abonnée avant de partir à Berlin. C'est Ian qui me l'a fait connaître, il publiait dedans. Je suis troublée. Maintenant je comprends pourquoi la silhouette de l'homme d'à côté m'est familière.

Je l'ai croisé à l'enterrement de Ian Falk, c'était son ami. Il s'appelle Antonin Baur.

Ian m'avait encouragée à partir en Allemagne, son pays d'origine. Pendant que j'explorais Berlin, sa ville, il se mourait à Paris, la mienne. Je savais qu'il était malade mais il n'en parlait jamais, et à force de faire semblant qu'il n'avait pas de cancer, j'avais oublié qu'il n'était pas éternel. Ian est mort, la veille de mon retour. Je ne suis pas arrivée assez tôt pour lui dire adieu. J'y pense tout le temps. C'est le premier grand regret de ma vie.

Je l'ai connu à la fac, il donnait un cours de traduction. Il m'est apparu un jour pluvieux d'octobre, il y a trois années de ça.

Je n'étais pas encore habituée au dédale de la Sorbonne, je me suis perdue. Et j'étais très en retard lorsque j'ai poussé la porte de la salle Paul-Hazard, où Ian Falk donnait un cours intitulé : Poésie et Traduction. Entre les murs tapissés de vieux volumes, une poignée d'étudiants buvaient ses paroles. Le professeur se tenait sous le portrait de Stendhal, hirsute et voûté, une écharpe verte sauvagement nouée autour du cou. Il s'exprimait moitié en allemand moitié en français. Mon entrée a perturbé le cours, Ian s'est interrompu et j'ai rougi, gênée. Je n'arrivais pas à suivre. Mon esprit vagabondait sur les étagères. J'ai essayé de me représenter à travers les époques les étudiants qui avaient hanté avant moi cette université mythique. Eux aussi se sont vautrés, sur cette même table, la joue dans la main, les jambes croisées. Lorsque je me penchais pour prendre une note, je sentais mon voisin s'écarter et s'enfoncer dans la chaise. Lorsque je m'appuyais au dossier de ma chaise, il revenait vers la table. Dans un mouvement de balancier, j'ai cueilli cette phrase : « Poète celui qui habite totalement son être. » Je m'ennuyais, ça m'a réveillée. Il a suffi de ces quelques mots pour me captiver. Dès lors, j'ai été sous l'emprise de son accent et je suis revenue chaque semaine écouter Ian. Loin de l'agitation du boulevard Saint-Michel, notre professeur partageait avec nous les secrets de la poésie et de sa transplantation d'une langue dans l'autre. « Pour traduire, disait-il, il faut entendre tout ce qui n'est pas écrit, tout ce qui n'est pas dit. Le poète est celui qui fait l'éloge de l'ombre, du silence, du nombre 1. » Après le cours, il est entré à l'Écritoire boire un café, je l'ai suivi et je l'ai questionné sur son travail. Tout en ajustant sur sa tête un drôle de bonnet, il m'a parlé de « Recueillement », un poème de Baudelaire dont il traquait l'existence dans les œuvres romanesques. En le quittant, je n'ai eu qu'une hâte : que la journée se termine ! Dès que je suis rentrée chez moi, j'ai cherché mon exemplaire des *Fleurs du Mal*. Il était au pied de mon lit, sous les *Élégies* de Rilke. J'ai cherché « Recueillement » et j'ai lu le sonnet à haute voix.

Falk adorait jouer avec ses étudiants. Au deuxième cours, il a dit : « Vous êtes naufragés d'un cataclysme planétaire. Il ne reste rien de la civilisation. Pas un livre. Voyons ce que nous pouvons sauver de vos mémoires comme trésors. » Et je l'ai épaté, parce que je pouvais réciter par cœur les *Illuminations* de Rimbaud, « Le Crapaud » de Victor Hugo, un peu de la *Lettre au père* de Kafka et la première page de *Cent ans de solitude*. Le lendemain, je l'ai croisé par hasard, dans un bar du Quartier latin. Il m'a offert une bière et il m'a harcelée avec toutes sortes de questions. Quel était le métier de mes parents ? Pourquoi je ne faisais pas ou mannequin ou actrice ou communication ? Est-ce que je n'avais pas envie de gagner de l'argent ? Qu'est-ce qui m'attirait dans la littérature ? Pourquoi je venais à son cours ? Pour faire artiste ? Parce qu'il avait la réputation de noter large ? Il m'a énervée, j'ai répondu : « J'ai fait une promesse à mémé Nono. » Il ne s'attendait pas à cette réponse, ça l'a stoppé. Je lui ai raconté Noémie, mon arrière-grand-mère, petite paysanne, orpheline et analphabète, qui avait tellement désiré lire, écrire, être instruite. Je lui ai parlé de mon héritage, ces carnets dans lesquels il n'y avait pas un seul mot, seulement des dates. J'ai un peu hésité, puis je lui ai confié que j'avais écrit un livre dans lequel je retraçais sa vie. Une fausse biographie puisque j'avais très peu de documents et que j'avais imaginé la plus grande partie. Son regard sur moi a changé. Il m'a invitée à lui donner le manuscrit. Et par la suite, c'est devenu une sorte de rite entre nous. Chaque fois qu'on avait rendez-vous, il demandait : « Alors ? Je peux le voir, ce texte ? » Mais je ne le lui ai jamais apporté.

Ian habitait place Sainte-Marthe, moi, rue Vicq-d'Azir, dans le même quartier. Chaque semaine après le cours, nous avions l'habitude de prendre le métro ensemble jusqu'à Belleville, et de boire un pot au Café Chéri(e) avant de rentrer chez nous. Je garde de ces moments des souvenirs joyeux, colorés, gourmands. Avec lui, j'avais l'impression que l'ordinaire se déréglait. De chaque voyage, il rapportait une vision, un morceau de dialogue, un début de récit. Il n'y a pas longtemps, j'ai entendu une dame expliquer à son amie qu'elle n'avait jamais pris le métro de sa vie et que l'idée d'avoir à le faire la révulsait. Je n'en revenais pas. Elle a dit « révulser ». Il existe donc une Parisienne vieille d'au moins un demi-siècle qui ne connaîtra jamais les plaisirs du métro : sauter dans la dernière voiture au moment où les portes se referment, sentir la tiédeur de la moleskine sur la place qu'un passager vient de quitter, garder les yeux dans les yeux d'un voyageur, jusqu'à ce que le tunnel les sépare. Avec Ian, j'ai appris à m'émerveiller de ce qui peut révulser certains et à recevoir comme un cadeau la petite musique de la vie ordinaire. Samedi dernier, en rentrant de chez Emma, je me suis assise à côté de trois potes. Ils parlaient d'un quatrième. La fille, une blonde mignonnette, a dit :

– Au moins, lui, il est dans la vraie vie ! J'en ai marre moi de ne pas être dans la vraie vie.

– Tu es dans la vraie vie ! a répondu son copain beur. Il n'y a que de la vraie vie. Quoi que tu fasses, tu es dans la vraie vie ! Maintenant on peut se poser la question : C'est quoi la vie ? Ça sert à quoi ?

– On travaille, on fait une famille et puis on meurt ! a ajouté le troisième, un Black.

– C'est exactement ça, je voudrais travailler, faire une famille ! avait repris la blonde.

– Qu'est-ce qui t'en empêche ?

– Je ne trouve pas de travail ni de mec. Personne ne veut de moi.

Un micro a crachoté, le machiniste a annoncé : « On ne va pas s'arrêter à la station Couronnes, ils sont en train de tout péter là-dedans. »

Jolie Souris me surprend en train de feuilleter mon carnet de métro. Sur une page, j'ai croqué un homme sans tête. Des brodequins, un pantalon, un blouson, une écharpe rouge nouée autour de rien. L'homme dort dans son blouson comme l'oiseau sur le fil.

– Tu collectionnes quoi ? Les histoires de métro !

Elle porte une robe bleu canard, ouverte sur un décolleté pigeonnant. Elle est sexy comme un samedi. Tout en préparant la piqûre, elle dit :

– J'en ai une pour toi.

Deux fois de suite, sur la même ligne, à la même heure, Jolie Souris s'est assise en face du même homme. Le coton imbibé d'alcool provoque une sensation de froid au creux de mon bras. Jolie Souris prend un ton goulu :

– Il ressemble à George Clooney ! Si ça arrive encore ce soir, il m'invite à boire un verre.

– Et Rodolphe ?

Jolie Souris vit avec Rodolphe.

– Quoi Rodolphe ?

– Tu n'as pas l'impression de le tromper ?

– Rien à voir !
– Et s'il fait ça, lui ?!
– Il prend la voiture.
Je ris, elle dit :
– Il ne faut plus que je te fasse rire. C'est trop pire.

Samedi/Avoir la peau de… Emmie allume une bougie. Le minestrone fume sur la table, immédiatement, je fais allusion à Claudio.

– Tu as des nouvelles de Claudio ?
Emmie change aussitôt de couleur.
– Il est papa d'un petit Andrea.
Je n'ai jamais parlé de son divorce avec ma tante. Je poursuis :
– Pourquoi vous vous êtes séparés ?
– Il voulait un enfant.
– Toi, tu n'en voulais pas ?
Elle baisse les yeux sur la marmite.
– Ça n'a pas marché.
Elle se lève pour attraper une louche. Je dis :
– J'ai vu un reportage sur une femme de soixante ans qui vient d'avoir des triplés. Tu n'es pas trop vieille !

Emmie aussi est hypersensible. J'ai mis la cicatrice à vif, en grattant la peau là où elle est encore toute fine. Je m'en veux.

7

Sixième jour

Dimanche / La peau à l'envers. Je n'aime pas le dimanche. C'est l'enterrement de la semaine. J'aime le dimanche. C'est la promesse d'un lundi qui chante. L'infirmière remplaçante de Jolie Souris n'ose pas regarder la grenouille dans les yeux. Quand elle pique, je crie aïe. Emmie a décidé de rester au lit jusqu'à midi. L'Homme qui lit n'est pas chez lui.

Les fillettes sont dans leur nid. La ville ne fait pas le même bruit. Je suis excitée comme si j'avais bu du café toute la nuit. Overdose de cortisone.

Dimanche / Avoir un gars dans la peau. Emmie jardine, la voisine lui tient la jambe. Elle est antiquaire. J'ai travaillé pour elle quand j'étais à la fac. Je l'aidais à installer des décors. C'est une spécialiste de l'Inde. Florian l'avait surnommée Maharadjah. Un jour que je pliais les saris comme Maharadjah me l'avait appris, Florian était passé et on avait joué à cache-cache parmi les antiquités. Il m'avait attirée derrière un baldaquin et il avait murmuré : « Tu imagines le nombre de couples qui se sont aimés dans ce lit ? » C'était un lit anglais. Au milieu du XIXe siècle, le meuble était parti de Portsmouth à destination de Bombay, pour finalement échouer à Paris au début du XXIe siècle. « Viens », m'avait ordonné Florian, et je m'étais allongée sur le couvre-lit rose Jaïpur parmi une montagne de coussins brodés de dahlias d'or et nous avions refermé autour de nous les rideaux orange. Ça sentait l'encens et le curry.

Florian vit en Chine. En lançant son nom sur Google, j'ai trouvé un article qu'il a signé sur Chengdu, la capitale du Sichuan : *une ville de dix millions d'habitants, grouillant de migrants, employés à la construction d'un futur résidentiel.* Il travaille pour une ONG. Ça lui va bien.

J'ai toujours imaginé qu'on se retrouverait au Café Chéri(e), c'est raté.

Dans mes rêves les plus fous, je me plantais devant lui pour prendre la commande. Je plongeais mes yeux dans les siens, je disais :

– Vous désirez ?

Il répondait :

– Toi.

Maintenant, je sais que ça ne se passera pas comme ça.

Dimanche/Faire la peau à quelqu'un. Les gens s'ennuient le dimanche. Ils sont capables de tout. J'ai dormi, j'ouvre les yeux. Albert me tient en joue avec sa caméra. Il vise : « Quelles lèvres ! Mon Dieu ! » Puis il tire : « Tu devrais épiler le poil, là. » Je le bombarde d'oreillers.

Mon ami est en pleine forme, il a reçu un prix du court-métrage. Et, tout de suite, il a investi l'argent dans un camion, acheté à un marchand forain qui part à la retraite. Une sacrée affaire !

– Mille cinq cents euros ! Le camion *plus* la cargaison !

– Une cargaison de quoi ?

– Des bonbons. De toutes les formes et de toutes les couleurs. Je vais les vendre sur les marchés.

Albert part demain avec Arthur et Iseult. Direction : Avignon. Si tout se passe comme prévu, ils arriveront au festival bourrés aux as. Ça me fait envie. Il crie :

– Viens avec nous !

Je crie :

– Pour faire peur aux gosses !

Arthur donne des cours de flûte à une unijambiste qui habite le coin. Albert l'appelle, il débarque. Un quart d'heure plus tard, c'est Iseult qui rapplique. Arthur et Iseult nous jouent leur sketch « un peu d'énervement dans le bonheur » :

– Elle met des miettes dans le lit. Elle mange au lit et ça fait des miettes sous la couette.

C'est terrible comme je me sens seule.

Je n'ai qu'une chose à dire : À mort les BBPPP (beaux, bien portants, pleins de projets) !

Juste avant de disparaître, Albert demande :

– Berlin, tu as pris ta décision ?

Je ne veux voir personne, ils défilent tous les uns après les autres. Heureusement, Emma et Jibé sont en vacances.

La dernière fois qu'on s'est vus, Jibé a essayé de me convaincre d'arrêter de fumer. J'étais venue discuter avec eux de la décision que j'ai à prendre : rester à Paris ou repartir à Berlin.

– Je ne suis pas sûre de vouloir retourner à la fac. Je ne suis pas une intello.

– Tu dis que c'est une ville géniale.

– C'est vrai. J'adore Berlin, mais j'aime aussi Paris.

– Là-bas, tu as un boulot. Ici qu'est-ce que tu as ?

Emma et Jibé se sont rencontrés grâce à moi.

Ils ont décidé de se marier.

Emma a annoncé :

– On veut un bébé !

– On en veut quatre, a précisé Jibé, en la prenant par le cou. Il vaut mieux commencer tout de suite.

Ça m'a flanqué un coup de vieux.

Je pense à Emma. Mon téléphone sonne l'arrivée d'un SMS. Elle a écrit : VACANCES DE RÊVE, ET TOI TANNÉOU ? BISOU DOU TANNÉOU ?

Je réponds : ARRÊTÉ DE FUMER 6e JOUR.

Dimanche/J'adore Berlin. J'ai adoré Berlin. La vie là-bas était grisante. Et mes voisins *Ossi* se souviendront longtemps de mon hurlement, ce premier matin dans la WG, où en descendant acheter des *Brötchen* pour le *Frühstück*, je suis tombée nez à nez avec un sanglier en train de bouffer les géraniums de *Frau Lücke*.

De toute l'Europe, de l'Est, de l'Ouest, du Nord et du Sud, la jeunesse converge vers Berlin. On y sent battre le pouls de la *Mitteleuropa* et de l'Europe de demain. Cette ville en chantier a créé comme un appel d'air. Pourtant Berlin est un mémorial, le mémorial de toutes nos peurs : mémorial de l'holocauste, mémorial du mur de Berlin, mémorial de la résistance allemande, mémorial de la Stasi, mémorial de la semaine sanglante de Köpenick, mémorial de Plötzensee, mémorial des combattants espagnols, mémorial du pont aérien, mémorial germano-polonais, mémorial soviétique.

Lorsque j'ai annoncé autour de moi que je partais à Berlin, j'ai découvert que tout Paris m'y avait précédée. Tout Paris rentrait de Berlin, connaissait quelqu'un à Berlin, parlait de s'installer à Berlin. Alice, notre voisine, en revenait, elle y avait passé une audition de piano et elle voulait aussitôt repartir. Elle en avait plein la bouche du Staatoper, du palais de la Philharmonie, de la Berliner Hochschule, de Furtwängler et de Karajan. Anne-Lise, la cousine d'Emma, avait prolongé son Erasmus à la Technische Universität, ce qui l'emballait c'était l'architecture. Elle était folle de Berlin : Unter den Linden, Potsdamer Platz, Charlottenburg, l'AEG Turbinenhalle. Elle citait les architectes, Schinkel, Speer et surtout ceux du Bauhaus comme si elle les avait connus personnellement. Le père de Nathan, un copain de Florian, avait choisi Berlin pour sa retraite. Je lui avais demandé : « Votre famille était de Berlin avant la guerre ? » Il avait répondu : « Non, pas du tout. Mais en ce moment, c'est une ville merveilleuse pour les Juifs. » « Pour les gays aussi », avait ajouté Albert. « Même pour les pauvres, c'est mieux que Paris, la vie est moins chère », avait complété Stanislas, le fils d'un copain de papa. Et il m'avait rappelée pour me faire un cours sur le S.Bahn, le U.Bahn (RER et métro), la vie à Tiergarten, le plus grand parc urbain du monde, les lacs, la cuisine cosmopolite, les bars. Alors que je prenais un dernier verre avec Ian au Café Chéri(e), je m'étais exclamée : « C'est incroyable, qu'est-ce qu'ils ont tous avec Berlin ? Je ne pars pas là-bas pour rencontrer des Frenchies. » Ian Falk était né à Berlin, dans ce Berlin ravagé par la guerre que Rossellini a filmé dans *Allemagne année zéro*.

J'ai commencé par les éviter, les Frenchies. Dans la salle d'embarquement d'Easy Jet à Orly, j'ai vite changé de place pour ne plus les entendre. Je me suis calée près de deux étudiants américains qui se racontaient leur tour d'Europe. « C'est incroyable l'Europe, disait la fille, deux heures de train, une heure d'avion, et on ne comprend plus rien.» Peut-être venaient-ils de se rencontrer! Le garçon renchérit: «Tu ne crois pas si bien dire, j'arrive d'Espagne, je commençais à m'habituer à l'espagnol, j'ai quitté Madrid pour Barcelone. Et là oh surprise! Ça parle catalan!» Eh oui, c'est la langue qui change tout. Nous autres, Européens de la génération Erasmus, nous sommes pareils en apparence. Nous portons les mêmes vêtements, nous nous gavons des mêmes nourritures, nous avons appris l'anglais dans les mêmes séries américaines, nous aimons les mêmes musiques, nous avons la même monnaie, les mêmes problèmes d'avenir. Mais nous n'avons pas la même langue maternelle. Pour se comprendre vraiment, nous devons faire une démarche supplémentaire: apprendre la langue de l'autre. C'est comme réapprendre à marcher chaque fois. Il faut accepter de tomber, régresser, ne pas savoir, buter, perdre les mots, les chercher, ne pas pouvoir faire le malin.

Il faut s'adapter. Combien de fois ai-je répété cette phrase comme une sorte de «sésame ouvre-toi»: *Könnten Sie das bitte wiederholen* (Pouvez-vous répéter s'il vous plaît), *Könnten Sie bitte langsamer sprechen* (Pouvez-vous parler plus lentement). Ça a commencé à l'aéroport de Schöneberg, j'ai tout de suite compris que je manquais d'exercice. Il me fallait faire un effort pour ranger le verbe à la fin de la subordonnée, et arriver jusqu'au bout de la phrase.

Avant de partir là-bas, j'avais réservé une chambre sur Internet. Le taxi s'est arrêté devant une *Mietkaserne* de Friedrichshain, j'ai traîné mes bagages jusqu'au deuxième étage, et comme je bredouillais mon identité au Viking qui me tenait la porte, aussitôt il a marqué son impatience et il a proposé de changer de fréquence. La visite de l'appart s'est déroulée en *English*. Lars était pressé. Il m'a donné les clés et il a filé. Pour deux cent cinquante euros, la chambre faisait deux fois mon appart parisien, deux fois en superficie et deux fois en hauteur. Soudain tout était trop grand, trop vide. Dès que j'ai été seule, je me suis échouée sur le canapé-lit, assommée par un gros coup de grisou. Une semaine plus tard, j'ai déménagé dans une WG à Kreuzberg. Un endroit comme j'en avais rêvé, un joyeux bordel, une communauté. Il y avait Morten, Yvan et Charlie, Kahina, Susanne et moi. Nos voisins étaient russes, polonais, tchèques, turcs, roumains. Je me suis acheté une bicyclette et j'ai commencé à hanter la ville bien décidée à me l'approprier avant la première neige.

Je me sentais beaucoup plus à l'aise sur le campus de la HU que dans l'enceinte de la Sorbonne. J'étais beaucoup moins stressée qu'à Paris. En Allemagne, l'étudiant est tout de suite mis au rang du chercheur. Il n'y a pas de sujet collectivement imposé, chacun rédige son devoir écrit, comme si c'était un article. Ce qui intéresse les professeurs, c'est la démarche, la façon de travailler, le rapport personnel avec Stefan Zweig, Kafka, Musil, Goethe, Kleist ou Günter Grass. Au début, j'ai été déconcertée par la prise de parole permanente des étudiants durant les séminaires, j'aurais préféré gratter dans un cours magistral. J'étais perdue à cause de mon manque de spontanéité linguistique. Et puis j'ai appris à ne pas avoir honte de parler, même avec difficulté. Un jour, à la *Mensa* (restau U), j'ai dit à mes nouveaux camarades de cours :

– En fait vous passez votre temps à parler, pendant les cours !

Et Stefan qui avait fréquenté le système français a rétorqué :

– Et vous à écrire.

Ce jour-là, je me suis liée avec Dalva, une fille de Nantes qui suivait le séminaire de Matthias Schönberg comme moi. Elle a dit :

– Chez nous, c'est fou ce qu'on nous met la pression. Ici c'est cool. Tu te rends compte du nombre d'examens qu'on passe à côté d'eux. Ils ne supporteraient pas deux secondes la rudesse à laquelle on est confrontés.

Un jour, Dalva et moi, nous avons essayé d'expliquer la dissertation à nos copains allemands. Ils n'en revenaient pas. Ils étaient choqués que la logique de l'exercice les oblige à envisager différents points de vue contradictoires qui n'étaient pas les leurs. Karl a hurlé :

– Vous voulez dire qu'on pourrait à la limite m'obliger à envisager les thèses d'Hitler ? Même si c'est pour les réfuter, je trouve ça ignoble.

Quand Dalva a ajouté que certains examens se passent devant des jurés inconnus, et en public, Tabea s'est écriée :

– C'est de la torture psychologique ! À quoi bon ?!

Dimanche/Écouter son cœur. Susanne, ma coloc, me disait souvent : *«Du musst es in deinem Bauch fühlen.»* En Allemagne, on parle de *Bauchgefühl* (sentiment du ventre), là où en France on dirait «Écoute ton cœur». Je l'entends rarement, mon cœur, alors que mon ventre réagit violemment à ce que je ressens. À l'idée de quitter Paris pour retourner à Berlin, j'ai la trouille. Entre mon nombril et mon estomac, je sens grossir une boule. Comme si la décision que j'allais prendre m'engageait à tout jamais.

8

Septième jour

Lundi/Peaux mortes. Docteur Gros Ours constate que mon état est stationnaire. Mona pointe le nez, ses yeux confirment que la grenouille est toujours là. Gros Ours ferme la porte et entreprend d'écouter mes pouls. Il tient mes poignets doucement, le droite puis le gauche, puis les deux ensemble. Après un temps, il demande : « Vous avez eu un deuil récemment ? Vous avez perdu quelqu'un ? » Je n'en crois pas mes oreilles. Est-ce qu'il serait voyant ? Est-ce que mes pouls parleraient ? « Peut-être bien ! » répond-il en souriant.

Oui, j'ai eu un deuil, Ian Falk est mort.

Ian est mort, mais il vit dans tout ce qui le rappelle à moi. Il rayonne dans mon cœur. Il rit dans mes yeux. Il parle dans ma tête. Mon ami, poète et mentor est dans toute la prose que je lis et tous les vers que j'apprends. Il est là dans tous les romans que je me raconte et chaque fois que la poésie illumine le réel.

Ce n'est pas Ian que j'ai perdu, c'est Sven.

Lundi/Un trou dans la peau. En Allemagne, j'ai aimé Sven. Un matin, Sven m'a quittée, il n'a pas donné de nouvelles depuis. Désormais, je comprends les gens qui cherchent le corps d'un disparu toute leur vie, pour lui donner une sépulture. Tant que je ne pourrai pas mettre de mots sur ce qui s'est passé à Berlin, je revivrai ce moment comme si on me projetait au-dessus d'un gouffre. J'entends encore mes amis autour de moi : Il ne t'a rien dit ? Tu es sûre ? Il ne m'avait rien dit. Il était sorti de ma chambre, à l'aube. Et je n'avais plus jamais entendu parler de lui. Plus jamais je ne l'avais croisé dans la ville. Plus jamais je n'avais réussi à le joindre sur son *handy*.

Les habitants de ma WG, Charlie, plus Morten et Susanne, s'étaient réunis pour constituer une cellule de crise. « Qu'est-ce que tu lui as fait ? Qu'est-ce que tu lui as dit ? Essaie de te rappeler ! Après ce qui s'est passé entre nous ! » Charlie venait tous les jours aux nouvelles. En sortant de ma vie, Sven avait aussi éliminé Charlie : « Tu l'as blessé ! Tu lui as parlé de son grand-père et de la guerre ! » Comme si c'était mon genre, de reprocher ses ancêtres à quelqu'un ! Au nom de quoi ? L'innocence n'est pas génétique. Depuis Adam et Ève, on sait bien que personne n'est à l'abri du Mal. Je passe une partie de mon temps à réfléchir à comment échapper à ma détermination familiale, ce n'est pas pour réduire mon prochain à son héritage. Rien ne me hérisse plus le poil que ceux qui déroulent leurs origines pour marcher à l'écart du commun des mortels. Il n'y a pas deux catégories d'âmes : ceux qui peuvent se vanter, et ceux qui doivent s'excuser. Nous sommes égaux. Chacun est là pour faire au mieux avec ce qu'il est. C'est une discussion que j'avais souvent eue avec Ian.

Il fallait se rendre à l'évidence, Sven avait pris la décision de rayer mon nom de sa liste.

– Il a peut-être une autre vie ! Tu y as pensé ?
– Comment ça une autre vie ?
– Une autre amie !

Non, je n'ai jamais pensé à ça. Charlie avait raison, j'étais ingénue. Je débarquais de l'enfance. Pourtant mes copines le trouvaient terriblement attirant. Et tellement craquant quand il jouait de la guitare.

Elles ont été plusieurs à rôder du côté de la TU *(Technische Universität)*, en espérant le retrouver. Pendant les quelques semaines qu'a duré notre idylle, j'ai pensé que je ne me lasserais jamais de lui, ni de Berlin ni de l'Allemagne. J'ai pensé que je n'aurais jamais envie de rentrer. Sa mystérieuse disparition a causé un séisme. Du jour au lendemain, je ne savais plus qui j'étais. Ce que j'avais vécu n'avait plus de réalité. Je n'étais plus sûre de rien, je n'avais plus confiance en moi, je me méfiais de tout le monde. Je marchais dans la ville, persuadée qu'elle allait m'engloutir comme un tourbillon dans les sables mouvants, à tout moment.

« Imagine, a suggéré Susanne un soir, Sven a peut-être perdu quelqu'un de proche, il a quitté Berlin précipitamment. Il est tellement mal qu'il ne peut pas te parler. » Je n'avais pas d'imagination.

Je visionnais le film de notre relation en boucle. C'était toujours lui qui décidait de me voir, quand, où, comment. Brutalement, je passais du désarroi à la colère. Je fonçais chez Charlie et j'explosais : « C'est quand même simple de dire à quelqu'un : "je ne t'aime pas, on va arrêter de se voir", non ? » Et Charlie répondait avec une grimace : « Non, ce n'est pas simple ! Avant de dire ça, on envoie des signes. » Alors, je repensais à notre dernière nuit et je pleurais : nous avions fait l'amour intensément et mes bronches s'étaient enflammées, j'avais eu une crise d'asthme. Il m'avait embrassée avec une telle fougue, son torse pesait si lourd sur ma poitrine que j'avais bien failli mourir étouffée. Alors je l'avais repoussé de toutes mes forces dans un élan de survie. J'étais comme un poisson hors de l'eau, les yeux exorbités, les nageoires qui battent l'air. Et Sven me regardait impuissant. Est-ce que la maladie l'avait fait fuir ? Est-ce qu'il avait eu peur ?

Lundi/Dans la peau d'une étrangère. J'ai rencontré Sven à une fête, un plan de Charlie, mon coloc. Les nuits sont longues à Berlin. Dans la capitale de la musique électronique, il est tout à fait possible de ne pas rentrer chez soi de tout le week-end. Charlie hantait la ville, à la recherche de sa véritable nature. Il espérait avoir la révélation avant le *Christopher Street Day*. Il m'avait donné rancard au Café Melitta Sundström, près du Schwules Museum (le musée de l'homosexualité).

– Je suis peut-être gay ! Enfin, je crois que je suis gay, je n'en suis pas sûr.

Je lui ai mis sous les yeux l'intitulé de la collection permanente du musée : « Confiance en soi et persévérance, 2 000 ans d'histoire gay. » Il était à l'affût des soirées les plus déjantées, mais il avait peur d'y aller seul. En couple, c'était plus confortable. On rigolait bien. Il disait :

– Tu les attires, je n'ai plus qu'à choisir.

– Si c'est moi qui les attire, je ne vois pas pourquoi ils partiraient avec toi.

– Parce que toi tu cherches l'amour, moi le sexe. Ils sont tous bi, je te dis.

Charlie avait un accent français à couper au couteau, qu'il n'essayait pas du tout d'atténuer, au contraire. Pour se présenter à Sven, il a tendu la main et très distinctement, il a articulé :

– *Ich heisse Charlie, wie Checkpoint* Charlie. (Je m'appelle Charlie, comme Checkpoint Charlie.)

J'ai haussé les sourcils. Et Sven a souri.

Je les ai laissés, pour explorer la somptueuse demeure de l'inconnu qui nous recevait. Mes bottines glissaient sur le marbre devant l'escalier à double révolution. Je n'avais jamais rien vu de plus cossu, sauf dans *Derrick* peut-être. Je cherchais du *Echt Berliner* (authentique Berlinois), dans un style RDA pur jus, j'avais atterri chez du *Neu-Berliner* (nouveau Berlinois), richissime, le genre à faire ses courses à Paris, à Milan ou à New York. Je ne me souviens plus de comment Charlie avait dégotté l'adresse, mais lui et moi, on tranchait dans le casting totalement *fashion* : Hansel et Gretel chez la belle-mère de Blanche-Neige. Après deux ou trois flûtes de *Sekt*, j'ai capté que notre hôte était le fils d'un magnat des médias. Les Allemands riches paraissent plus riches que les Français riches, sauf que je ne connais pas de Français riches. Je ne suis pas sortie de mon milieu, bohème fauchée côté paternel, moyen aisé côté maternel.

À Paris, dans le même genre de lieu, j'aurais été mal à l'aise de ne pas connaître les codes, à Berlin j'étais sauvée par ma qualité d'étrangère. Tous me souriaient comme si j'étais la princesse de Clèves. De lèvres en lèvres, je prenais de la particule : Lily von Paris, Lily von La Sorbonne von Paris, Lily Blachon von La Sorbonne von Paris. *Arzo !* Je me suis même fait draguer par un vieux de quarante ans, journaliste à la RBB. Quand il a commencé à me parler de la pension alimentaire qu'il payait à la mère de ses enfants, j'ai cherché Charlie, et je le lui ai présenté comme mon petit ami. Sven était toujours près de lui, nos regards se sont de nouveau croisés.

Pour rentrer chez nous, il a fallu marcher un moment à travers Grünewald avant de trouver la station de S.Bahn. Emmitouflé dans un pardessus acheté chez un fripier de Prenz'lberg, qui lui donnait un look *guerre froide*, Charlie avait du mal à toucher terre. Il était amoureux.

– Tu as vu cette tignasse rousse ! Du feu ! Et sa peau ! Et ses yeux ! Et sa démarche, tu l'as regardé marcher ! Tu as vu comme il est fin, élégant, souple ! Cette allure romantique ! Il s'appelle Sven. J'aaadooore !

Charlie, Sven et moi, nous sommes très vite devenus inséparables. Charlie était amoureux de Sven, qui ne s'en rendait pas compte, car il était persuadé que Charlie était mon petit ami. Depuis le début, tout était trouble, confus, un peu bizarre. Peut-être aurais-je été plus lucide à Paris, mais à Berlin l'étrangeté était mise au compte de la différence des cultures. Un jour, Sven est passé me chercher à la fac, au volant d'une vieille Trabant. Susanne qui nous a vus ensemble, m'a dit plus tard : « Il est fou amoureux de toi, ce type ! » J'ai répondu : « Pas du tout ! Il est gay ! » Charlie et moi, nous avions vingt-deux ans, Sven vingt-huit. Nous nous sentions protégés par lui comme par un grand frère. Il nous a ouvert toutes les portes de Berlin sauf la sienne. Le jour où il a disparu, je n'ai absolument pas su où le chercher. J'ai réalisé que je ne savais rien de lui.

Je ne savais pas où il avait grandi, ce que faisait sa famille, s'il avait des frères et sœurs ou des amis. Fin novembre, j'ai trouvé un boulot de barmaid à l'Oblomov.

Lundi/Les ailes du désir. Un peu avant Noël, les habitants de ma WG se sont dispersés aux quatre coins de l'Europe dans leur famille, moi je suis restée. J'ai fait l'esprit fort.

– Tu vas le regretter ! m'a dit Charlie alors que je l'accompagnais à l'arrêt des bus Eurolines.

J'ai répondu :

– Je n'ai pas de temps à perdre dans un bus.

Il a répété :

– Noël c'est Noël, tu vas le regretter !

Je lui ai collé un petit bisou sur le nez, et j'ai soupiré :

– Tu vas me manquer, c'est sûr !

La tour de la radio disparaissait dans la brume glacée. Alors qu'on se roulait une dernière cigarette avant de se séparer, j'ai demandé :

– Au fait, tu as conclu avec Sven ?

En remontant le col de son pardessus, Charlie a dit :
– Il est pour toi.

J'ai mis un temps fou à rentrer. J'ai marché dans la ville et je me suis perdue. Quand j'ai réalisé que la WG était vide, qu'il n'y avait plus un chat, que pendant deux semaines, je n'entendrais plus Yvan ronfler, Morten jurer en suédois, Charlie roter, Kahina téléphoner à Alger, et Susanne râler parce que les autres lui ont volé ses biscuits au gingembre, j'ai eu un moment de panique. Je me suis jetée sur le Net. Trop tard, il n'y a plus moyen de s'évader de la capitale, à un tarif normal. Désespérée, je me suis préparé un *Affenkotze*, mélange de Coca-Cola et de jus de banane, avant de me scotcher devant la télé, convaincue que je resterais là à zapper à la recherche de TV5, jusqu'à la fin des festivités. Vers 8 heures, un fumet de goulasch m'a attirée sur le palier. Et si j'allais gratter à la porte des Russes ! Elles ont sorti la vodka du freezer, et elles m'ont prédit un *Weihnachten* exceptionnel. C'est alors que Sven a appelé. Charlie l'avait prévenu que j'étais restée pour lui. Il m'a donné rendez-vous le 24 dans la soirée. Quand j'ai pris la décision de rester seule à Berlin, j'ai pensé que je profiterais de ce moment de calme en dehors du monde pour écrire mon exposé sur *Amok*, je n'ai rien fait du tout. Ni lu ni écrit. J'étais comme la Petite Fille aux allumettes, je regardais la ville briller de tous ses feux.

Je suis arrivée en avance au Bellini, un bar branché de Mitte que je ne connaissais pas encore. Je n'avais rien mangé de la journée, j'ai commandé une bière. Ça nourrit. Enfoncée dans un fauteuil, je matais la faune qui déambulait autour de moi. Ce qui compte à Berlin, c'est de se démarquer. Dans la ville la plus tolérante d'Europe, personne n'aime les clones.

À force de traîner dans Berlinomat, la vitrine des créateurs locaux, je sais reconnaître un sac Ichichich (moimoimoi), en bâche de camion, comme le modèle unique que ma voisine laissait traîner à mes pieds. En pensée, j'avais déjà placé mon premier salaire à l'Oblomov. Soudain, j'ai eu un coup au cœur : à quelques pas de mon fauteuil, un des gars de Tokio Hotel roucoulait à l'oreille d'une actrice de la série *Gute Zeiten, Schlechte Zeiten*. Quel cadeau je ferais à ma cousine, la petite Coralie, si j'avais l'audace d'aller mendier un autographe !

Je me demandais bien ce que Sven me réservait comme soirée. À Berlin, j'ai traîné dans des endroits où je n'aurais jamais eu envie d'aller à Paris. Je connaissais mieux Berlin que Paris : ses squats de Friedrichshain, ses bars destroy de l'Oranienstrasse, ses caves investies pour des soirées illégales. Nous autres, la horde des étudiants étrangers, nous suivions la rumeur d'un lieu à l'autre. On reniflait la ville par tous les égouts, on ne voulait rien rater. Sven a fini par apparaître. Tout de noir vêtu, ses cheveux rouges serrés par un catogan, il marchait vers moi avec sa guitare sur le dos. Dehors, il neigeait.

Je croyais qu'on allait déambuler dans le Berlin huppé. Pas du tout ! Nous avons dérivé vers la Karl-Marx-Allee et la Hermannplatz. Sven avait offert sa nuit de Noël à une association qui s'occupait des déshérités. Il a joué de la guitare pendant que je distribuais des paniers de victuailles. Vers minuit, nous sommes rentrés à la WG. Ma chambre était tapissée de tissus indiens de toutes les couleurs et la flamme des bougies jouait avec les arabesques imprimées dessus. Nous avons fait l'amour et une vague de tristesse m'a submergée après. C'était le premier Noël que je passais loin des miens.

Le chagrin m'a quittée comme les traces de pas s'effacent sous la neige. On a marché main dans la main le long de la Spree, on a nourri les cygnes de Müggelsee, on a glissé sur les pentes de Teufelsberg. Pendant la période des fêtes, nous nous sommes vus tous les jours mais pas tout le temps. Sven m'a confié qu'il enregistrait un CD avec un groupe.

Lundi/Cours Lily, cours. Un matin, quelque temps après sa disparition, je me suis réveillée en transe. J'ai saisi mon agenda et j'ai compté, recompté, comparé. Mon horloge intime déraillait. J'avais trois jours de retard. Oh non ! Ce n'est pas vrai ! Il ne manquait plus que ça ! J'étais enceinte, terriblement enceinte. J'attendais des jumeaux, comme ma mère. J'étais grosse : mon ventre enflait à vue d'œil. Je ne pouvais pas fermer mes jeans et mes seins débordaient de mon soutien-gorge. Je n'avais jamais eu de si gros seins.

J'ai coché le neuvième mois. D'ici la fin de l'année, j'accoucherais de l'enfant d'un fantôme.

Je ne pouvais plus me concentrer sur quoi que ce soit, ni parler à qui que ce soit, je suis sortie. Tout le monde avait fait comme moi, c'était un dimanche ensoleillé d'avril. Les barbecues fumaient dans les parcs de la capitale. J'errais dans Tiergarten : du bonheur à la louche, des amoureux, des familles, des petites têtes blondes par milliers qui butinaient sous les arbres centenaires. Mon enfant serait roux, roux foncé avec une peau diaphane. Le portrait de Sven, en modèle réduit. Je l'habillerais avec un petit pantalon écossais et un chandail noir. Je le voyais bien sautiller autour du banc : *Vati, Vati !* Au secours ! Non ! Mon enfant n'aurait pas de *Vati*. Pas de *daddy* ! Pas de papa. Un vent glacé m'a traversé les côtes.

Ce n'est pas du tout de ça que je rêvais. Quand je m'imagine avec des enfants, je me vois mariée pour la vie, dans une vraie famille, une famille unie qui ne connaîtra jamais le divorce, une famille à l'ancienne comme mes grands-parents. Quelle déveine ! Où est-ce que je vais loger ce bébé ? Dans ma chambre, je n'ai même pas de commode avec un tiroir pour improviser un berceau. Comment je vais le nourrir ? Je gagne tout juste de quoi payer mes cigarettes. Demain j'arrêterai de fumer, c'est clair. Et, le jour où il me demandera qui est son père, qu'est-ce que je lui raconterai ? Je le vois comme moi ado hurlant à la tête de ma mère : « Je n'ai pas demandé à naître ! » Je me suis levée, je ne savais pas où aller. Une fille courait, elle remontait l'avenue du 17-Juin vers la porte de Brandebourg, je l'ai suivie. Par terre, à mesure que j'avançais, je revoyais ma vie se dérouler sous mes pas. Qu'est-ce que je suis venue faire si loin de chez moi ? Qu'est-ce qui m'a pris de quitter Florian ? Il m'aimait lui au moins. Il ne m'aurait jamais fait ça. Je savais tout de lui. Je vais passer ma vie à regretter mon premier amour. Chaque fois que je regarderai mon enfant, je penserai à l'homme qui aurait dû être son père et que j'ai quitté si légèrement. J'ai couru, couru, jusqu'à épuisement. Je suis arrivée à la WG, trempée comme une soupe. « Tu es malade ? » m'a demandé Susanne, tellement j'étais pâle. Je me suis jetée sur mon matelas et j'ai ri.

Je n'étais plus du tout enceinte. Grâce à Dieu ! J'avais mal au ventre. Une souffrance que je connaissais bien, une crampe menstruelle, une douleur purificatrice. J'avais mal et c'était bon. J'ai squatté la douche pendant une heure, j'ai avalé deux petits comprimés contre la douleur et j'ai dormi. À mon réveil, mon ventre était tout plat. J'ai appelé ma mère, j'ai demandé des nouvelles des jumeaux, de Maxime, de Bruno, de Jibé et d'Emma, et avant de raccrocher j'ai murmuré qu'elle me manquait et que je serais de retour à la maison après les examens.

Lundi / Ça me pompe l'air. Je peux parler de tout avec maman, sauf de Sven. Chaque fois que je prononce son nom, elle s'exclame : « Je t'avais prévenue. Tu n'aurais jamais dû aller en Allemagne ! Si tu avais suivi Florian à Tallahassee, tu n'en serais pas là. » Maman ne connaît pas Sven mais elle ne l'aime pas. C'est comme ça. Et je ne peux pas lui prouver qu'elle a tort, il s'est envolé en fumée. Ah si je pouvais dire : « Essaie de l'aimer un peu. » C'est ce qu'elle m'a soufflé quand Bruno est venu s'installer à la maison, à la place de papa, et que je gardais mes distances. Essaie de l'aimer un peu ! Comme si le verbe *essayer* et le verbe *aimer*, et la locution adverbiale *un peu*, mis l'un à côté de l'autre, ont un sens. C'est pire que tout, ces mots collés ensemble ! Ça veut simplement dire : « Aide-moi, ma petite fille, à endosser un peu de la culpabilité que tu me fais ressentir de t'avoir privée de ton père, en divorçant. »

Ce qui fait loi chez nous c'est l'amour. Il faut aimer. On aime ou on n'aime pas. Maman a aimé Florian. Il s'est senti chez lui chez nous depuis le début. On lui a même très vite donné une clé de la maison. Je me souviens qu'un jour maman a dit : « On se comprend sans se parler, Florian et moi. Il pourrait être mon fils. » C'était vrai, plusieurs fois quand on était en crise, j'avais dit à Florian : « Arrête ! Tu parles comme ma mère. » Je reconnaissais un peu de ma mère dans Florian mais aussi un peu de mon père. Peut-être que c'était ça le secret de cette extrême familiarité qui nous a unis, cette merveilleuse confiance, ce précieux abandon.

Peut-être est-ce à cause de ça que j'ai eu envie de distance !

La littérature est remplie d'histoires où deux individus transgressent toutes sortes d'interdits pour s'aimer : ils ne sont pas de la même race, pas de la même religion, pas du même milieu social. Leur amour se construit dans l'adversité. Ils savent parfaitement pourquoi ils sont ensemble, quels tabous ils ont brisés pour que leur amour survive. Florian convient parfaitement à ma famille et à ce que je suis.

À Berlin, les premières semaines, je débordais d'allégresse. Pour la première fois de ma vie, je n'avais pas de compte à rendre, à personne : pas de famille, pas de fiancé, pas de copains. Un peu comme un cosmonaute esquissant son premier pas sur la Lune. Ça m'a fait des vacances de ne plus être la fille de ma mère, la fille de mon père, la petite amie de Florian, la sœur de Maxime, la copine d'Arthur… J'ai pris plaisir à être dans la peau d'une étrangère : Lily, la Française. Et tout était intéressant, le minuscule de la vie se transformait en une formidable attraction. Je me suis sentie libre, totalement libre.

Je m'en rends compte aujourd'hui, la liberté a un prix.

Lundi/Un paysage dans la peau. L'amour qu'on éprouve pour un pays ne tient pas à grand-chose, un nuage qui file dans le ciel au coin d'un mur de brique, une odeur de cale dans la brume, un toit de chaume entre ciel et sable. J'aime le Nord. J'aime les étés fébriles du Nord, ces moments où on se nourrit de lumière comme des piles en train de se recharger.

J'avais quinze ans lorsque j'ai mis le pied en Allemagne pour la première fois. Cette année-là, Bernard et Marie avaient atteint le sommet du conflit conjugal. Afin de pouvoir se disputer sans témoins, ils m'avaient expédiée loin, en séjour linguistique.

J'ai eu de la chance, la famille chez qui je logeais en dehors des cours incarnait le paradis familial dont j'avais la nostalgie. Je suis immédiatement tombée raide dingue amoureuse des Köhler : Gabriele, la mère, prof d'histoire et de religion. Uwe, le père, thérapeute en médecines douces, les deux garçons Viktor et Marius, le chien Bobby. Quand on ne parle pas une langue, il faut essayer de s'exprimer par sa façon d'être. En pénétrant dans la grande maison, claire et lumineuse, je m'étais sentie revivre, comme une fleur coupée à laquelle on rajoute de l'eau.

Je jouais avec les garçons, je jardinais avec Gabriele, je fabriquais des nichoirs pour les oiseaux avec Uwe. J'étais toujours la première à débarrasser la table après le dîner, ma chambre était en ordre, je revenais de la ville avec un petit bouquet de fleurs ou des gâteaux pour mes hôtes. Le soir à la veillée, le quatuor jouait pour moi : Gabriele au piano, Uwe au violoncelle, Viktor au violon et Marius à la flûte. Mes parents ne m'auraient pas reconnue. Dans ma nouvelle famille, je sentais s'épanouir la meilleure part de moi-même. Je les avais choisis, ils m'avaient adoptée.

L'année suivante et encore l'année suivante, je suis revenue : j'ai donné des cours de français aux garçons, j'ai été jeune fille au pair pendant les vacances sur l'île de Sylt, puis amie tout simplement. Dès que j'ai pu aligner deux phrases, j'ai passé des heures à bavarder avec Gabriele. Gabriele a l'âge de ma mère, mais elle n'est pas ma mère, elle est mon amie. Ce qu'elle me dit sonne deux fois plus juste que les mêmes paroles dans la bouche de Marie.

Après la disparition de Sven, les Köhler m'ont recueillie, soignée, consolée. Mes amis me témoignaient une patience infinie. Lorsqu'elle avait mon âge, dans les années 1980, Gabriele avait eu une histoire avec un garçon de Leipzig, en RDA, où elle avait des cousins. Comme ça devenait très sérieux pour elle, le garçon avait mis fin à leur relation en lui avouant qu'il travaillait pour la Stasi. Il lui avait froidement expliqué qu'il ne l'avait jamais aimée et qu'il sortait avec elle pour l'espionner. Gabriele me comprenait.

Je répétais sans arrêt :

– C'est de ma faute. C'est sûrement de ma faute.

– Arrête avec ça, disait Gabriele. Il n'y a pas eu que toi dans la vie de Sven.

Je ne me demande plus où est Sven, je me demande qui il est.

9

Huitième jour

Mardi/Changer de peau. Jolie Souris a sorti de son sac un magazine qui est un catalogue des plus belles stars du monde. Elle a dit : « Si on te donnait le choix, qui aimerais-tu être ? » J'ai bien gambergé. Entre la blonde, la brune, la rousse, la Black, l'Asiatique, la sophistiquée, la sensuelle, la naturelle, la sportive, je n'ai pas pu me décider. Et une question m'obsède : Est-ce que je serais la même dans un corps différent ? Est-ce que je penserais pareil ? Est-ce que j'aimerais pareil ? Est-ce que j'aurais les mêmes goûts, les mêmes envies, les mêmes facultés ? Est-ce que ce ne sont pas les cent quarante-quatre mille fonctions de mon corps qui façonnent la personnalité de mon esprit ? Ma peau n'est pas qu'une enveloppe, je ne peux pas en changer comme de robes. Au fond du fond, je n'ai pas envie d'en changer, je veux retrouver ma peau telle qu'elle était, avec ses petites anomalies, ses défauts, ses cicatrices. Quelque chose me dit que je dois faire avec, que je dois l'aimer comme elle est, que les limites qu'elle m'impose ont un sens caché. Lorsque je serai sortie de ce cauchemar, je ne m'occuperai plus seulement de mon corps comme d'une façade : une ligne à tenir, des mensurations à observer, une surface à épiler, à bronzer, à maquiller. Non, lorsque je serai sortie de ce cauchemar, je soignerai mon corps, comme le reflet de ma vie intérieure, je le soignerai jusqu'à la sixième profondeur pour que mon esprit s'y sente en sécurité, à l'abri des influences épidermiques.

Mardi/La peau du temps. Emmie vient de m'apporter une enveloppe avec l'écriture de bonne-maman. Dedans, il y a la photo du tilleul de l'été dernier avec un petit mot : *Nous t'attendons au Cairn en août.* À ma naissance, mes grands-parents ont planté un tilleul devant la maison, et tous les ans bon-papa nous photographie, bonne-maman et moi, encerclant l'arbre. Chaque année, nous comparons la dernière photo avec les précédentes : je grandis, bonne-maman vieillit, le tronc du tilleul s'épaissit. J'adore mon arbre. Plus il s'enracine, plus sa ramure prend de l'ampleur. Désormais, il dessine une belle ombre sur l'herbe et ses branches sont suffisamment solides pour soutenir un hamac. La dernière fois que j'étais chez mes grands-parents, j'ai eu l'idée de chercher l'origine de mon nom. J'ai appris que mon ancêtre, le premier Blachon, a été surnommée ainsi au XIIe siècle parce qu'il habitait près d'un taillis de chênes. Ça m'a plu.

Plus jeune, je n'aimais pas du tout mon nom.

Une fois, j'avais treize ans, j'ai demandé à mon père : « Ça ne te gêne pas comme nom, Blachon ? » Il m'a répondu avec naturel : « Non, pourquoi ? »

Et il a ajouté : « C'est l'artiste qui fait le nom. Pas l'inverse. » Je rêvais de m'appeler Laura Kern, Allix de Saint-Agnan, Eva Parker. J'en voulais à Bernard de m'avoir donné ce nom-là. J'en voulais à Marie de ne pas porter le nom de mon père et de me laisser seule sur ce coup-là. Quand je faisais quelque chose qu'elle n'approuvait pas, maman criait : « Ça c'est du Blachon tout craché. » Ou bien : « Celle-ci, c'est une Blachon. » Je ressentais un malaise. Je me sentais exclue, pas aimée, renvoyée dans le camp opposé comme si c'était l'ennemi.

En Allemagne, mon nom a pris une nouvelle résonance, une nouvelle couleur, il s'est animé de nouvelles vibrations. Prononcé par des étrangers, mon patronyme est devenu moi.

Mardi/Ça me donne des boutons. L'Homme qui lit reçoit une visite. Je connais le visiteur. Bernard Chabrillan est chez l'Homme qui lit. Il est arrivé en début d'après-midi, il y est toujours. Les deux hommes corrigent des épreuves, ils examinent une couverture, ils la critiquent, ils n'ont pas l'air d'accord.

Chabrillan me doit de l'argent. Il ne m'a jamais payé le travail que j'ai fait pour lui, la correction de copies. Il est prof et je l'ai connu au Chéri(e). C'est insupportable d'avoir à réclamer ce qui vous est dû. En plus je ne sais même pas combien il me doit.

J'ai accepté le boulot, je l'ai fait, sans jamais lui demander combien il me paierait. Quand j'en ai parlé à Juliette, elle m'a dit: «Ma petite Lily, mets-toi très vite dans la tête que les autres n'entendent pas ce que tu ne dis pas. Sois claire tout de suite!»

La semaine passée, j'ai pris mon courage à deux mains, je l'ai rappelé. Pour réparer son oubli, il m'a gentiment invitée à dîner. Je n'en demandais pas tant. C'était la veille de la *métamorphose*, je devais déjà être malade, la grenouille prenait secrètement possession de ma figure. Chabrillan m'a donné rendez-vous au Cannibales. J'avais faim, j'étais fatiguée, je me suis jetée sur le navarin d'agneau aux petits légumes comme si je n'avais pas mangé depuis trois jours. En aspirant une gorgée de vin rouge, j'ai surpris son regard sur mes mandibules, il a dit: «Tu pourrais être mignonne, si tu t'habillais un peu sexy!»

J'ai réagi comme s'il me sautait à la gorge. Sexy! J'étais sexy quand je voulais et avec qui je voulais. Au fait, en latin, ça donne quoi sexy? Il n'appréciait pas la façon dont j'étais attifée: jeans pourris, pull marin trop grand et Converse usées! Qu'est-ce que ça pouvait lui faire? Puis j'ai changé de conversation. Je n'arrivais pas à le tutoyer. Je maniais le vous comme un bouclier. Je mourais d'envie de rentrer chez moi, je n'avais plus de chez-moi.

Le matin, j'avais rendu les clés de la rue Saint-Maur à la nouvelle propriétaire.

Un épisode gratiné, ça aussi.

Tout s'était passé si vite. J'avais mal à la dent.

Je revenais de l'École dentaire lorsque j'avais trouvé le mail de Mathieu: *Alerte, la sœur de Léo, la nouvelle proprio, débarque, tiens-toi prête à mover!*

Depuis quelque temps, j'étais seule dans le squat des danseurs, rue Saint-Maur, la bande à Léo s'était envolée. Après le message de Mathieu, j'avais jeté un œil dans le carré. C'était *carrément* crade. Les colocs se succédaient et les meilleurs d'entre eux laissaient les lieux après une toilette de chat : un petit coup d'éponge par-ci, un coup de balai par-là.

Je m'étais fendue d'un grand ménage : aspirateur derrière les meubles et sous les lits, désinfection de la salle de bains. J'aurais dû faire ça plus tôt. C'est agréable, la sensation de propre. J'espérais bien que Mlle Zinzingre m'accorderait un délai. Dès que j'avais entendu la clé jouer dans la serrure, j'avais ouvert la porte en grand. Elle était entrée, ignorant la main que je lui tendais. Ça commençait très mal, ça ne s'était pas arrangé. Elle avait posé son sac sur une chaise, puis elle avait fait le tour du propriétaire. Une fissure s'agrandissait au plafond. La fenêtre de la salle de bains fermait mal. Elle notait tout.

Je la suivais d'une pièce à l'autre, en essayant de lui faire comprendre que j'avais besoin d'un peu de temps, que ce n'était pas facile de trouver un logement, elle avait demandé :

– Vous faites quoi dans la vie ?

J'aurais dû mentir, dire que j'étais danseuse. J'aurais pu raconter que je préparais un spectacle avec Mathieu Guénégou pour la compagnie Michèle Noiret, ou avec le chorégraphe Christian Ubl.

J'en connaissais un rayon. Vous faites quoi dans la vie ?

– Je suis barmaid au Café Chéri(e).

Elle m'avait passée en revue. Elle avait dit :

– Ça ne va pas être possible.

Elle avait ouvert un sac-poubelle et jeté dedans : un coussin en forme de cœur, un mug à trompe d'éléphant, des cendriers volés un peu partout dans le monde, des bougeoirs rigolos et une belle toile cirée rose que j'avais achetée avec Kelly. Puis elle avait lancé :

– Nous n'avons pas les mêmes goûts.

J'espérais bien ne plus jamais revoir cette femme. Or, au moment où je pensais à elle, Kate Zinzingre franchissait la porte du Cannibales et se faufilait parmi une bande métissée qui se frottait au zinc.

Ses longs cheveux blonds flottant sur le cuir noir de sa veste cintrée. Je ne tenais pas du tout à croiser son regard, j'ai plongé la tête dans un gratuit qui traînait sur la banquette. Qu'est-ce qu'elle me voulait ? Refaire l'état des lieux de la colocation de la rue Saint-Maur ? Me rendre la boîte de tampons que j'avais oubliée ?

Le lundi midi, Kate Zinzingre, la sœur de Léo, me jetait sur le trottoir avec mes valises. Le lundi soir, alors que je dînais avec Chabrillan dans un endroit où je ne vais jamais, la même Kate Zinzingre fonçait droit sur moi.

Soudain, elle a crié :

– Bernard !

Il a crié :

– Kate !

Ouf ! Ce n'était pas après moi qu'elle en avait. Elle s'est glissée tout contre lui et ils ont roucoulé sur une musique de Cheb Hasni. Je me suis raclé la gorge. Chabrillan s'est empressé de faire les présentations. Kate Zinzingre ne m'a pas reconnue.

Je l'avais quittée vers midi. À 9 heures du soir, elle ne me reconnaissait pas. Tant pis, *moi* je la reconnaissais. Je le lui ai dit.

Alors elle m'a évaluée de haut en bas, elle a scruté mon visage à la loupe, et je me suis sentie rougir.

La grenouille était déjà à l'œuvre sous ma peau, et si ça se trouve, elle la voyait. Je me suis levée pour prendre congé. À mon grand étonnement, elle a demandé comme si elle s'inquiétait :

– Vous avez trouvé où loger ?

J'ai répondu :

– À Châtelet. Chez Romain Euvrard, un ami.

Immédiatement, elle a réagi :

– De la famille du professeur ?

– Son fils.

Le principe du *name dropping* consiste à placer dans la conversation des noms de personnes célèbres. Ce procédé est censé valoriser celui qui parle grâce à la proximité induite avec la célébrité. Elle m'a tendu sa carte.

– Rappelez-moi, Lily ! On peut peut-être s'arranger pour l'appartement.

J'ai eu envie de vomir.

« Tu n'as pas l'air bien ! » avait remarqué Romain un peu plus tard, en me montrant ma chambre.

Je devais déjà avoir de la fièvre. Ça me picotait sous les joues, mes pupilles se dilataient, mes jambes flageollaient. Mon ami m'a offert une tisane et je me suis allongée en lui racontant. Je me lamentais d'avoir perdu mon logement. Je débinais Kate Zinzingre, je n'ai pas eu une parole pour Léo, le frère de Kate, qui m'avait hébergée plusieurs mois sans me connaître. Humanité !

Mardi/Le souffle coupé. Dans l'atelier d'à côté, le visiteur s'apprête à quitter l'Homme qui lit. Bernard Chabrillan range un manuscrit dans sa besace, enfile sa veste et ouvre la porte. Qu'est-ce qui me retient de lui courir après ? Coucou, vous me reconnaissez ? C'est moi, Lily ! Il s'enfuirait en me lançant des pièces. L'Homme qui lit l'accompagne dehors. Les deux compères marchent lentement dans l'impasse. Par la fenêtre ouverte, je saisis des bribes de leur conversation. J'entends qu'il est question d'un numéro spécial de la revue *La Peau des mots*, sur Ian Falk. Ian Falk ! Mon Ian Falk ! Un filet de fièvre jaillit dans mes mollets et inonde tout le corps.

Je suis troublée, un peu comme si je les surprenais en train de parler de moi. J'ai un mal fou à tenir ma position de guetteur. L'Homme qui lit abandonne Chabrillan à la grille de l'impasse et rentre saluer Emmie et Mona. Je les entends rire, en bas de l'escalier.

10

Neuvième jour

Mercredi/Ça me colle à la peau. Jolie Souris m'annonce que ce soir, elle fera la dernière piqûre. Je n'aurais jamais cru que je m'attacherais à elle.

Je lui ai promis de lui offrir un restau dès que je serai guérie. En pensant à ce moment-là, j'ai examiné ma garde-robe, je n'ai rien à me mettre.

Maman, qui n'a pas mesuré les dégâts de la maladie, m'assure que tout va s'arranger. Que le mal s'en ira comme il est venu. Elle me raconte que Sacha a fait un dessin de moi avec une grenouille sur la tête. Aussitôt, j'imagine que je retrouve mon visage, à cette petite différence près : la grenouille qui déformait mes traits s'est désormais réfugiée au sommet de mon crâne. Je suis obligée de porter un chapeau.

Avant de raccrocher, maman lance : « Des bises à Emmie. » Et je crie à Emmie : « Maman te fait des bises. » Et Emmie répond : « Moi aussi. » À aucun moment, Marie n'a proposé de parler à ma tante pour avoir son point de vue sur mon état. Ce qui eût été normal, c'est qu'elles s'inquiètent ensemble. Avec le temps, c'est le comportement d'Emmie que je remets en question et tout à l'heure, je le lui ai dit :

– Tu aurais quand même pu appeler maman.

Emmie est penchée sur une aquarelle. Elle me regarde par-dessus ses lunettes, des lunettes couleur anis, qu'elle porte comme un bijou. Elle reste silencieuse.

– Bon d'accord ! Vous n'êtes plus de la même famille, mais vous êtes liées par moi.

Elle rassemble ses cheveux derrière ses oreilles, et elle note des chiffres sur un cahier à spirale. Elle ne m'aide pas. Pas du tout. Alors je frappe un grand coup.

– Si j'étais morte, vous vous seriez retrouvées à mon enterrement. Vous vous seriez embrassées. Peut-être vous auriez pleuré dans les bras l'une de l'autre.

Elle sourit. Elle dit juste :

– S'il te plaît, invite-nous à une fête !

Mercredi/Faire peau neuve. Hier, j'ai reçu un mot des mes grands-parents paternels, aujourd'hui c'est Mamilou et Papiguy qui se manifestent. Sur une carte postale représentant un coucher de soleil sur la plage de Sainte-Anne, Mamilou a écrit : *J'ai mis un cierge pour toi dans la chapelle, n'oublie pas que mémé Nono veille !* En dessous, Papiguy a ajouté : *Aie de la patience avec toi-même !*

S'il est vrai que je porte en moi l'histoire de mes aïeux, je trouverais normal qu'ils prennent en charge aujourd'hui la rénovation de ma peau. Je rêve de les voir rassemblés autour de moi, la famille de papa d'un côté, celle de maman de l'autre, tous occupés à poncer, à nettoyer, à remodeler, à stimuler mes défenses immunitaires, bref à me faire une peau neuve.

À propos, il est temps d'activer le gène « je crois au miracle » hérité de Mamilou. J'ai eu l'occasion de le voir à l'épreuve l'année où Papiguy s'est fait opérer d'une tumeur.

Le matin de l'intervention, Mamilou avait filé à l'hôpital en me laissant ce petit mot : *Lily chérie, peux-tu courir boulevard de Clichy, déposer le petit papier joint dans la corbeille de sainte Rita et mettre un cierge.* Le petit papier joint était quadrillé et plié en quatre. Je ne l'avais pas déplié. Dans la corbeille de la sainte, je l'avais jeté parmi beaucoup d'autres et j'avais allumé pour six euros de bougies. J'étais restée un petit moment dans la chapelle à observer. En très peu de temps, trois autres petits papiers avaient rejoint le mien dans la corbeille de la sainte. Elle ne chômait pas, la Rita ! Le soir au dîner, j'avais raconté les minutes de mon périple. L'opération avait failli être fatale, et puis miracle, Papiguy s'en était sorti, à l'heure où j'étais dans la chapelle. Mamilou croyait que son vœu avait été exaucé. Moi, je soupirais. Je m'étais fait violence tout le trajet. Une de mes copines m'avait dit: «Tu ne crois pas à ces conneries, j'espère.» «Laisse tomber! avait ajouté une autre. Tu diras que tu l'as fait.» Mentir était au-dessus de mes forces, je les avais abandonnées pour exécuter ma mission. Heureusement, sinon je ne me le serais pas pardonné, tellement la foi de Mamilou m'avait touchée.

Mercredi/Peau de banane. Je suis prête pour ma première leçon d'encadrement. J'ai sorti d'un carton à dessins les images auxquelles je tiens, je les ai étalées sur une table au fond de l'atelier, et j'ai sélectionné un portrait en noir et blanc, j'ai rangé le reste.

– Intéressant! a dit Mona. Qui est-ce?

C'est une photo de Ian que j'ai prise la dernière fois qu'on s'est vus avant mon départ pour Berlin. Un gros plan du visage, tourné de trois quarts. Les rides creusent le front, et les poils de barbe envahissent le menton. Une main protège la gorge. Les yeux rieurs transcendent les marques de l'âge.

– Au fait, dit Emmie, Antonin notre voisin cherche quelqu'un qui lit l'allemand. Tu pourras passer le voir?

Je n'en crois pas mes oreilles. Je réponds mécaniquement:

– Bien sûr, dès que j'irai mieux.

Mona ricane:

– Tu n'es pas cap d'y aller maintenant?

Ni une ni deux, je cesse de nouer les liens de mon carton à dessins. Je laisse tout en plan et sans un regard pour Mona, je quitte l'atelier, je traverse l'impasse et je m'arrête sur le seuil de la maison voisine. Un peu surpris, l'Homme qui lit se lève et vient m'accueillir. Je me présente, il me tend la main, puis il m'invite à m'asseoir. Ce qui m'arrive est étrange. Mona, méchante sorcière, m'a défiée, et d'avoir répondu à ce défi m'a transformée. Le temps de parcourir les quelques mètres qui séparent l'atelier d'Emmie de la maison du voisin, je me sens une autre. Au fond de moi s'est levé un vent de liberté. Il a soufflé du bout des pieds jusqu'à la racine des cheveux, et il a purifié le sang, chassé la fatigue et stimulé l'adrénaline. Je suis subitement régénérée. La grenouille ne m'apparaît plus inférieure aux autres, elle m'amuse. Devant le voisin, elle ne s'excuse pas d'être une grenouille, elle est comme ça, aujourd'hui. L'Homme qui lit a juste demandé où j'ai appris l'allemand, il n'a exprimé ni dégoût ni curiosité malsaine. Et pendant qu'il cherche sous une pile la lettre qu'il veut que je traduise, je jubile d'être là.

Mercredi/Le baiser à la grenouille. La lettre vient de Berlin. Elle est écrite à l'encre et signée Monika Falk. Selon les dernières volontés de Ian, sa sœur Monika transmet à Antonin son journal, deux cahiers qui contiennent son œuvre inachevée, et plusieurs paquets de lettres. À ça, Monika a ajouté quelques articles de presse qui tentent de rendre compte de la personnalité du poète. L'Homme qui lit se montre très excité d'entrer en possession de ce trésor, et il piétine d'impuissance de ne pas pouvoir le déchiffrer lui-même.

Quand je lui apprends que Ian Falk a été mon professeur, que je connais bien son travail et que je peux l'aider, il saute littéralement de joie. Je suis la Providence. Je débarque chez lui de l'atelier de sa voisine. Il n'a même pas eu à me chercher. Selon Antonin, ce qui arrive est digne de la relation poétique que Ian a entretenue toute sa vie avec le mystère. Pour fêter ça, il débouche une bouteille.

Une nuit de juin, nous avons parcouru Paris à pied, Ian et moi.

Nous nous sommes arrêtés sur la passerelle des Arts. Les bateaux-mouches balayaient le Louvre de faisceaux de lumière. Un couple avait dressé une table et dînait aux chandelles, des amoureux se bécotaient, un gars grattait sa guitare. Tout en regardant couler la Seine, nous avons joué à notre jeu favori : la joute poétique. Quelques vers d'Ingeborg Bachmann contre du Supervielle. Paul Celan contre Rimbaud, Hafiz contre Tardieu. À la fin j'ai récité en entier « Le Pont Mirabeau ». Ian m'a écoutée la tête dans le ciel, puis il a dit : « Souvenez-vous que vous êtes une étoile ! » J'ai répondu, étonnée : « Moi, une star ? » Il a éclaté de rire. Il ne parlait pas d'avoir son nom au box-office, ou sa photo à la une des journaux. Il parlait de l'univers. On appartient à l'univers. Je suis une étoile dans l'univers. Une étoile parmi des milliards d'étoiles. Une étoile qui brille ni plus ni moins qu'une autre. Mon professeur répétait souvent que des trois valeurs proclamées par la Révolution française, la plus difficile à concevoir est l'égalité. Il est difficile de concevoir que Pascal, le gars qui fait la manche dans le métro, est une étoile au même titre que Nicolas, le président de la République. Une étoile qui scintille, pareille à une autre. Une étoile tout aussi nécessaire que l'autre à la marche de l'univers. Quand il nous surprenait ébahis en train de l'écouter, il ajoutait : « Exactement comme dans la langue, chaque vocable est irremplaçable, une locution, une particule, un pronom, un adverbe, un article. » Tous sont nécessaires à l'articulation de la pensée. Il disait aussi : « Vous possédez tout l'univers en vous. Tout est inscrit dans vos cellules. Je ne vous apprends rien. J'active seulement votre mémoire. »

À mesure que je me confie à Antonin, mon professeur apparaît là devant moi, tel qu'en lui-même quand il s'adonnait au flux de l'inspiration, sans jamais se noyer dans sa pensée.

Je me sens projetée au vif de la vie.

Je n'avais pas vu Ian depuis plusieurs mois lorsque j'ai appris sa mort. Pendant qu'ici à Paris, il luttait contre la maladie, moi là-bas à Berlin, je lui écrivais des lettres qui me font rougir de honte. Je geignais sur moi, sur le sens de la vie, sur le chemin à prendre, et lui me répondait par des éclats de rire et des pensées filiales. Dans un dernier envoi, sur une carte dessinée de sa main, il a tracé cette citation : « *Regarde jusqu'à ce que tu entendes. Écoute jusqu'à ce que tu voies.* » Je la conserve précieusement toujours avec moi, comme une sorte de talisman. Je suis loin d'en avoir épuisé le sens.

Antonin étale tout le contenu du paquet, expédié par Monika. Sur la première page d'un cahier, en titre, je lis le mot *Angst.* Le cahier de sa maladie s'intitule : « Peur ». Moi aussi j'ai eu peur. Ce qui vient de m'arriver m'aidera à comprendre ce qui s'est passé en lui. Antonin me raconte qu'il était avec le poète les quelques heures avant sa mort. Il m'assure que Ian est parti serein. Pour cacher mon émotion, je traduis l'accroche d'un article qui se détache du paquet : « Parler de Ian Falk, c'est tenter de dire "quelqu'un" qui sait susciter et trouver le meilleur de l'autre, son *point d'être.* »

Dans l'enthousiasme, me vient une idée : est-ce que ce ne serait pas intéressant de rencontrer Monika et de faire une interview d'elle et des amis berlinois de Ian pour la revue ?

À ce moment-là, précisément, je sais que je vais accepter le poste de lectrice qu'on me propose à la HU, pour l'année prochaine.

Notre entretien a duré deux heures. Lorsque je le quitte, l'Homme qui lit dit : « Je vous remercie d'être venue, je crois que nous allons faire du bon travail ensemble. » Et Mona, qui se roule une cigarette dehors, le voit très nettement me baiser les mains, sur le pas de la porte.

11

Dixième jour

Jeudi/Sortir d'une maladie. Je suis couchée et j'observe. Mon nez renifle une odeur de pain grillé. Mes oreilles perçoivent le frémissement de la ville le matin. Mes yeux suivent la course d'un nuage à travers le feuillage du bouleau. Le ciel est dégagé.

J'ai les idées claires. Je respire profondément.

Inspire/expire. Le souffle agit comme un calmant, il apaise les bronches, tonifie les muscles, dégage la ligne de taille. Je sens germer en moi la graine d'un nouveau commencement. Une vie où je ne remettrai plus rien à demain, où je n'aurai plus peur de réussir, où j'accepterai ce qui m'est donné. Je suis prête à guérir. Mes pieds dépassent de la couette. Il n'y a plus trace d'eczéma aux chevilles, en jouant avec mes orteils, je fais tomber le foulard qui voile le miroir au bout du lit. Lily est là, bien là, délivrée de la grenouille. Lily avec sa tête de Lily. Lily avec sa peau de pêche, juste un peu plus pâle. Du bout des doigts, je parcours les contours de mon visage et je retrouve la douce texture de ma peau. Les yeux sont logés dans les orbites, le nez est bien au milieu, la bouche crée des fossettes sur les côtés quand elle sourit. La petite cicatrice en forme de trèfle est à sa place sur la tempe gauche. Je l'ai si souvent maudite et aujourd'hui je suis tellement contente de la retrouver, cette brûlure de fer à repasser quand j'avais cinq ans. Le doigt de l'ange aussi est parfait comme un sillon. Il y a un poil à la commissure de la lèvre, je l'épile. Plus jamais je ne trouverai mes yeux trop petits, mes pommettes trop hautes, mon oreille droite trop décollée, ma bouche trop grande. Je prends une longue douche tiède.

Je me brosse les cheveux. Et j'enfile la robe neuve que j'ai achetée il y a dix jours et que je n'ai encore jamais portée.

Je vais d'une pièce à l'autre, d'un étage à l'autre. Je vérifie que c'est vrai dans tous les miroirs, dans toutes les vitres, dans tous les regards.

– C'est magique, s'extasie Emmie.

– Comme dans le conte, observe Mona. Hier, Antonin a baisé les mains de Lily, et aujourd'hui la grenouille est une jolie fille.

– Tu as grandi, remarque papa qui est accouru aussitôt !

J'ai mué. Je me sens femme, beaucoup plus femme. La vie change en un clin d'œil.

Jeudi / Un jour de convalescence. Je suis propre à l'intérieur, nettoyée. Mes organes fonctionnent au ralenti avec douceur. Alors je veux que tout s'harmonise autour de moi. Je range. Je range la chambre. Je range mes valises. Je range mes papiers. Je sors d'un sac les deux chemises rouges qui contiennent les notes prises pendant les cours de Ian et que je trimballe toujours avec moi. J'ouvre au hasard, mes yeux tombent sur cette phrase : *Les hommes oublient assez vite ce qui leur arrive. Mais ce qui leur arrive ne les oublie pas.* Je ne sais pas quoi en faire, ça me laisse songeuse. Est-ce que je dois désormais collectionner les grenouilles ? Mon aventure épidermique n'est ni superficielle ni bénigne. Depuis hier, depuis ma rencontre avec Antonin, je comprends que les événements de ma vie sont reliés. Il y a dix jours, j'étais paumée, je ne savais pas où j'allais, je ne savais pas à quoi je servais, aujourd'hui, les choses se mettent en place comme les pièces d'un puzzle.

Jeudi / La peau est le miroir de l'âme. Je viens d'achever mon tout premier encadrement et je considère l'objet avec satisfaction. Je n'en reviens pas d'avoir fabriqué ça de mes mains. Mona est un bon professeur, elle me montre le geste exact, me corrige gentiment, elle est exigeante et ses critiques sont des appels à la perfection. Je prends le cadre et je l'examine sous toutes les coutures. Mon visage se reflète dans le verre qui protège le portrait de Ian. Je me vois dans ses yeux.

« Je donnerais cher pour savoir à qui est adressé ce regard ! » dit quelqu'un dans mon dos. Je reconnais la voix d'Antonin.

L'Homme qui lit n'a fait aucun bruit. Ses chaussures ont glissé sur le béton et il se retrouve derrière moi. Ma nuque enregistre sa présence. Je demeure silencieuse, penchée sur mon ouvrage.

« Je donnerais cher pour savoir à qui est adressé ce regard », murmure-t-il à Lily la Grenouille.

Je pivote et tends la main en souriant.

En découvrant Lily la Belle, il tressaille.

Depuis ma visite d'hier, Antonin n'a pas cessé de penser à moi. Ne suis-je pas celle qui avait récité « Recueillement », le poème de Baudelaire, à l'enterrement de Ian ?

Ce jour-là, nous avions fait quelques pas l'un à côté de l'autre, et il m'avait demandé :

– Vous le connaissiez depuis toujours sans doute ?

J'avais juste répondu :

– J'ai été son étudiante.

Je ne connaissais pas Ian depuis toujours, je le connaissais *pour toujours.*

Dans les paquets de correspondance de Ian, l'Homme qui lit a trouvé une lettre pour moi. Une lettre posthume. Je pleure en la lisant. Ian me parle de sa fille, morte dans un accident, à l'âge que j'avais quand on s'est rencontrés. Il me parle de sa vie avant et de sa vie après et de sa décision de mourir à Paris.

La plupart du temps, nous vivons dans la négligence de notre vie, nous ne voyons pas ce qui est près de nous, nous n'entendons pas notre voix. Tel l'étranger, le poète est là pour démasquer l'essentiel dans ce que nous tenons pour négligeable. Le poète est là pour empêcher le quotidien de nous échapper. Perpétuellement en exil dans ce que nous croyons être la banalité, il dévoile et nomme. Ma petite Lily, je vais enfin savoir si ça vaut le coup de mourir. Je te lègue mon sens de l'humour. Fais-en usage à tout bout de champ ! Ton vieux maître qui t'a aimée, chastement comme un jouvenceau.

Dans sa dernière lettre, Ian, qui m'avait toujours vouvoyée, me tutoyait.

Ian est parti le 27 janvier à 9 h 15, a précisé Antonin. « Il s'est éteint tout en paix. » Ian est parti. Avant ça, le mot « partir » pour mourir me semblait artificiel. Mamilou dit souvent : « Quand je *partirai*, j'espère que vous ne vendrez pas la maison tout de suite. » Et nous les petits-enfants, on corrige : « Tu veux dire quand tu mourras, Mamilou. » J'ai déjà fait par deux fois l'expérience de la mort : Noémie, mon arrière-grand-mère, elle avait cent ans. Et mon oncle Philippe disparu brutalement à quarante-cinq ans. Le chagrin s'est vite dissipé, ne reste que l'émotion quand je partage des souvenirs avec ma famille. Avec Ian, c'est tout à fait différent. Sa mort n'a pas été une fin, mais un commencement. Depuis qu'il est parti, je ne compte plus sur les autres pour donner des réponses aux questions que je me pose, je sais que je les trouverai en moi.

Jeudi/I love Paris. « Je te l'avais bien dit, crie maman, quand je lui annonce le miracle de ma guérison. Et si tu venais quelques jours à la maison, maintenant que tu vas mieux ! Maxime et les jumeaux seront tellement contents de te voir. »

J'ai envie de sortir.

Emmie me laisse le volant de la Saab. J'adore conduire. Slalomer entre les Velib place de la Bastille, traverser la Seine par le Pont-Neuf, découvrir Notre-Dame par-derrière, longer le Louvre, déchiffrer les hiéroglyphes de l'Obélisque, apercevoir la coupole du Grand Palais, remonter les Champs-Élysées, et stopper au Trocadéro pour admirer, illuminée dans la nuit, cette bonne vieille tour Eiffel. « Nous y étions montées ensemble. C'était mon cadeau pour tes sept ans ! Tu te souviens ? »

Je me souviens. Après nous avions pris place au dernier étage d'un bus rouge et nous nous étions régalées à regarder Paris défiler, exhalant un troublant parfum de printemps.

Il m'aura fallu vivre à Berlin, pour aimer Paris. Il m'aura fallu parler l'allemand, pour mesurer l'intimité créatrice que j'ai avec le français. Il m'aura fallu l'énigme Sven, pour regretter la simplicité de Florian.

Nous dînons dehors. Je taquine Emmie sur sa relation avec Docteur Gros Ours. Je suis passionnée par ce big-bang dans le temps qui jette deux inconnus en présence et qui précède la plus totale intimité. Emmie me raconte sa rencontre avec Claudio. Il était italien, elle était française. Leurs destins s'étaient noués à Lisbonne.

Emmie était étudiante aux Arts déco, elle faisait un mémoire sur les azulejos, Claudio était copiste. Il copiait un tableau de Jérôme Bosch pour un fabricant d'azulejos. Emmie et Claudio se sont rencontrés dans un musée. Emmie parle, parle, parle : « Claudio habitait dans l'Alfama, une maison accrochée à la colline, une maison avec un jardin et un citronnier dans le jardin. De la terrasse, on avait vue sur le Tage. Quelle lumière ! »

Le souvenir de sa première fois avec Claudio est resté vivace et, à le raconter, elle retrouve l'éclat de ses vingt ans.

Je comprends sa passion pour le fado qu'elle passe en boucle dès que Mona a le dos tourné.

À mon tour, je parle de Florian.

– On s'aime toujours, on peut se retrouver, Florian et moi !

Ma tante esquisse un imperceptible mouvement de lèvres. Je poursuis :

– Nous ne nous sommes fait aucun mal. On peut reprendre les choses là où on les a laissées.

Ce n'est pas comme si on s'était déchirés. C'est vrai, non ?

Elle demande :

– Tu es sûre que tu en as envie ?

Jeudi/À perpétuité. Ça swingue, rue de Bagnolet, et pas seulement le samedi soir. La bière mousse sur les trottoirs dans une odeur de frites, de tournebroche, de canard laqué et de riz cantonais. La fanfare du Pélican rebondit de rade en rade jusque dans ma chambre.

Des phrases jaillissent de nos anciennes discussions avec Florian. Qu'est-ce que c'est un an dans une vie ? Si on se quitte alors qu'on s'aime encore, on a toutes les chances de se retrouver. On prend le risque de rencontrer quelqu'un d'autre. On prend le risque d'aimer quelqu'un d'autre. On prend le risque de ne plus s'aimer. On prend tous les risques. On choisit de prendre les risques. Je voudrais d'une vie où nous prendrions les risques tous les deux ensemble. Une vie où il y aurait le monde et nous. Toi et moi, la main dans la main.

Et l'aventure. Séparés, c'est séparés. On coupe le cordon. Pas de mail, pas de SMS, rien. Rendez-vous au Café Chéri(e).

Est-ce que j'en ai envie ?

Et lui ? Est-ce qu'il en a envie ? Tous les deux, l'un en face de l'autre, après des mois de silence.

Je dis :

– Alors la Chine, c'est comment ?

Il raconte. Je l'interromps. Il dit :

– Et toi t'en es où ?

Je dis :

– Je repars à Berlin. On m'offre un poste à l'université.

Ou alors.

Je dis :

– Et alors la Chine, c'est comment ?

Il dit :

– Viens avec moi. Je pars tout à l'heure.

Je dis :

– D'accord.

Il dit :

– Ma fiancée va être ravie de te connaître.

Florian est venu au Café Chéri(e), il a acheté un des tableaux qu'Albert expose, un carré de soixante centimètres par soixante centimètres, en pellicules tressées. Il a choisi l'œuvre intitulée : *La vie est belle.*

Il y a deux ans, j'ai acheté un billet pour Berlin. Lui pour Tallahassee. On a refilé notre petit appartement de la rue Vicq-d'Azir à Albert. C'est au moment du déménagement qu'on a ressenti la dureté de la séparation. Les deux cantines ouvertes au milieu de la pièce prenaient toute la place. Florian vidait les étagères en annonçant un titre de livre ou un CD, ou un DVD, et moi je le rangeais dans l'une ou l'autre des malles. Lorsque Florian a annoncé : « La vie est belle », j'ai saisi l'objet et je l'ai posé sur un tas de bouquins dans ma cantine. Aussitôt, il s'est emporté : « Non, non ! C'est à moi ça ! » J'étais persuadée de l'avoir reçu en cadeau pour mon anniv et Florian prétendait que je le lui avais acheté un jour que nous traînions aux Halles. J'ai insisté pour garder le DVD, arguant qu'on pouvait se le procurer très facilement pour dix euros. Il a piqué une colère, il a hurlé au bord des larmes : « C'est à moi ! tu m'entends, c'est le mien ! Tu n'en as rien à foutre de ce film, rien ! »

Je relis les lettres de Florian, au tout début de notre relation.

De jour en jour, la maladie progresse, je t'aime de plus en plus, je t'aime exponentiellement.

Florian et moi passions des heures au lit, l'un tout contre l'autre, mais nous ne faisions pas l'amour. Nous découvrions ensemble les mille et une facettes de la sensualité. Nous nous contorsionnions dans des postures incroyablement inventives, mais il n'y avait pas de pénétration. Nous avions essayé parfois, ça n'avait pas marché. Je crois que nous étions trop impressionnés par l'acte en lui-même. Perdre sa virginité, ça signifiait quelque chose, tout de même. Après rien ne serait plus pareil. Nous ne serions plus des enfants.

Je t'aime à perpétuité.

Toute ma vie, je me souviendrai de notre première fois, sous la tente, au sommet du Veymont, l'été de mes dix-sept ans.

La dernière lettre de Florian a été postée en Floride, il y a deux ans. Il y raconte sa visite à Wakulla Springs, avec Alec Hargreaves, son professeur d'alligators à FSU. Entre les lignes, Florian a dessiné la casquette de son guide, le bateau, les hérons au long bec, les chênes aux longues barbes, et des crocodiles, des bébés crocodiles, des mamans crocodiles, des méchants crocodiles et un vieux, un très vieux crocodile nommé Old Jack. En plus des mails, Florian aimait envoyer de vraies lettres. J'en possède une boîte à chaussures pleine.

Je décide de lui écrire et de raconter ma vie depuis que nous nous sommes quittés.

12

Les semaines qui suivent

Lundi/La réponse de Florian. Emma m'a donné l'adresse de Florian sans aucun commentaire. Depuis que nous sommes séparés, elle ne me parle plus jamais de lui. Finalement j'envoie un mail de deux lignes.

Objet : Rendez-vous au Café Chéri(e).
Florian,
Je pense à toi. J'aimerais te voir. J'aimerais avoir de tes nouvelles.
Bises.
Lily

Réponse.

Ma chère Lily, télépathie. J'étais de passage au Café Chéri(e), il y a quelque temps. J'ai eu une pensée pour toi moi aussi, devant *La vie est belle*, une œuvre d'Albert S. Je l'ai achetée. Ce sera mon cadeau de mariage à Emma et Jibé. Je ne pourrai pas être là.

Ma vie est ici, avec Lou et notre enfant à naître. J'ai failli la perdre pendant le tremblement de terre. À Wenshuan, la maison que ses parents venaient de construire pour notre mariage est complètement détruite, et nous sommes encore sans nouvelles de son frère étudiant à Mianyang.

L'Europe me fait penser à une maison de poupées. Je n'ai plus rien à y faire. Ici, je me sens utile.

Je te souhaite une bonne vie Lily. Tu seras toujours dans mes pensées et je sais que je resterai toujours dans les tiennes.

Florian

Mardi/Fin d'une histoire. Je viens de visionner *Une jeunesse chinoise* et *Still Life*. J'ai préféré *Still Life*. Je me suis imaginé Florian à vélo dans la fourmilière chinoise, une casquette sur ses cheveux châtains, une thermos de thé vert en bandoulière.

Je ne pourrai plus jamais entendre parler de la Chine sans penser à Florian et à sa famille.

« Ma vie est ici, avec Lou et notre enfant à naître. »

Pour m'endormir, je me suis déversé dans l'oreille tout le contenu de mon iPod, de Tom Waits à Leonard Cohen, de Nina Simone à Tord Gustavsen, de Brigitte Fontaine à Philippe Katerine.

Quoi qu'il advienne de Florian et moi dans l'avenir, nous pourrons toute notre vie chérir le souvenir l'un de l'autre.

Mercredi/Chez Emmie. Mona essaie de calmer Emmie. Ma tante gueule comme un âne. Hier, j'ai pris les cotes d'une série de lithographies et je me suis plantée.

– Normal ! Ce sont les lithos de son père ! Tu n'aurais jamais dû lui confier ce travail.

– Justement, j'ai pensé qu'elle s'appliquerait davantage.

– Elle s'est appliquée.

Mona a raison. Je me suis tellement appliquée que j'ai compté serré. Il manque trois millimètres.

Emmie m'ordonne de tout recommencer.

– Tu sais que c'est urgent ! souffle Mona. Ça part pour Bruxelles la semaine prochaine. Ton père expose chez Dino.

Je soupire.

– Ils sont tous caractériels dans cette famille !

Je reprends chaque litho, l'une après l'autre. Elles représentent des meules de foin, des champs de paille avec d'énormes meules de foin. Ça me rappelle un été au Cairn, j'avais sept ou huit ans. Emmie m'avait aidée à grimper sur une grosse meule cylindrique, et papa nous avait poussées dans la pente du champ à Mazet. Cet été-là, je rôdais beaucoup autour de papa. Je humais son odeur d'homme, mélange de sueur, de foin, d'humus. Un jour, alors qu'il dormait dans le hamac, j'avais entrepris de compter ses poils.

J'apprends à couper le verre, à scier le bois, à maroufler, à coller. J'appelle les outils par leurs petits noms : chasse-clous, équerre à jambe, scie à onglet. Les moments de silence, où chacun s'applique sur son travail, les moments de rigolade, les moments de curiosité envers un visiteur. La précision du geste, le maniement de l'outil, le choix du matériau, la contemplation de l'œuvre, le déroulement d'une journée, chaque étape me met dans un état de quiétude que j'ai rarement connu.

– Si tu veux rester travailler avec nous, m'a dit Mona, nous sommes toutes les deux d'accord. Un vrai contrat d'apprentissage à la rentrée, qu'est-ce que tu en dis ?

Emmie a ajouté :

– Mon amie Thérèse libère un studio, pas loin, au 5. Tu n'as qu'un mot à dire et je l'appelle tout de suite.

Ça me fait plaisir. Mais ma décision est prise.

Je retourne à Berlin. Je n'ai pas joué à pile ou face, je n'ai pas tiré à la courte-paille, je n'ai pas consulté de voyante. Je retourne à Berlin en septembre parce que pour l'instant c'est là que je dois aller. C'est aussi concret qu'une invitation à manger une *currywurst* (saucisse grillée recouverte de ketchup et saupoudrée de curry) avec une *Weizenbier* (une bière blanche).

« Je suis très content », a dit Matthias Schönberg. Et il m'a fait des compliments sur mon allemand.

Quand on me dit que je parle bien, je n'arrive pas à y croire, j'ai tellement souffert pour apprendre les langues. Je ne compte plus les humiliations que j'ai reçues de mes profs, et grâce à eux, j'ai une idée de ce que je n'infligerai pas à mes étudiants. En tout cas, j'essaierai de ne pas les priver du sens d'un beau texte, en les cantonnant à leurs fautes de grammaire.

Papa dit :

– En septembre, quand tu repartiras, je viendrai avec toi, tu m'aideras à trouver une galerie, là-bas.

Je ne sais pas ce qui me prend, je réplique :

–Tu ne préfères pas aller à Venise avec Carolina ?

Jeudi/Chez l'Homme qui lit. J'ai attaqué la traduction du cahier intitulé *Angst*, le journal de la maladie de Ian. Je m'y adonne de tout mon cœur : par fidélité envers Ian et par respect envers Antonin qui me fait confiance.

Je suis dans la tête du poète naviguant au bord de la mort. Je suis avec lui dans la salle d'examen, quand on lui présente le verdict : cancer. Je suis avec lui immobile dans son lit d'hôpital. Je suis avec lui consolant ses proches. Je suis avec lui pensant à tous ses morts, sa fille Ilse, sa femme Hanna, ses amis.

Antonin travaille à un bout de la table, moi à l'autre.

Bernard Chabrillan passe tous les deux jours, rapporter les manuscrits qu'il lit pour la revue. Il a été étonné de me trouver là, j'en ai profité pour lui réclamer ce qu'il me doit pour les copies, il m'a fait un chèque aussitôt.

Aujourd'hui, Chabrillan s'énerve :

– Mon Dieu, quelle plaie, tous ces gens qui prétendent écrire ! À quoi bon écrire si on n'est pas Joyce, Broch ou Gadda ? !

Je me souviens de la douleur d'avoir planché sur *La Mort de Virgile* d'Hermann Broch en allemand, je me souviens des années passées à ne pas pouvoir lire Joyce, je ne me souviens pas de Gadda. Chabrillan veut me faire un cours magistral sur la liberté d'écriture dans *L'Affreux Pastis de la rue des Merles* : « Un chef-d'œuvre dans une langue patoisée de dialectes ! »

Antonin l'interrompt.

L'Homme qui lit a prévu de sortir le numéro spécial de la revue sur Ian Falk début septembre, il a besoin de ma traduction au plus vite. Je n'ai pas un moment à perdre.

Je réalise qu'on ne peut pas bâcler un encadrement, une traduction si, mais je ne veux surtout pas bâcler ce travail-là.

Samedi/Dimanche/Week-end chez maman. Emma et Jibé sont descendus avec moi à Marseille. On s'est retrouvés gare de Lyon. Je demande à Emma :

– Pourquoi tu ne m'as pas prévenue pour Florian ?

Elle répond :

– Tu ne m'as rien demandé.

C'est vrai, je ne lui ai rien demandé. Je sais que ce n'est pas facile de rester ami avec les deux quand un couple se sépare. Il faut fabriquer des cloisons étanches. Aussitôt elle change de conversation et me parle de sa robe de mariée, maman lui a conseillé une robe en papier. Emma admire maman. Elle la prend en exemple. Après son deuxième licenciement, Marie a choisi de vivre à Marseille, et elle recycle son expérience de journaliste dans des ouvrages à succès. On la voit souvent sur le câble parler des relations mère-fille, de la grossesse à quarante ans, de la famille recomposée ou des énergies renouvelables.

Je campe sur un futon dans la chambre des jumeaux. Je suis contente d'être avec eux. Ils m'apprennent leur langue. Une langue avec une seule voyelle. I comme Lily : Ji mippili Lili, ji sis li sir di Sichi i Michi. Puis ils m'assomment de questions : « Dis, Lily, pourquoi la chaise s'appelle chaise ? » « Dis, Lily, est-ce qu'il pleut partout quand il pleut ? » « Dis, Lily, on est où avant de naître ? Avant d'être dans le ventre de maman ? »

Maxime a eu le bac avec mention Très Bien. Sur son dossier de candidature aux meilleures prépas de France, son prof a marqué *Excellent*. Sur celui de Clovis son meilleur ami, il y a *Brillant*. Toute la famille est sommée de donner son avis sur l'appréciation. Bruno a tranché. Il a dit : « Excellent » c'est « sans faille ». Maxime est sans faille. Maman en sait quelque chose. Le jour où elle a été tentée de tricher sur le kilométrage de la conduite accompagnée, pour gagner du temps – étant entendu que Maxime excelle au volant –, mon petit frère a tranquillement fixé sa mère dans le blanc des yeux, et posément il a dit : « Il n'en est pas question. Je ferai les trois mille kilomètres, et tu les feras avec moi. On s'est engagés par contrat. »

Maxime a promis de venir me voir à Berlin.

Maman prépare un livre sur les objecteurs de croissance, elle propose à Emma d'enquêter pour elle. Ça donne lieu à une discussion animée pendant le dîner. Bruno fait la somme de tous leurs excès de consommation. Quand il parle de supprimer le lave-vaisselle, elle menace de le quitter.

Un moment nous nous retrouvons seules maman et moi. Je lui raconte mon travail de traduction pour la revue et ma crainte de ne pas être à la hauteur. Elle dit : « Ce n'est pas grave ma chérie, je t'aime. » C'est drôle, elle n'a aucune ambition pour moi.

Juste avant de partir de la maison pour nous amener à la gare, maman se souvient qu'elle a reçu un courrier qui m'est adressé. Ça vient d'Allemagne, je reconnais l'écriture de Gabriele. J'ouvre l'enveloppe. Dans le mot qui accompagne un CD, Gabriele écrit qu'une de ses élèves lui a fait connaître ce groupe et qu'elle aimerait bien que je l'écoute. Elle dit : *La chanson n° 4 est peut-être une réponse aux questions que tu te poses sur Sven.*

J'écoute la chanson n° 4 en boucle. Sven chante : « La peur d'amour ».

Tu m'aimais trop Lily,
Je me suis enfui.
Je t'aimais trop Lily
Je suis parti.

Lundi/Charlie. Je suis en train de noter tous les points de traduction que j'aimerais discuter avec Charlie, et mon ordinateur sonne. Je pense à lui, et il demande à entrer en communication avec moi ! Charlie vit toujours à Berlin et il me donne des nouvelles de nos amis communs. Surtout Morten. Morten par-ci, Morten par-là. Charlie s'est mis au suédois.

– Ah bon, tu es allé en Suède !

Tout d'un coup, la vérité me saute aux yeux.

– Morten et toi !

Il ne me laisse pas l'occasion de commenter cette découverte, il ajoute :

– J'ai revu Sven. Il va à Paris, il veut te voir.

J'ai arrêté la conversation, j'ai dit à Charlie :

– Je te rappelle plus tard.

Je ne saurais expliquer ce que je ressens. « Sven veut te voir. » Et moi, est-ce que je veux le voir ?

Je panique presque.

Pour l'anniversaire de Charlie, j'avais organisé une fête à la WG. Un buffet de tartes, toutes les recettes de Marie : tartes à la tomate, pissaladière, quiche lorraine… Kahina s'était occupée des desserts, Susanne des salades et les gars s'étaient chargés des boissons. On connaissait Sven depuis peu.

Il a fait son apparition vers minuit et il nous a emmenés prolonger la soirée dans un club, Alexanderplatz.

Le crachin nous a dégrisés vers 5 heures du matin. Morten et Yvan marchaient au milieu de la rue en criant à l'instar de Kennedy : *« Ich bin ein Berliner »* (Je suis un Berlinois). Et puis soudain, j'ai senti la main de Sven dans la mienne, j'ai tourné mon visage vers le sien, et nous avons couru sous la pluie pour rattraper Charlie. Ce jour-là, j'ai vraiment eu la sensation que j'étais à l'aube d'une nouvelle vie, une deuxième naissance.

Quand il se souvient de nous, de quoi Sven se souvient-il ?

J'ai rappelé Charlie, j'ai dit : « OK, je serai là ! »

Vendredi/Jolie Souris. Jolie Souris passe me prendre. Dans le métro, elle me dévisage comme un entomologiste une nouvelle espèce de papillon.

– Je n'en reviens pas ! dit Jolie Souris. C'est moi qui t'ai transformée comme ça ! Très réussi ! Ça y était avant, la petite cicatrice sur la tempe ?

La tunique à pois qui flotte sur son pantalon noir est exquise. Je remarque un grain de beauté à gauche sur son décolleté. Elle s'appelle Solène. J'ai invité Solène chez Mme Ha, une de mes cantines à Belleville.

Nous sommes d'accord au sujet de Docteur Gros Ours, Solène pense aussi qu'il est amoureux d'Emmie. Je lui confie que je l'ai surnommée Jolie Souris. Elle rigole. Elle m'avoue que lorsqu'il est question de moi avec Rodolphe, mon nom est La Grenouille. Je ne sais pas si je vais la revoir.

Elle ne peut pas parler de Rodolphe sans faire mention de la mère de Rodolphe. Elle me pose des questions sur mes amours, je lui raconte Sven.

– Quand est-ce qu'il arrive ?

– Le 14.

– Heureusement qu'il ne s'est pas pointé il y a dix jours !

Je suis prise de fou rire. Je n'ai pas ri comme ça depuis très longtemps.

Samedi / Il faut toujours dire oui. Une phrase me trotte dans la tête. « Quand on est immigrée comme moi, il faut toujours dire oui. » Mme Ha nous a dit ça hier, je ne me rappelle plus à quel propos. Mme Ha est immigrée, elle est venue d'Asie il y a vingt ans, c'est une rescapée d'un boat people. Dire oui, ça signifie aller de l'avant. Accueillir ce que la vie nous propose. Moi aussi je me sens souvent immigrée, immigrée dans ma famille, immigrée dans l'âge adulte, dans la vie active, dernièrement immigrée dans la maladie. On est tous des immigrés !

Carte de séjour :
D'où venez-vous ?
D'hier.
Où allez-vous ?
Aujourd'hui.

Samedi / Café Chéri(e). La terrasse est prise d'assaut par les fumeurs. Je suis tentée, je résiste.

– Tu as changé, me dit Romain. Tu es différente. Quand on s'est vus, chez ta tante… tu as dû me trouver con ! Je te demande pardon.

J'ai changé, j'ai appris à pardonner, je lui pardonne.

Romain me confie qu'il n'a jamais été amoureux. Il est attiré par des filles parce qu'elles sont objectivement jolies, minces, intelligentes, ou bien parce qu'elles sont aimées par des gens qu'il estime. Souvent, il drague les copines de ses copains. Heureusement, il a la philo. Il se passionne pour Hegel.

– Ça t'aide, la philo ?

Il se passe la main droite dans les cheveux.

Pendant que j'étais malade, il a eu la curiosité d'aller sur mon blog. Je n'y ai presque rien écrit depuis Berlin. Il l'a trouvé très intéressant, surtout mes réflexions sur l'adn ou les sans-papiers. Il a l'impression de mieux me connaître depuis qu'il a lu que je déteste les jours fériés, que j'aime la chanteuse Judith Holofernes et que j'ai apprécié le livre de Hans Fallada *Jeder stirbt für sich allein.* Comment peut-on traduire « Chacun meurt seul » par « Seul dans Berlin » ? Ça reste un mystère.

J'embraie sur mon travail de traduction du texte de Ian.

Romain me dit :

– Je te verrais bien journaliste.

Je n'aime pas Romain, je l'aime *beaucoup.*

Dimanche/Pluie. Emmie m'a donné le goût du thé à la menthe, elle en boit toute la journée. Comme elle, je m'applique à verser la théière de très haut sur le verre ourlé d'or, alors qu'une pluie tropicale crépite sur la couverture en zinc de l'atelier.

La pluie s'arrête. Je décide d'aller faire un tour sur la tombe de Ian. Pour rejoindre le cimetière, je passe par le jardin de friche qui est derrière chez Emmie.

C'est la première fois que je prie. Je prie pour que mon professeur m'inspire les mots justes dans la traduction de son texte. Antonin me surprend en train de balayer la dalle de granit sur laquelle est gravé le nom du poète. Nous rentrons ensemble. Il m'entraîne vers le mur des Fédérés. Là, le 28 mai 1871, cent quarante-sept fédérés, combattants de la Commune, ont été fusillés et jetés dans une fosse. Aujourd'hui, des Amis de la Commune viennent encore honorer ce lieu de la mémoire collective qui symbolise toutes les luttes pour la liberté. L'Homme qui lit en fait partie.

Dimanche/Des nouvelles d'Albert. Albert est en Avignon. L'année prochaine, il va monter Rimbaud au théâtre. Avec Arthur dans le rôle d'Arthur R.

Et Iseult à la déco.

Je crois que c'est un véritable artiste.

Quand nous étions à George-Sand, il m'agaçait horriblement. Il arrivait tous les jours en retard, et tous les jours, il répétait une excuse, la même : « Mon réveil n'a pas sonné. » Je lui en voulais de manquer d'imagination. Les profs l'avaient dans le collimateur, sauf la prof de français. En fait, Albert attendait d'avoir seize ans pour quitter l'école. Depuis, il turbine vingt-quatre heures sur vingt-quatre. Dernièrement, on lui a révélé qu'il est le petit-fils naturel d'un soldat allemand et que sa grand-mère a été tondue en 1944. J'ai vu des photos de sa grand-mère. Une avant : une jolie fille avec une épaisse tignasse brune et une robe à fleurs. Une après : la tête rasée, et l'effroi dans son regard. Albert a l'intention de faire un film sur l'histoire de ses grands-parents. Pour ça, il a besoin de moi. Il m'annonce qu'il a retrouvé la trace de son grand-père à Berlin.

J'aimerais pouvoir parler de tout ça avec Ian. Un jour, mon professeur a dit : « L'artiste est comme le paysan, il laboure la mémoire comme une terre, il la ratisse, il la nettoie, il la fume, il en extrait des fossiles, il y fait pousser des merveilles. »

Dimanche/Sven. Sven arrive dans deux jours. Carolina me prête son appart. Elle ira chez papa. J'essaie de nous imaginer tous les deux, je n'y arrive pas.

Sven ne parle pas français. Il parle couramment russe, anglais, mais pas français, un jour je lui ai demandé : « Tu n'as pas eu envie d'apprendre le français ? » Il m'a dit : « Au lycée, on disait que c'était une langue de fille et de pédé ! » On a ri. Je n'en revenais pas : « Une langue de fille et de pédé ! » Cette fois-là, j'ai réalisé que mon pays d'origine n'est qu'un petit pays parmi d'autres, parmi les vingt-sept autres qui constituent l'Europe. Ça me fait penser au jour où je suis retournée dans la maison de mon enfance. J'avais le souvenir d'une immense bâtisse, avec des couloirs très longs, des grandes pièces, un jardin dont on ne voyait pas la fin. Ce n'est qu'un modeste pavillon.

Sven et moi, on ne s'est jamais écrit. Je ne sais même pas à quoi ressemble son écriture.

Mardi/Il n'y a pas de hasard. Sven n'est pas venu. Sven ne viendra pas. Il a eu un accident. Un camion a serré de près sa moto. Il a la jambe cassée. C'est Charlie qui m'a prévenue. Il a promis de m'écrire.

13

Un mois et demi plus tard

V**endredi/La Peau des mots**. Le numéro de la revue sur Ian Falk sort demain. Ce soir, nous fêtons la parution au Café Chéri(e). C'est la photo que j'ai faite de Ian qui a été choisie pour la couverture. Ça me trouble de voir ce portrait dupliqué en plusieurs centaines d'exemplaires, avec dessus imprimés, les noms de ceux qui ont écrit à l'intérieur : *Bernard Chabrillan, Antonin Baur, et une traduction de Lily Blachon.*

– Tu n'as pas eu envie de prendre un pseudonyme ? a demandé Albert.

J'ai secoué la tête.

Albert a retrouvé un vieux numéro du journal du lycée. Le texte qui raconte mon week-end entre les murs lui inspire un court métrage. Albert a une idée par jour.

Sven est guéri. Il part demain en tournée avec son groupe. Il ne sera pas à Berlin quand j'arriverai. On s'est écrit, on s'est parlé. Il a gardé les mêmes souvenirs que moi de notre histoire.

Vendredi/Fête au Café Chéri(e). Maman est venue de Marseille. Elle a longuement parlé avec Emmie, elle a embrassé Carolina, elle a trinqué à ma santé avec papa. Je redoutais son avis, elle n'a rien dit. Elle a acheté une dizaine d'exemplaires.

– C'est pour toi ?

– Pour moi et pour Mamilou. Elle veut que tu saches que mémé Nono, là-haut, est très fière de toi.

Alors que nous partageons un très fort moment d'émotion, maman et moi, Albert se faufile entre nous. Il dit à Marie :

– Vous voulez voir votre fille en grenouille ?

J'essaie de négocier la destruction des images. Rien à faire. Je sais qu'elles me poursuivront toute ma vie. Albert aussi. Il a beaucoup pensé au film sur sa famille pendant l'été. Nous avons rendez-vous à Berlin à la fin du mois.

Vendredi/Bien dans sa peau. Antonin me tend une flûte de champagne. Nous trinquons. Je fais désormais partie du comité de rédaction de la revue. Je pars pour Berlin la semaine prochaine mais je reviendrai une fois par mois à Paris.

– Décidément, tu as changé, dit Romain.

– …

– Je ne parle pas de tes traits. C'est ton regard. La lumière ! Quelque chose à l'intérieur !

Romain a raison. Je me suis allégée. Je me suis débarrassée de mes bagages, j'ai jeté mes valises par-dessus bord et je les regarde flotter.

Je tiens mon destin entre mes mains.

Je feuillette une fois de plus la revue jusqu'à ce que j'arrive sur mes pages. Nous avons beaucoup discuté autour du titre, et j'ai fini par extraire la phrase de Ian qui brille comme une étoile dans le noir de son journal : *Il faut aimer la vie.*

Table des matières